U0570430

理學叢書

朱子語類

三

〔宋〕黎靖德 編
王星賢 點校

中華書局

朱子語類卷第三十

論語十二

雍也篇一

雍也可使南面章

問：「『寬洪簡重』，是説仲弓資質恁地。」曰：「夫子既許它南面，則須是有人君之度，意其必是如此。這又無稽考，須是更將它言行去看如何。」義剛。

問：「『雍也可使南面』，伊川曰：『仲弓才德可使爲政也。』尹氏曰：『南面，謂可使爲政也。』第一章凡五説，今從伊川、尹氏之説。范氏曰『仲弓可以爲諸侯』，似不必指諸侯爲南面，不如爲政却渾全。謝氏曰：『「仁而不佞」，其才宜如此。』楊氏亦曰：『雍也仁矣。』據『仁而不佞』，乃或人之問。夫子曰『不知其仁』，則與『未知，焉得仁』之語同，謂仲弓爲仁矣。不知兩説何所據？恐『仁』字聖人未嘗輕許人。」曰：「南面者，人君聽政之位，言仲弓德度簡嚴，宜居位。不知其仁，故未以仁許之。然謂仲弓未仁，即下語太重矣。」榦。

仲弓問子桑伯子章

仲弓見聖人稱之，故因問子桑伯子如何。想見仲弓平日也疑這人，故因而發問。夫子所謂可也者，亦是連上面意思説也。仲弓謂「居敬而行簡」，固是居敬後自然能簡，然亦有居敬而不行簡者。蓋居敬則凡事嚴肅，却要亦以此去律事。凡事都要如此，此便是居敬而不行簡也。時舉。

仲弓爲人簡重，見夫子許其可以南面，故以子桑伯子亦是一箇簡底人來問孔子，看如何。夫子云此人亦可者，以其簡也。然可乃僅可而有未盡之辭。故仲弓乃言「居敬行簡」，夫子以爲然。南。

行夫問子桑伯子。曰：「行簡，只就臨民上説。此段若不得仲弓下面更問一問，人只道『可也簡』，便道了也是利害。故夫子復之曰：『雍之言然。』這亦見仲弓地步煞高，是有可使南面之基，亦見得他深沉詳密處。論來簡已是好資禀，較之繁苛瑣細，使人難事，亦煞不同。然是居敬以行之，方好。」賀孫。

問：「『居敬行簡』之『居』，如居室之『居』？」先生應。復問：「何謂簡？」曰：「簡是凡事據見定。」又曰：「簡静。」復問：「『簡者不煩之謂』，何謂煩？」曰：「煩是煩擾。」又曰：「居敬是所守正而行之以簡。」節。

居敬、行簡，是兩件工夫。若謂「居敬則所行自簡」，則有偏於居敬之意。人傑。

問「居敬而行簡」。曰：「這箇是兩件工夫。如公所言，則只是居敬了，自然心虛理明，所行自簡，這箇只説得一邊。居敬固是心虛，心虛固能理明。推著去，固是如此。然如何會居敬了，便自得他理明？更有幾多工夫在。若如此説，則居敬行簡底，又那裏得來？如此，則子桑伯子大故是箇居敬之人矣。世間有那居敬而所行不簡。如上蔡説，吕進伯是箇好人，極至誠，只是煩擾。便是請客，也須臨時兩三番换食次，又自有這般人。又有不能居敬，而所行却簡易者，每事不能勞攘得，只從簡徑處行。如曹參之治齊，專尚清静，及至爲相，每日酣飲不事事，隔牆小吏酣歌叫呼，參亦酣飲歌呼以應之，何有於居敬耶！據仲弓之言，自是兩事，須子細看始得。」又曰：「須是兩頭盡，不只偏做一頭。如云内外，不只是盡其内而不用盡其外；如云本末，不只是致力於本而不務乎其末。居敬了，又要行簡。聖人教人爲學皆如此，不只偏説一邊。」僩。

問：「注言：『自處以敬，則中有所主而自治嚴。』程子曰：『居敬則心中無物，故所行自簡。』二説不相礙否？」先生問：「如何？」曰：「看集注是就本文説，伊川就居簡處發意。」曰：「伊川説有未盡。」寓。集注。

胡問：「何謂行簡？」曰：「所行處簡要，不恁煩碎。居上煩碎，則在下者如何奉承得！故曰『臨下以簡』，須是簡。程子謂敬則自然簡，只説得敬中有簡底人。亦有人自處以敬，而所行不簡，却説不及。聖人所以曰居敬，曰行簡，二者須要周盡。」淳。

居敬行簡，是有本領底簡；居簡行簡，是無本領底簡。程子曰：「居敬則所行自簡。」此是程子之意，非仲弓本意也。人傑。

胡叔器問：「『居敬則心中無物，而所行自簡』，此説如何？」曰：「據某看，『居敬而行簡，以臨其民』，它説『而行簡以臨民』，則行簡自是一項，這『而』字是別喚起。今固有居敬底人，把得忒重，却反行得煩碎底。今説道『居敬則所行自簡』，恐却無此意。『臨下以簡，御衆以寬』。簡自別是一項，只是揀那緊要底來行。」又問：「看『簡』字，也有兩樣。」曰：「只是這箇簡，豈有兩樣！」又曰：「看它諸公所論，只是争箇『敬』字。」義剛。

叔器問：「集注何不全用程説？」曰：「程子只説得一邊，只是説得敬中有簡底意思，也是如此。但亦有敬而不簡者，某所以不敢全依它説。不簡底自是煩碎，下面人難爲奉承。『御衆以寬，臨下以簡。』便是簡時，下面人也易爲奉承，自不煩擾。聖人所以説『居敬行簡』，二者須是兩盡。」義剛問：「敬是就心上説，簡是就事上説否？」曰：「簡也是就心上做出來。而今行簡，須是心裏安排後去行，豈有不是心做出來！」義剛。

問：「居敬則内直，内直則外自方。居敬而行簡，亦猶内直而外方歟？若居簡而行簡，則是喜静惡動、怕事苟安之人矣。」曰：「程子説『居敬而行簡』，只作一事。今看將來，恐是兩事。居敬是自處以敬，行簡是所行得要。」廣。

問：「伊川説：『居敬則心中無物而自簡。』意覺不同。」曰：「是有些子差，但此説自不相害。若果能居敬，則理明心定，自是簡。這説如一箇物相似，内外都貫通。行簡是外面説。居敬自簡，又就裏面説。看這般所在，固要知得與本文少異，又要知得與本文全不相妨。」賀孫。

問：「『仲弓問子桑伯子』章，伊川曰：『内主於敬而簡，則爲要直；内存乎簡，則爲疏略。仲弓可謂知旨者。』但下文曰：『子桑伯子之簡，雖可取而未盡善，故夫子云可也。』恐未必如此。『可也簡』，止以其簡爲可爾。想其他有未盡善，特有簡可取，故曰可也。游氏曰：『子桑伯子之可也，以其簡。若主之以敬而行之，則簡爲善。』楊氏曰：『子桑伯子爲聖人之所可者，以其簡也。』夫主一之謂敬，居敬則其行自簡，但下文『簡而廉』一句，舉不甚切。今從伊川、游氏、楊氏之説。伊川第二第三説皆曰，居簡行簡，乃所以不簡。先有心於簡，則多却一簡，恐推説太過。既曰疏略，則太簡可知，不必云『多却一簡』。如所謂『乃所以不簡』，皆太過。范氏曰：『敬以直内，簡以臨人，故堯舜修己以敬，而臨下以簡。』恐敬、簡不可太分説。『居』字只訓『主』字，若以爲主之敬而行之簡，則可；以爲居則敬而行則簡，則不可。若云修己，臨下，則恐分了。仲弓不應下文又總説『以臨其民也』。」又曰：「子桑伯子其處己亦若待人。據夫子所謂『可也簡』，乃指子桑伯子説。仲弓之言乃發明『簡』字，恐非以子桑伯子爲居簡行簡也。尹氏亦曰：『以其居簡，故曰可也。』亦范氏之意。吕氏以爲引此章以證前章之説，謝氏以爲因前章以發此章之問，皆是旁説。然於正説亦無妨。謝氏又曰：『居敬而行簡，舉其大而略其細。』於『敬』字上不甚切，不如楊氏作『主一而簡自見』。」曰：「『可也簡』，當從伊川説。『剩却一「簡」字』，正是解太簡之意。『乃所以不簡』之説，若解文義，則誠有剩語；若以理觀之，恐亦不爲過也。范固有不密處，然敬、簡自是兩事，以伊川語思之可見。據此文及家語所載，伯子爲人，亦誠有太簡之病。謝氏『因上章而發明』之説是。」榦。

徒務行簡，老子是也，乃所以爲不簡。子桑伯子，或以爲子桑户。升卿。

哀公問弟子章

問："聖人稱顏子好學，特舉『不遷怒，不貳過』二事，若不相類，何也？""聖人因見其有此二事，故從而稱之。"柄謂："喜怒發於當然者，人情之不可無者也，但不可爲其所動耳。過失則不當然而然者，既知其非，則不可萌於再，所謂『頻復之吝』也。二者若不相類，而其向背實相對。"曰："聖人雖未必有此意，但能如此看，亦好。"柄。

顏子自無怒。因物之可怒而怒之，又安得遷！

問："『不遷怒』，此是顏子與聖人同處否？"曰："聖人固是『不遷怒』，然『不遷』字在聖人分上說便小，在顏子分上說便大。蓋聖人合下自是無那遷了，不著說不遷。才說，似猶有商量在。若堯舜則無商量了。是無了，何遷之有，何不遷之有！"燾。

內有私意，而至於遷怒者，志動氣也；有爲怒氣所動而遷者，氣動志也。伯恭謂："不獨遷於他人爲遷，就其人而益之，便是遷。"此却是不中節，非遷也。道夫。

"不遷怒，不貳過"。據此之語，怒與過自不同。怒，却在那不遷上。過，才說是過，便是不好矣。僩。

或問顏子"不貳過"。曰："過只是過。不要問他是念慮之過與形見之過，只消看他不貳處。既能不貳，便有甚大底罪過也自消磨了。」時舉。

問「不遷怒，不貳過」。曰：「重處不在怒與過上，只在不遷不貳上。今不必問過之大小，怒之深淺。只不遷，不貳，是甚力量！便見工夫。佛家所謂『放下屠刀，立地成佛』，若有過能不貳，直是難。貳，如貳官之『貳』，已有一箇，又添一箇也。」又問「守之也，非化之也」。曰：「聖人則都無這箇。顏子則疑於遷貳與不遷貳之間。」賜。祖道録云：「貳不是一二，是長貳之『貳』。」餘同。

尋常解「不貳過」，多只説「過」字，不曾説「不貳」字。所謂不貳者，「有不善未嘗不知，知之未嘗復行也」。如顏子之克己，既克己私，便更不萌作矣。人傑。

「『不遷怒，不貳過』，一以爲克己之初，一以爲用功之處。」曰：「自非禮勿視聽言動，積習之久，自見這箇意思。」夔孫。

問：「學顏子，當自『不遷怒，不貳過』起？」曰：「不然。此是學已成處。」又問：「如此，當自四勿起？」曰：「是。程子云：『顏子事斯語，所以至於聖人，後之學者宜服膺而勿失也。』」過。

不遷不貳，非言用功處，言顏子到此地位，有是效驗耳。若夫所以不遷不貳之功，不出於非禮勿視勿聽勿言勿動四句耳。伯羽。謨録云：「此平日克己工夫持養純熟，故有此效。」

行夫問「不遷怒，不貳過」。曰：「此是顔子好學之符驗如此，却不是只學此二件事。顔子學處，專在非禮勿視聽言動上。至此純熟，乃能如此。」時舉。賀孫録云：「行夫問云云，曰：『「不遷怒，不貳過」不是學，自是説顔子一箇證驗如此。』恭父云：『顔子工夫盡在「克己復禮」上。』曰：『「回雖不敏，請事斯語矣」，是他終身受用只在這上。』」

問：「不遷怒、貳過，是顔子克己工夫到後，方如此，却不是以此方爲克己工夫也。」曰：「夫子説時，也只從他克己效驗上説。但克己工夫未到時，也須照管。不成道我工夫未到那田地，而遷怒、貳過只聽之耶！」義剛。

或問：「顔子工夫只在克己上，不遷不貳乃是克己效驗。」或曰：「不遷不貳，亦見得克己工夫即在其中。」曰：「固是。然克己亦非一端，如喜怒哀樂，皆當克，但怒是粗而易見者耳。」或曰：「顔子平日但知克己而已。不遷不貳，是聖人見得他效驗如此。」曰：「但看『克己復禮』，自見得。」

問：「『不遷怒』是見得理明，『不貳過』是誠意否？」曰：「此二者拆開不得，須是横看。他這箇是層層趲上去，一層了，又一層。『不遷怒，不貳過』，是工夫到處。」又曰：「顔子只是得孔子説『克己復禮』，終身受用只是這四箇字。『不違仁』，也只是這箇；『不遷怒，不貳過』，也只是這箇；『不改其樂』，也只是這箇。『克己復禮』，到得人欲盡，天理明，無些渣滓，一齊透徹，日用之間，都是這道理。」賀孫。

問：「不遷不貳，此是顏子十分熟了，如此否？」曰：「這是夫子稱他，是他終身到處。」問：「若非禮勿視聽言動，這是克己工夫。這工夫在前，分外著力，與不遷不貳意思不同。」曰：「非禮勿視聽言動，是夫子告顏子，教他做工夫。要知緊要工夫却只在這上。如『無伐善，無施勞』，是他到處；『不遷怒，不貳過』，也是他到處。」問：「就不遷不貳上看，也似有些淺深。」曰：「這如何淺深？」曰：「『不遷怒』是自然如此，『不貳過』是略有過差，警覺了方會不復行。」曰：「這不必如此看。只看他『不遷怒，不貳過』時心下如何。」賀孫。

又云：「看文字，且須平帖看他意，緣他意思本自平帖。如夜來說『不遷怒，不貳過』，且看不遷不貳是如何。顏子到這裏，直是渾然更無些子渣滓。『不遷怒』，如鏡懸水止；『不貳過』，如冰消凍釋。如『三月不違』，又是已前事。到這裏，已自渾淪，都是道理，是甚次第！」問：「過，容是指已前底說否？」曰：「然。」問：「過是逐事上見得，如何？」曰：「固是逐事上見。也不是今日有這一件不是，此後更不做；明日又是那一件不是，此後更不做。只顏子地位高，纔見一不善不爲，這一番改時，其餘是這一套須頓消了。當那時須頓進一番。他聞一知十，觸處貫通。他覺得這一件過，其餘若有千頭萬緒，是這一番一齊打併掃斷了。」曰：「如此看『不貳過』，方始見得是『三月不違』以後事。」曰：「只這工夫原頭，却在『非禮勿視，非禮勿聽，非禮勿言，非禮勿動』上面。若是『不遷怒』時，更無形迹。但初學如何須要教他『不遷怒，不貳過』得？這也便要如此不得，只是克己工夫。孔子不以告其他門人，却獨以告顔子，可見是難事，不是顔子擔當不得這事。其他人也只逐處教理會。道無古今，且只將克己事時時就身己檢察，下梢也便會到『不遷怒，不貳過』地位，是亦顔子而已。須是子細體認他工夫是如何，然後看他氣象是如何，方看他所到地位是如何。如今要緊只是箇分别是非。一心之中，便有是有非；言語，便有是有非；動作，便有是有非；以至於應接賓朋，看文字，都有是有非，須著分别教無些子不分曉，始得。心中思慮纔起，便須是見得那箇是是，那箇是非。才去動作行事，也須便見得那箇是是，那箇是非。應接朋友交遊，也須便見得那箇是是，那箇是非。看文字，須便見得那箇是是，那箇是非。日用之間，若此等類，須是分别教盡，毫釐必計始得。孔子曰：『三人行，必有我師焉。擇其善者而從之，其不善者而改之。』且如今見人行事，聽人言語，便須著分别箇是非。若是他做不是，説不是，雖不可誦言之，自家是非，須先明諸心始得。若只管恁地鶻突不分别，少間一齊都滚做不好處去，都不解知。孟子亦説道：『我知言：詖辭知其所蔽，淫辭知其所陷，邪辭知其所離，遁辭知其所窮。』這不是分别得分明，如何得胸次恁地瞭然！天下只是箇分别是非。若見得這箇分明，任你千方百計，胡説亂道，都著退聽，緣這箇是道理端的著如此。如一段文字，纔看，也便要知是非。若是七分是，還他七分是；三分不是，還他三分不是。如公鄉里議論，只是要酌中，這只是自家不曾見得道理分明。這箇似是，那箇也似是，且捏合做一片，且恁地過。若是自家見得是非分明，看他千度萬態，都無遯形。如天下分裂之時，東邊稱王，西邊稱帝，似若不復可一。若有箇真主出來，一齊即見退聽，不朝者來朝，不服者歸服，不貢者入貢。如太祖之興，所謂劉李孟錢，終皆受併，天下混一。如今道理箇箇說一樣，各家自守以爲是，只是未得見這公共道理是非。前日曾說見道理不明，如『居天下之廣居，立天下之正位，行天下之大道』，是大丈夫；若後車千乘，傳食諸侯，喚做大丈夫也得。」問：「是非本吾心之固有，而萬物萬事是非之理莫不各具。所以是非不明者，只緣本心先蔽了。」曰：「固是。若知得事物上是非分明，便是自家心下是非分明。程先生所以說『纔明彼，即曉此』。自家心下合有許多道理，事物上面各各也有許多道理，無古今，無先後。所以說『先聖後聖，其揆則一』下，又說道：『若合符節。』如何得恁地？只緣道理只是一箇道理。一念之初，千事萬事，究竟於此。若能先明諸心，看事物如何來，只應副將去。如尺度，如權衡，設在這裏，看甚麼物事來，長底短底，小底大底，只稱量將去，可使不差毫釐。世上許多要說道理，各家理會得是非分明，少間事迹雖不一一相合，於道理却無差錯。一齊都得如此，豈不甚好！這箇便是真同。

只如今諸公都不識所謂真同，各家只理會得半截，便道是了。做事都不敢盡，且只消做四五分。這邊也不説那邊不是，那邊也不説這邊不是，且得人情不相惡，且得相和同，這如何會好！此乃所以爲不同。只是要得各家道理分明，也不是易。須是常常檢點，事事物物，要分别教十分分明。是非之間，有些子鶻突也不得。只管會恁地，這道理自然分明。分别愈精，則處事愈當。故書曰：『惟精惟一，允執厥中。』堯舜禹數聖人出治天下，是多多少少事！到末後相傳之要，却只在這裏。只是這箇精一直是難！」賀孫。

問：「前夜承教，以『不遷怒，不貳過』乃顔子極至處，又在『三月不違仁』之後。據賀孫看，若不貳，是逐事不貳，不是體統説。而『三月不違』，乃是統説。前後淺深，殊有未曉。」曰：「不須泥這般所在。某那夜是偶然説如此，實亦不見得甚淺深，只一箇是死後説，一箇是在生時説。讀書且要理會要緊處。如某舊時，專揀切身要緊處理會。若偏旁有窒礙處，只恁地且放下。如看這一章，只認取『不遷怒，不貳過』意思是如何，自家合如何，便是會做工夫。如射箭，要中紅心，他貼上面煞有許多圈子，善射者不須問他外面圈子是白底，是黑底，是朱底，只是一心直要中紅心始得。『不貳過』，不須看他已前，只看他不貳後氣象。顔子固是於念慮處少差輒改。而今學者未到顔子地位，只須逐事上檢點。過也不論顯微，如大雷雨也是雨，些子雨也是雨，無大小都唤做過。只是晴明時節，青天白日，便無些子雲翳，這是甚麽氣象！」賀孫。

問：「顔子能克己，不貳過，何爲三月之外有違仁處？」曰：「孔子言其『有不善未嘗不知』，便須亦有不善時。」又問：「顔子之過如何？」曰：「伊川復卦所言自好。未到『不勉而中，不思而得』，猶常用力，便是心有未順處。只但有纖毫用意處，便是顔子之過。」

敬之問：「顔子『不遷怒，不貳過』，莫只是静後能如此否？」曰：「聖賢之意不如此。如今卒然有箇可怒底事在眼前，不成説且教我去静！蓋顔子只是見得箇道理透，故怒於甲時，雖欲遷於乙，亦不可得而遷也。見得道理透，則既知有過，自不復然。如人錯喫烏喙，才覺了，自不復喫。若專守虚静，此乃釋老之謬學，將來和怒也無了，此成甚道理？聖賢當怒自怒，但不遷耳。見得道理透，自不遷不貳。所以伊川謂顔子之學，『必先明諸心，知所往，然後力行以求至』，蓋欲見得此道理透也。」立之因問：「明道云：『能於怒時遽忘其怒，而觀理之是非。』又是怎生？」曰：「此是明道爲學者理未甚明底説，言於怒時且權停閣這怒，而觀理之是非，少間自然見得當怒不當怒。蓋怒氣易發難制，如水之澎漲，能權停閣這怒，則如水漸漸歸港。若顔子分上，不消恁地説，只見得理明，自不遷不貳矣。」時舉。賀孫録别出。

敬之問：「『不遷怒，不貳過』，顔子多是静處做工夫。」曰：「不然。此正是交滚頭。顔子此處無他，只是看得道理分明。且如當怒而怒，到不當怒處，要遷自不得。不是處便見得，自是不會貳。」敬之又問：「顏子深潛純粹，所謂不遷不貳，特其應事之陳迹。」曰：「若如此説，當這時節，此心須别有一處安頓著。看公意，只道是不應事接物，方存得此心。不知聖人教人，多是於動處説，如云『出門如見大賓，使民如承大祭』，又如告顏子『克己復禮爲仁』，正是於視聽言動處理會。公意思只是要静，將心頓於黑卒卒地，説道只於此處做工夫。這不成道理，此却是佛家之説。佛家高底也不如此，此是一等低下底如此。這道理不是如此。人固有初學未有執守，應事紛雜，暫於静處少息，也只是略如此。然做箇人，事至便著應，如何事至，且説道待自家去静處！當怒即怒，當喜即喜，更無定時。只當於此警省如何是合理，如何是不合理。如何要將心頓放在閑處得？事父母，便有事父母許多酬酢；出外應接，便有出外許多酬酢。」賀孫。

問顏子不遷怒。先生因語余先生、宋傑云：「怒是箇難克治底。所謂『怒，逆德也』。雖聖人之怒，亦是箇不好底事物，蓋是惡氣感得恁地。某尋常怒多，極長。如公性寬怒少，亦是資質好處。」壽。

問：「『今也則亡，未聞好學』，覺語意上句重，下句寬，恐有引進後人意否？」曰：「看文字，且要將他正意平直看去，只要見得正道理貫通，不須滯在這般所在。這兩句意只同。與哀公言，亦未有引進後學意，要緊只在『不遷怒，不貳過』六字上。看道理要得他如水相似，只要他平直滔滔流去。若去看偏旁處，如水流時，這邊壅一堆泥，那邊壅一堆沙，這水便不得條直流去。看文字，且把著要緊處平直看教通徹，十分純熟。見得道理，如人一身從前面直望見背後，從背直望見前面，更無些子遮蔽，方好。」賀孫。

問：「集注『怒不在血氣則不遷』，只是不爲血氣所動否？」曰：「固是。」因舉公廳斷人，而自家元不動。又曰：「只是心平。」植。集注。

問：「『不貳過』，乃是略有便止。如韓退之説『不二之於言行』，却粗了。」曰：「自是文義不如此。」又問：「『不貳過』，却有過在。『不遷怒』，已至聖人，只此一事到。」曰：「纔云不遷，則於聖人之怒，亦有些異。」曰：「如此，則程先生引舜，且借而言。」曰：「然。」可學。

問：「伊川謂：『顏子地位，豈有不善！所謂不善，只是微有差失。』」曰：「如今學者且理會不遷、不貳。便大過，不貳也難。」儒用。

問：「『不貳過』，集注云『過於前者，不復於後』，則是言形見之過。伊川乃云：『如顏子地位，豈有不善！所謂「不善」，只是微有差失。纔差失，便能知之；纔知之，便更不萌作。』又似言念慮之過。不知當如何看？」先生曰：「不必問是念慮之過與形見之過，但過不可貳耳。」時舉。

陳後之問：「顏子『不遷怒』，伊川説得太高，渾淪是箇無怒了。『不貳過』，又却低。」曰：「『喜怒哀樂發而皆中節』，『天下之達道』，那裏有無怒底聖人！只聖人分上著『不遷』字不得。顏子『不遷怒』，便尚在夾界處，如曰『不改其樂』然。」曰：「『不貳過』，只是此過不會再生否？」曰：「只是不萌於再。」淳。

問：「黎兄疑張子謂『慊於己者，不使萌於再』，云：『夫子只説「知之未嘗復行」，不是説其過再萌於心。』廣疑張子之言尤加精密。至程子説『更不萌作』，則兼説『行』字矣。」曰：「萌作亦只是萌動。蓋孔子且恁大體説。至程子張子又要人會得分曉，故復如此説到精極處。只管如此分别，便是他不會看，枉了心力。」廣。士毅録云：「程子、張子怕後人小看了，故復説到精極處，其實則一。」

問顏子「不遷怒，不貳過」。曰：「看程先生顏子所好何學論説得條理，只依此學，便可以終其身也。」立之因問：「先生前此云：『不遷怒、貳過，是「克己復禮」底效驗。』今又以爲學即在此，何也？」曰：「爲學是總説，『克己復禮』又是所學之目也。」又云：「天理人欲，相爲消長。克得人欲，乃能復禮。顏子之學，只在這上理會。仲弓從莊敬持養處做去，到透徹時，也則一般。」時舉問：「曾子爲學工夫，比之顏子如何？」曰：「曾子只是箇守。大抵人若能守得定，不令走作，必須透徹。」時舉云：「看來曾子所守極是至約。只如守一箇

『孝』字，便後來無往而不通，所謂『推而放諸四海而準』；與夫居敬、戰陣，無不見得是這道理。」曰：「孝者，百行之源，只爲他包得闊故也。」時舉。

蔡元思問好學論似多頭項。曰：「伊川文字都如此多頭項，不恁纏去，其實只是一意。如易傳包荒便用馮河，不遐遺便朋亡，意只是如此。他成四項起，不恁纏説，此論須做一意纏看。『其本也真而靜』，是説未發。真，便是不雜，無人僞；靜，便是未感。『覺者約其情，使合於中，正其心，養其性』，方是大綱説。學之道『必先明諸心，知所往，然後力行以求至』，便是詳此意。一本作『知所養』，恐『往』字爲是，『往』與『行』字相應。」淳。

問：「『天地儲精』，如何是儲精？」曰：「儲，謂儲蓄。天地儲蓄得二氣之精聚，故能生出萬物。」廣。

問：「何爲儲精？」曰：「儲，儲蓄；精，精氣。精氣流通，若生物時闡定。本，是本體；真，是不雜人僞；靜，是未發。」復問：「上既言靜，下文又言未發，何也？」曰：「疊這一句。」復問：「下文『明諸心，知所養』，一本作『知所往』，孰是？」曰：「『知所往』是，應得力行求至。」節。

氣散則不生，惟能住便生。消息，是消住了，息便生。因説「天地儲精」及此。士毅。

「『得五行之秀者爲人』。只説五行而不言陰陽者，蓋做這人，須是五行方做得成。然陰陽便在五行中，所以周子云：『五行一陰陽也。』舍五行無別討陰陽處。如甲乙屬木，甲便是陽，乙便是陰；丙丁屬火，丙便是陽，丁便是陰。不須更說陰陽，而陰陽在其中矣。」或曰：「如言四時而不言寒暑耳。」曰：「然。」僩。

「其本也真而靜，其未發也五性具焉。」五性便是真，未發時便是靜，只是疊說。僩。

問：「程子云：『情既熾而益蕩，其性鑿矣。』性上如何說鑿？」曰：「性固不可鑿。但人不循此理，任意妄作，去傷了他耳。鑿，與孟子所謂鑿一般，故孟子只說『養其性』。養，謂順之而不害。」廣。

問：「顏子之所學者，蓋人之有生，五常之性，渾然一心之中。未感物之時，寂然不動而已，而不能不感於物，於是喜怒哀樂七情出焉。既發而易縱，其性始鑿。故顏子之學見得此理分明，必欲約其情以合於中，剛決以克其私。私欲既去，天理自明，故此心虛靜，隨感而應。或有所怒，因彼之可怒而怒之，而已無與焉。怒才過，而此心又復寂然，何遷移之有！所謂過者，只是微有差失。張子謂之『慊於己』，只是略有些子不足於心，便自知之，即隨手消除，更不復萌作。爲學工夫如此，可謂真好學矣。」曰：「所謂學者，只是學此而已。伊川所謂『性其情』，大學所謂『明明德』，中庸所謂『天命之謂性』，皆是此理。」南升。

「『明諸心，知所往』，窮理之事也。『力行求至』，踐履之事也。窮理，非是專要明在外之理。如何而爲孝弟，如何而爲忠信，推此類通之，求處至當，即窮理之事也。」人傑。

聖人無怒，何待於不遷？聖人無過，何待於不貳？所以不遷不貳者，猶有意存焉，與「願無伐善，無施勞」之意同。猶今人所謂願得不如此。是固嘗如此，而今且得其不如此也。此所謂「守之，非化之也」。人傑。

文振再説「顏子好學」一章。因説程先生所作好學論，曰：「此是程子二十歲時已做得這文好。這箇説話，便是所以爲學之本。惟知所本，然後可以爲學。若不去大本上理會，只恁地茫茫然，却要去文字上求，恐也未得。」時舉。

伊川文字，多有句相倚處，如顏子好學論。可學。

問：「顏子短命，是氣使然。劉質夫所録一段又別。」曰：「大綱如此説。」可學。按：此條集義在先進篇章。

問：「呂與叔引横渠説解遷怒事，又以『三月不違』爲氣不能守。恐是張子、呂氏皆是以己之氣質論聖人之言。」曰：「不須如此説。如説這一段，且只就這一段平看。若更生枝節，又外面討一箇意思横看，都是病。」人傑因曰：「須是這裏過一番，既聞教誨，可造平淡。」曰：「此説又是剩了。」人傑。

「伊川曰：『顔子之怒，在物不在己，故不遷。有不善未嘗不知，知之未嘗復行，不貳過也。』游氏曰：『不遷怒者，怒適其可而止，無溢怒之氣也。傳所謂『怒於室而色於市』者，遷其怒之甚也。不遷怒，則發而中節矣。喜怒哀樂不能無也，要之，每發皆中節之爲難耳。不貳過者，一念少差而覺之早，不復見之行事也。蓋惟聖人能寂然不動，故無過。顔子能非禮勿動而已，故或有不善始萌于中，而不及復行，是其過在心，而行不貳焉。』但其間正心、修身之説，若以不貳過作正心，不遷怒作修身，亦可。恐不必如此。右第三章，凡八説，今從伊川、游氏之説。伊川外五説大率相類，其説皆正，故不盡録，然亦不出第一説之意。横渠第一第二説皆曰：『怒於人者，不使遷乎其身。』吕氏亦曰：『不使可怒之惡反遷諸己，而爲人之所怒。』此説恐未安。如此，只是不貳過之意。聖人何以既曰『不遷怒』，又曰『不貳過』？若使惡不遷諸己，則只説得『不貳過』。又，横渠曰：『慊於己者，不使萌於再。』萌字説太深，不如游氏作『行不貳』、伊川作『未嘗復行』乃正。范氏曰：『不遷怒者，性不移於怒也。』此説不可曉。若謂性不移於怒而後能不遷怒，却穩，與伊川『怒不在己』之説同。若謂不遷怒，則性不移於怒，恐未當。以『移』字訓『遷』字，則説太深。餘説亦寬。謝氏曰：『不患有過，蓋不害其爲改。』其説又太淺。顔子不應有過而後改，特知之未嘗復行爾。又與横渠不萌之説相反，皆爲未當。楊氏不放心之説無甚差，但(相)

〔稍〕〔一〕寬爾。其他皆解得，何止不放心而已？又説『今也則亡』一句，作『無』字説。不知合訓『無』字，合作死亡之亡？若訓無字，則與下句重；若作死亡之亡，則與上句重，未知孰是。尹氏用伊川説，故不録。」先生曰：「游説不貳過，乃韓退之之意，與伊川不同。伊川意却與横渠同。外書第五卷有一段正如此，可更思之。須見游氏説病處。横渠遷怒之説固未然，然與貳過殊不相似。亡，即無也，或當讀作無。」榦。

〔一〕據陳本改。

朱子語類卷第三十一

論語十三

雍也篇二

子華使於齊章

子升問：「冉子請粟，聖人不與之辨，而與之益之。」曰：「聖人寬洪，『可以予，可以無予』，予之亦無害，但不使傷惠耳。」木之。

「冉子與之粟五秉」，聖人亦不大段責他。而原思辭祿，又謂「與爾鄰里鄉黨」，看來聖人與處却寬。恪。

「張子曰：『於斯二者，可見聖人之用財。』雖是小處，也莫不恰好，便是『一以貫之』處。」夔孫。義剛録云：「聖人於小處也區處得恁地盡，便是一以貫之處。聖人做事著地頭。」

「范氏曰：『夫子之道，循理而已，故「周急，不繼富」，以爲天下之通義，使人可繼也。』游氏曰：『「餼廩稱事」，所以食功也。今原思爲之宰，而辭禄不受，則食功之義廢矣。蓋義所當得，則雖萬鍾不害其爲廉。借使有餘，猶可以及鄰里鄉黨。』蓋鄰里鄉黨有相賙之義。尹氏曰：『「赤之適齊也，乘肥馬，衣輕裘」，而冉求乃資之。「與之釜」者，所以示不當與也。求不達其意，而請益，與之五秉，故夫子非之。』又曰：『原思之辭常禄，使其苟有餘，則分諸鄰里鄉黨者，凡取予一適於義而已。』第四章凡七説，今從范氏、游氏、尹氏之説。伊川謂：『師使弟子，不當有所請。』其説雖正，然恐非本意。據冉求乃爲其母請，其意欲資之也。使冉求爲子華請，則猶可責之以弟子之禮；若爲其母請，則止欲附益之，故責之以繼富。恐或外生一意，非夫子責冉求之意。范氏第二説與楊氏、謝氏之説，大率以辭受取舍順理合義爲文，只説大綱。其間曲折詳備，則不如尹氏之深切。吕氏曰：『富而與人分之，則廉者無辭於富。』造語未盡，不能無差。向使不義之富可以分人，廉者所必辭也。富之可辭與不可辭，在於義不義，而不在於分人與不分人也。謝氏曰：『「與之釜」，「與之庾」，意其禄秩所當得者。』此説恐未穩。使禄秩當得，夫子不待冉子之請而與之。禄有常數，夫子何心輕重於其間哉！『爲其母請粟』，觀其文勢，非禄秩也明矣。」曰：「爲其母請，即爲子華請也。吕氏説，只據原思辭禄而言，非謂不義之富也。」榦。

子謂仲弓章

問：「子謂仲弓曰：『犂牛之子，騂且角。』伊川謂多一『曰』字，意以仲弓爲犂牛子也。考之家語，仲弓生於不肖之父。其説可信否？」曰：「聖人必不肯對人子説人父不善。」謨。

「犂牛之子」，范氏、蘇氏得之。榦。

問：「此章前後，作用人不以世類。南軒以仲弓言『焉知賢才』之故，故孔子教之用人。此説牽合，然亦似有理脈。」曰：「横渠言：『大者苟立，雖小未純，人所不棄也。』今欽夫此説無他，只是要回互，不欲説仲弓之父不肖耳。何不虚心平氣與他看？古人賢底自賢，不肖底自不肖。稱其賢，可以爲法；語其不肖，可以爲戒。」或曰：「恐是因仲弓之父不肖而微其辭。」曰：「聖人已是説了，此亦何害。大抵人被人説惡不妨，但要能改過。過而能改，則前愆頓釋。昔日是箇不好底人，今日有好事自不相干，何必要回互？然又要除却『曰』字。此『曰』字，留亦何害？如『子謂顔淵曰：「吾見其進也。」』不成是與顔淵説！況此一篇，大率是論他人，不必是與仲弓説也。只蘇氏却説此乃論仲弓之德，非是與仲弓言也。」大雅。

子曰回也章

問「三月不違仁」。曰：「仁與心本是一物。被私欲一隔，心便違仁去，却爲二物。若私欲既無，則心與仁便不相違，合成一物。心猶鏡，仁猶鏡之明。鏡本來明，被塵垢一蔽，遂不明。若塵垢一去，則鏡明矣。顏子三箇月之久無塵垢。其餘人或日一次無塵垢，少間又暗；或月一次無塵垢，二十九日暗，亦不可知。」南升。

問「三月不違仁」。曰：「三月，只是言久爾，非謂三月後必違也。此言顏子能久於仁爾，雖念慮之間間有不善處，却能『知之而未嘗復行也』。」去僞。

問：「『三月不違仁』，三月後亦有違否？」曰：「畢竟久亦有間斷。」曰：「這間斷亦甚微否？」曰：「是。如『不貳過』，過便是違仁。非禮勿視聽言動四句，照管不到便是過。」淳。

問「日月至焉」。曰：「日至，是一日一次至此；月至，是一月一次至此，言其疏也。閑時都思量別處。」又問：「思量事不到不好，然却只是閑事，如何？」曰：「也不是。視便要思明，聽便思聰。總思量便要在正理上，如何可及閑事！」銖。

問：「如何是日至月至？」曰：「某舊說，其餘人有一日不違仁，有一月不違仁者。近思之，一日不違仁，固應有之；若一月不違，似亦難得。近得一說：有一日一番見得到，有一月一番見得到。比之一日，猶勝如一月之遠。若顏子方能三月不違，天理純然，無一毫私僞間雜，夫子所以獨稱之。」寓。

義剛說：「『回也，其心三月不違仁。』集注云：『仁者，心之德。』竊推此義，以爲天生一人，只有一心。這腔子裏面更無些子其他物事，只有一箇渾全底道理，更無些子欠缺，所謂仁也。」曰：「莫只將渾全底道理說，須看教那仁親切始得。」義剛。

「顏子三月不違，只是此心常存，無少間斷。自三月後，却未免有毫髮私意間斷在。但顏子纔間斷便覺，當下便能接續將去。雖當下便能接續，畢竟是曾間斷來。若無這些子，却便是聖人也。『日月至焉』，看得來却是或一日一至，或一月一至，這亦難說。今人若能自朝至暮，此心洞然，表裏如一，直是無纖毫私意間斷，這地位豈易及！惟實曾去下工夫，方自見得。横渠内外賓主之説極好。『三月不違』，那箇是主人，是常在家裏坐底，三月後或有一番出去，却便會歸來。『日月至焉』，那箇是客，是從外面到底。然亦是徹底曾到一番，却不是髣髴見得箇恁地。或日一到這裏，或月一到這裏，便又出去。以月較日，又疏到了。」

正卿問：「集注『不知其仁也』云：『雖顏子之賢，猶不能不違於三月之後。』如何？」

曰：「不是三月以後一向差去。但於這道理久後，略斷一斷，便接續去。只是有些子差，便接了。若無些子間斷，便全是天理，便是聖人。所以與聖人一間者，以此。舊説只做有一月至者，有一日至者，與顔淵三月至者有次第。看來道理不如此。顔子地位比諸子煞有優劣，如『賜也聞一以知二，回也聞一以知十』，此事争多少！此是十分争七八分。張子云云，這道理譬如一屋子，是自家爲主，朝朝夕夕時時只在裏面。如顔子三月不能不違，只是略暫出去，便又歸在裏面，是自家常做主。若日至者，一日一番至，是常在外爲客，一日一番暫入裏面來，又便出去。月至亦是常在外爲客，一月一番入裏面來，又便出去。」又云：「『三月不違』者，如人通身都白，只有一點子黑。『日月至焉』者，如人通身都黑，只有一點白。」又云：「顔子一身，已自不見其身；日用之間，只見許多道理。」賀孫。今集注「不知其仁」章無此説。

問：「如今之學者，一日是幾遍存省。當時門人乃或日一至焉，或月一至焉，不應如是疏略。恐仁是渾然天理，無纖毫私欲處。今日之學者雖曰存省，亦未到這境界。他孔門弟子至，便是至境界否？」曰：「今人能存得，亦是這意思。但觸動便不得，被人叫一聲便走了。他當那至時，應事接物都不差。又不知至時久近如何，那裏煞有曲折。日至者却至得頻數，恐不甚久。月至者或旬日，或一二日，皆不可知。」又問：「横渠云云，文蔚竊謂『三月不違』者，天理爲主，人欲爲賓；『日月至焉』者，人欲爲主，天理爲賓。學者工夫只得勉勉循循，以克人欲存天理爲事。其成與不成，至與不至，則非我可必矣。」曰：「是如此。」文蔚。

問：「伊川言不違是有纖毫私欲，横渠言要知内外賓主之辨。」曰：「前後説是如此。」劉仲升云：「（愈）〔與〕〔一〕久而不息者氣象迥别。」大雅云：「久而不息，自是聖人事。」曰：「『三月不違』，是自家已有之物，三月之久，忽被人借去，自家旋即取回了。『日月至焉』，是本無此物，暫時問人借得來，便被人取去了。」大雅。

至之問：「横渠言，始學之要，當知『三月不違』止，過此，幾非在我者。」曰：「且以屋喻之：『三月不違』者，心常在内，雖間或有出時，然終是在外不穩便，纔出即便入。蓋心安於内，所以爲主。『日月至焉』者，心常在外，雖間或有入時，然終是在内不安，纔入即便出。蓋心安於外，所以爲賓。日至者，一日一至此；月至者，一月一至此，自外而至也。不違者，心常存；日月至者，有時而存。此無他，知有至未至，意有誠未誠。知至矣，雖驅使爲不善，亦不爲。知未至，雖軋勒使不爲，此意終迸出來。故貴於見得透，則心意勉勉

〔一〕據陳本改。

循循，自不能已矣。『過此幾非在我者』，猶言『過此以往，未之或知』。言過此則自家著力不得，待他自長進去。」又曰：「『三月不違』之『違』，猶白中之黑；『日月至焉』之『至』，猶黑中之白。今須且將此一段反覆思量，渙然冰釋，怡然理順，使自會淪肌浹髓。夫子謂『君子上達，小人下達』，只在這些子。若拗不轉，便下達去了。」又曰：「此正如『誠意』章相似。知善之可好而好之極其篤，知不善之可惡而惡之極其深，以至於慊快充足，方始是好處。」道夫。

問「三月不違仁」。先生曰：「如何是心？如何是仁？」曰：「心是知覺底，仁是理。」曰：「耳無有不聽，目無有不明，心無有不仁。然耳有時不聽，目有時不明，心有時不仁。」問：「莫是心與理合而爲一？」曰：「不是合，心自是仁。然私欲一動，便不仁了。所以『仁，人心也』。學，理會甚麽事？只是理會這些子。」又問：「張子之説，莫是『三月不違』者，是仁常在內，常爲主；『日月至焉』者，是仁常在外，常爲賓？」曰：「此倒説了。心常在內，常爲主；心常在外，常爲客。如這一間屋，主常在此居，客雖在此，不久著去。」問：「如此則心不違仁者，是心在仁內？」曰：「不可言心在仁內，略略地是恁地意思。」又曰：「便是難説。」問：「『過此幾非在我者』，如何？」曰：「不用著力，如決江河，水至而舟自浮。如説學，只説到説處住，以上不用説。至説處，則自能尋將上去。不到説處，是不曾時習。如時習，則相將自然説。」又曰：「人只是一箇不肯學。須是如喫酒，自家不愛喫，硬將酒來喫，相將自然要喫，不待强他。如喫藥，人不愛喫，硬强他喫。」節。

問：「横渠説内外賓主之辨。若以顔子爲内與主，不成其他門人之所學便都只在外。」曰：「他身己是都在道外，恰似客一般。譬之一箇屋，聖人便常在屋裏坐。顔子也在屋裏，只有時誤行出門外，然便覺不是他住處，便回來。其他却常在外面，有時入來，不是他活處，少間又自出去了。而今人硬把心制在這裏，恰似人在路上做活計，百事都安在外，雖是他自屋舍，時暫入來，見不得他活處，亦自不安，又自走出了。雖然，也須漸漸把捉，終不成任他如何。」又曰：「『日月至焉』者，是有一日得一番至，有一月得一番至。」賀孫。

問「日月至焉」一句。曰：「看得來，日却是久底，月却是暫時底。」因説横渠内外賓主之辨，曰：「顔子一似主人，長在家裏，三月以後或有出去時節，便會向歸。其餘是賓，或一日一至，或一月一至。以日較月，月又却疏。」又曰：「不違者，是在内；至焉者，是在外來。」又問「幾非在我者」。曰：「舍三月不違去做工夫，都是在我外，不在我這裏了。」謙之。

問横渠内外賓主之説。曰：「主是仁，賓却是己身。不違仁者，己住在此屋子内了。『日月至焉』者，時暫到此又出去，是乃賓也。」後數日，又因一學者舉此段爲問，而曰：「仁，譬如此屋子。顔子在此裏面住，但未免間有出去時。他人則或入來住得一日，或入來住得一月，不能久處此，此即内外賓主之辨。『過此幾非在我者』，謂學者但當勉勉循循做工夫而已，舍是則他無所事也。」必大。

或問：「横渠『内外賓主之辨』一段云：『仁在内而我爲主，仁在外而我爲客。』如何？」曰：「此兩句又是後人解横渠之語。蓋『三月不違』底是仁爲主，私欲爲客。諸子『日月至焉』者，是私欲爲主，仁只爲客。譬如人家主人常在屋中，出外時少，便出去，也不久須歸來。『日月至焉』者，則常常在外做客，暫時入屋來，又出去。出去之時多，在屋之時少，或一月一番至，或一日一番至，終是不是主人，故常在外。然那客亦是主人，只是以其多在外，故謂之客。敬則常在屋中住得，不要出外，久之亦是主人。既是主人，自是出去時少也。佛經中貧子寶珠之喻亦當。」

「『三月不違』者，我爲主而常在内也；『日月至焉』者，我爲客而常在外也。仁猶屋，心猶我。常在屋中則爲主，出入不常爲主，則客也。『過此幾非在我者』，如水漲船行，更無著力處。」銖。

問横渠内外之説。曰：「譬如一家有二人，一人常在家，一人常在外。在家者出外常少；在外者常不在家，間有歸家時，只是在外多。」謨。

「『三月不違仁』，是在屋底下做得主人多時。『日月至焉』，是有時從外面入來屋子底下，横渠所謂内外賓主之辨者是也。又曰：「學者須是識得屋子是我底，始得。」儒用。

問「内外賓主之辨」。曰：「『不違仁』者，仁在内而爲主，然其未熟，亦有時而出於外。『日月至焉』者，仁在外而爲賓，雖有時入於内，而不能久也。」廣。

「三月不違」，主有時而出；「日月至焉」，賓有時而入。人固有終身爲善而自欺者。不特外面，蓋有心中欲爲善，而常有一箇不肯底意，便是自欺。從周。

叔器未達「内外賓主之辨」一句。曰：「『日月至焉』底，便是我被那私欲挨出在外面，是我勝那私欲不得。」又問「使心意勉勉循循不能已」。曰：「不能已，是爲了又爲，爲得好後只管爲，如『欲罷不能』相似。」蔡仲默云：「如『生則惡可已也』之類。」曰：「是。」義剛。

問「三月不違仁」。曰：「仁即是心。心如鏡相似，仁便是箇鏡之明。鏡從來自明，只爲有少間隔，便不明。顔子之心已純明了，所謂『三月不違』，只緣也曾有間隔處。」又問：「張子謂『使心意勉勉循循而不能已，過此幾非在我者』，是如何？」曰：「學者只要勉勉循循而不能已。才能如此，便後面雖不用大段著力，也自做去。如推箇輪車相似，才推得轉了，他便滔滔自去。所謂『學而時習之，不亦説乎』者，正謂説後不待著力，而自不能已也。」時舉。

張子言「勉勉循循而不能已」，須是見得此心自不能已，方有進處。「過此幾非在我」，謂過「三月不違」，非工夫所能及。如「末由也已」，真是著力不得。又云：「勉勉循循之説，須是真箇到那田地，實知得那滋味，方自不能已，要住不得，自然要去。『過此，幾非在我』，言不由我了。如推車子相似，才著手推動輪子了，自然運轉不停。如人喫物，既得滋味，自然愛喫。『日月至焉』者，畢竟也是曾到來，但不久耳。」明作。

或問張子「幾非在我者」。曰：「既有循循勉勉底工夫，自然住不得。『幾非在我者』，言不待用力也，如易傳中説『過此以往，未之或知也』之意。爲學正如推車子相似，才用力推得動了，便自轉將去，更不費力。故論語首章只説箇『學而時習之，不亦説乎』！便言其效驗者，蓋學至説處，則自不容已矣。」廣。南升録别出。

問「幾非在我」之義。曰：「非在我，言更不著得人力也。人之爲學，不能得心意勉勉循循而不已。若能如是了，如車子一般，初間著力推得行了，後來只是滾將去。所謂『學而時習之，不亦説乎』！若得説了，自然不能休得。如種樹一般，初間栽培灌溉，及既成樹了，自然抽枝長葉，何用人力。」南升。

味道問：「『過此，幾非在我者』，疑横渠止謂始學之要，唯當知内外賓主之辨，此外非所當知。」曰：「不然。學者只要撥得這車輪轉，到循循勉勉處，便無著力處，自會長進去。如論語首章言學，只到『不亦説乎』處住，下面便不説學了。蓋到説時，此心便活。」因言：

「韓退之、蘇明允作文，只是學古人聲響，盡一生死力爲之，必成而後止。今之學者爲學，曾有似他下工夫到豁然貫通處否？」可學。

周貴卿問「幾非在我者」。曰：「如推車子樣，初推時須要我著力。及推發了後，却是被他車子移將去，也不由在我了。某嘗説『學而時習之，不亦説乎』，若是做到這裏後，自不肯住了，而今人只是不能得到説處。」義剛。

問「過此幾非在我者」。曰：「過此，即是『過此以往，未之或知』底意思。若工夫到此，蓋有用力之所不能及，自有不可已處。雖要用力，亦不能得。」又問「内外賓主之辨」。曰：「『三月不違』爲主，『日月至焉』爲賓。主則常在其中，賓則往來無常，蓋存主之時少，在外之時多。『日月至焉』，爲其時暫而不能久。若能致其賓主之辨而用其力，則工夫到處自有不可息者。」寓。

問：「何謂『幾非在我者』？」曰：「此即『過此以往，未之或知』之意。蓋前頭事皆不由我，我不知前面之分寸，也不知前面之淺深。只理會這裏工夫，使内外賓主之辨常要分曉，使心意勉勉循循不已。只如此而已，便到顏子『既竭吾才，如有所立卓爾』之地。『雖欲從之，末由也已』，也只恁地。」淳。

「過此幾非在我者」，到此則進進不能已，亦無著力處。拱壽。

子升問：「『過此幾非在我』，莫是過此到聖人之意否？」曰：「不然。蓋謂工夫到此，則非我所能用其力，而自然不能已。如車已推而勢自去，如船已發而纜自行。若不能辨内外賓主，不能循循不已，則有時而間斷矣。孟子所謂『夫仁，亦在乎熟之而已矣』，此語說得盡了。」木之。

問：「『過此幾非在我者』，莫只見許多道理，不見自身己，如何？」曰：「這只是說循循勉勉，便自住不得，便自不由自身己。只是這箇關難過，纔過得，自要住不得，如顏子所謂『欲罷不能』。這箇工夫入頭都只在窮理，只這道理難得便會分明。」又云：「今學者多端：固有說得道理是，却自不著身，只把做言語用了。固有要去切己做工夫，却硬理會不甚進者。」又云：「看得道理透，少間見聖賢言語，句句是爲自家身己設。」又云：「内外賓主，只是如今人多是不能守得這心。譬如一間屋，日月至焉者，是一日一番入裏面來，或有一月一番入裏面來，他心自不著這裏，便又出去了。若說在内，譬如自家自在自屋裏作主，心心念念只在這裏，行也在這裏，坐也在這裏，睡卧也在這裏。『三月不違』，是時復又暫出外去，便覺不是自家屋，便歸來。今舉世日夜營營於外，直是無人守得這心。若能收這心常在這裏，便與一世都背馳了。某嘗說，今學者別無他，只是要理會這道理。此心元初自具萬物萬事之理，須是理會得分明。」賀孫。

問：「『三月不違仁』，伊川舉『得一善則拳拳服膺』。仁乃全體，何故以善稱？」曰：「仁是合衆善。一善尚不棄，況萬善乎！」可學。集義。

問：「『不違仁』，是此心純然天理，其所得在內。『得一善則服膺而弗失』，恐是所得在外？」曰：「『得一善則服膺弗失』，便是『三月不違仁』處。」又問：「是如何？」曰：「所謂善者，即是收拾此心之理。顔子『三月不違仁』，豈直恁虚空湛然，常閉門合眼静坐，不應事，不接物，然後爲不違仁也！顔子有事亦須應，須飲食，須接賓客，但只是無一毫私欲耳。」道夫。

問：「伊川謂：『「日月至焉」，與久而不息者，所見規模雖略相似，其意味迴别。』看來日月至與不息者全然别，伊川言『略相似』，何也？」曰：「若論到至處，却是與久而不息底一般。只是日月至者，至得不長久；不息者，純然無間斷。」寓。

問：「伊川曰：『三月言其久，天道小變之節。』蓋言顔子經天道之變，而爲仁如此，其終久於仁也。又曰：『「三月不違仁」，蓋言其久，然非成德事。』范氏曰：『回之於仁，一時而不變，則其久可知。其餘則有時而至焉，不若回愈久而弗失也。夫子之於仁，慎其所以取與人者至矣。「有能一日用其力於仁矣乎」，猶不得見焉。惟獨稱顔子三月不違，其可謂仁也已。』謝氏曰：『回之爲人，語其所知，雖出於學，然鄰於生知矣。語其成功，雖未至於從容，亦不可謂勉强矣。「三月不違仁」，仁矣，特未可以語聖也，亦未達一間之稱耳。三月，特以其久故也。古人「三月無君則弔」，去國三月則復，詩人以「一日不見，如三月兮」，夫子聞韶，「三月不知肉味」，皆久之意。』右第六章，凡九説，今從伊川、范氏、謝氏之説。伊川第一説以『得一善則服膺弗失』作『三月不違仁』，未甚切。第二説曰：『三月言其久，過此則聖人也。』呂氏亦曰：『以身之，而未能信性，久則不能不懈。』又曰：『至於三月之久，猶不能無違。』又曰：『至於三月之久，其氣不能無衰，雖欲勉而不違仁，不可得也。』楊氏曰：『「三月不違仁」，未能無違也。』侯氏亦曰：『「三月不違仁」，便是不遠而復也。過此則通天通地，無有間斷。』尹氏亦曰：『三月言其久，若聖人，則渾然無間矣。』此五説皆同，而有未安，惟呂氏爲甚。竊謂此章論顏子『三月不違仁』，其立言若曰能久不違仁而已。其餘『日月至焉』者，亦若曰至於仁而不久而已。若以爲顏子『三月不違』，既過三月則違之，何以爲顏子？此呂氏之説爲未安。楊氏亦此意。伊川、侯氏、尹氏之説，亦與呂氏、楊氏相類，特不顯言之耳。故愚以三月特以其久，不必泥『三月』字。顏子視孔子爲未至者，聖人則不思不勉，顏子則思勉也。諸子視顏子爲未至者，則以久近不同耳。若謂顏子三月則違，恐未安。伊川第三説與横渠同，皆説學者事。但横渠『内外賓主』四字，不知如何説。恐只是以『三月不違』者爲有諸己，故曰内，曰主；『日月至焉』者若存若亡，故曰外，曰賓否？游氏説『仁』字甚切，恐於本文不甚密。」先生曰：「能久不違仁，不知能終不違耶，亦有時而違耶？顔子若能終不違仁，則又何思勉之有！易傳復之初九爻下有論此處，可更思之。游氏引『仁，人心也』，則仁與心一物矣，而曰『心不違仁』，何也？」榦。

季康子問仲由章

問：「求之藝可得而聞否？」曰：「看他既爲季氏聚斂，想見是有藝。」問：「龜山解以爲『知禮樂射御書數，然後謂之藝』。」曰：「不止是禮樂射御書數。」寓。

「求也藝」，於細微上事都理會得。緣其材如此，故用之於聚斂，必有非他人所及者。惜乎，其有才而不善用之也！椿。

問：「集注以從政例爲大夫，果何所據？然則子游爲武城宰、仲弓爲季氏宰之類，皆不可言政歟？」曰：「冉子退於季氏之朝，夫子曰：『其事也。如有政，雖不吾以，吾其與聞之。』亦自可見。」壯祖。

「呂氏曰：『果則有斷，達則不滯，藝則善裁，皆可使從政也。』右第七章，凡六説，今從呂説。伊川曰：『人各有所長，能取其長，皆可用也。』尹氏亦用此意。若謂從政，則恐非人人可能。范氏惟説三子之失，恐就本文解，則未須説失處。謝氏論季氏之意，以謂『陋儒所短正在此』，亦恐季氏未必有此意。其問至於再三，乃是有求人才之意。使季氏尚疑其短，則其問不必至反覆再三也。楊氏論果、藝、達三德，不如吕氏謹嚴。」曰：「此段所説得之。但破范説非是。」榦。

正淳問范氏解「季康子問三子可使從政」章，曰：「人固有病，然不害其爲可用；其材固可用，然不掩其爲有病。」必大曰：「范氏之説，但舉三子具臣貨殖之病，却不言其材之爲可用者。」曰：「范氏議論多如此，説得這一邊，便忘却那一邊。唐鑑如此處甚多。以此見得世間非特十分好人難得，只好書亦自難得。」必大。

問謝氏「三子於克己獨善，雖季氏亦知其有餘」之説。曰：「世間固有一種號爲好人，然不能從政者。但謝氏言『克己獨善』，説得太重。當云『修己自好』，可也。」必大。

季氏使閔子騫爲費宰章

或問：「閔子不仕季氏，而由、求仕之。」曰：「仕於大夫家爲僕。家臣不與大夫齒，那上等人自是不肯做。若論當時侯國皆用世臣，自是無官可做。不仕於大夫，除是終身不出，如曾閔，方得。」燾。

「第八章五説，今取謝氏之説。伊川、范、楊、尹氏四説大率皆同，只略説大綱。」曰：「謝氏固好，然辭氣亦有不平和處。」榦。

謝氏説得也粗。某所以寫放這裏，也是可以警那懦底人。若是常常記得這樣在心下，則可以廉頑立懦不至倒了。今倒了底也多。義剛。

伯牛有疾章

「侯氏曰：『夫子嘗以「德行」稱伯牛矣。於其將亡也，宜其重惜之，故再歎曰：「亡之，命矣夫！斯人也，而有斯疾也！斯人也，而有斯疾也！」言非可愈之疾，亦不幸短命之意。』尹氏曰：『牖，牖下也。包氏謂有惡疾，不欲人知，恐其不然也。』右第九章，五説，今從尹氏、侯氏之説。范氏曰：『冉伯牛盡其道而死，故曰命。』楊氏亦曰：『不知謹疾，則其疾有以致之而至者，伯牛無是也，故曰「命矣夫」！』此説於義理正當。但就本文看，説『命矣夫』較深。聖人本意只是惜其死，歎之曰命也，若曰無可柰何而安之命爾。方將問人之疾，情意悽愴，何暇問其盡道與否也？況下文以爲『斯人有斯疾』，則以爲不當有此疾也。豈有上文稱其盡道而死，下文復歎其不當疾而疾？文勢亦不相聯屬。謝氏同。尹氏謹嚴。」先生曰：「此説非是，更思之。」榦。

賢哉回也章

問：「顏子『不改其樂』，莫是樂箇貧否？」曰：「顏子私欲克盡，故樂，却不是專樂箇貧。須知他不干貧事，元自有箇樂，始得。」時舉。

伯豐問：「顏子之樂，不是外面別有甚事可樂，只顏子平日所學之事是矣。見得既分明，又無私意於其間，自然而樂，是否？」曰：「顏子見得既盡，行之又順，便有樂底滋味。」㽦。

問：「顏子樂處，恐是工夫做到這地位，則私意脱落，天理洞然，有箇樂處否？」曰：「未到他地位，則如何便能知得他樂處！且要得就他實下工夫處做，下梢亦須會到他樂時節。」寓。

叔器問：「顏子樂處，莫是樂天知命，而不以貧窶累其心否？」曰：「也不干那樂天知命事，這四字也拈不上。」淳録云：「又加却『樂天知命』四字，加此四字又壞了這樂。顏子胸中自有樂地，雖在貧窶之中而不以累其心，不是將那不以貧窶累其心底做樂。」義剛問：「這樂，正如『不如樂之者』之『樂』。」曰：「那説從樂天知命上去底固不是了，這説從『不如樂之』上來底也不知那樂是樂箇甚麽物事。『樂』字只一般，但要人識得，這須是去做工夫，涵養得久，自然見得。」因言：「通書數句論樂處也好。明道曰：『百官萬務，金革百萬之衆，曲肱飲水，樂亦在其中。』觀它有扈游山詩，是甚麽次第！」陳安卿云：「它那日也未甚有年。」曰：「也是有箇見成底樂。」義剛。淳録此下云：「『樂只是恁地樂，更不用解。只去做工夫，到那田地自知道。』讀一小集，見李偲祭明道文，謂明道當初欲著樂書而不及。因笑曰：『既是樂，何用書説甚！』」

問：「顔子之樂，只是天地間至富至貴底道理，樂去求之否？」曰：「非也。此以下未可便知，須是窮究萬理要極徹。」已而曰：「程子謂：『將這身來放在萬物中一例看，大小大快活！』又謂：『人於天地間並無窒礙，大小大快活！』此便是顔子樂處。這道理在天地間，須是直窮到底，至纖至悉，十分透徹，無有不盡，則於萬物爲一無所窒礙，胸中泰然，豈有不樂！」淳。

問：「顔子『不改其樂』，是私欲既去，一心之中渾是天理流行，無有止息。此乃至富至貴之理，舉天下之物無以尚之，豈不大有可樂！」曰：「周子所謂至富至貴，乃是對貧賤而言。今引此説，恐淺。只是私欲未去，如口之於味，耳之於聲，皆是欲。得其欲，即是私欲，反爲所累，何足樂！若不得其欲，只管求之，於心亦不樂。惟是私欲既去，天理流行，動静語默日用之間無非天理，胸中廓然，豈不可樂！此與貧窶自不相干，故不以此而害其樂。」直卿云：「與浩然之氣如何？」曰：「也是此意。但浩然之氣説得較粗。」又問：

「『説樂道，便不是』，是如何？」曰：「才説樂道，只是冒罩説，不曾説得親切。」又云：「伊川所謂『「其」字當玩味』，是如何？」曰：「是元有此樂。」又云：「『見其大，則心泰』，周子何故就見上説？」曰：「見便是識此味。」南升。

問：「『不改其樂』與『樂在其中矣』，二者輕重如何？」曰：「不要去孔顔身上問，只去自家身上討。」敬仲。以下論孔顔之樂。

恭父問：「孔顔之分固不同。其所樂處莫只一般否？」曰：「聖人都忘了身，只有箇道理。若顔子，猶照管在。」恪。

行夫問「不改其樂」。曰：「顔子先自有此樂，到貧處亦不足以改之。」曰：「夫子自言疏食飲水，樂在其中，其樂只一般否？」曰：「雖同此樂，然顔子未免有意，到聖人則自然。」賀孫。

子善謂：「夫子之樂，雖在飯疏食飲水之中，而忘其樂。顔子不以簞瓢陋巷改其樂，是外其簞瓢陋巷。」曰：「孔顔之樂，大綱相似，難就此分淺深。唯是顔子止説『不改其樂』，聖人却云『樂亦在其中』。『不改』字上，恐與聖人略不相似，亦只爭些子。聖人自然是樂，顔子僅能不改。如云得與不失，得是得了，若説不失，亦只是得。但説不失，則僅能不失耳，終不似『得』字是得得隱。此亦有内外賓主之意。」或問：「與『不違仁』如何？」

曰：「僅能不違。」賀孫。

呈「回也不改其樂」與「樂在其中矣」一段問目。先生曰：「説得雖巧，然子細看來，不須如此分亦得。向見張欽夫亦要如此説，某謂不必如此。所謂樂之深淺，乃在不改上面。所謂不改，便是方能免得改，未如聖人從來安然。譬之病人方得無病，比之從來安樂者，便自不同。如此看其深淺，乃好。」時舉。

叔器問：「『不改其樂』與『不能改其樂』如何分？」曰：「『不改其樂』者，僅能不改其樂而已。『不能改其樂』者，是自家有此樂，它無柰自家何。以此見得聖賢地位。某嘗謂：『明道之言，初見便好，轉看轉好；伊川之言，初看似未甚好，久看方好。』某作六先生贊，伯恭云：『伊川贊尤好。』蓋某是當初見得箇意思恁地，所謂『布帛之文，菽粟之味，知德者希，孰識其貴』也。被伯恭看得好。」又云：「伯恭、欽夫二人使至今不死，大段光明！」義剛。

聖人之樂，且粗言之，人之生，各具此理。但是人不見此理，這裏都黑窣窣地。如猫子狗兒相似，飢便求食，困便思睡。一得富貴，便極聲色之娱，窮四體之奉；一遇貧賤，則憂戚無聊。所謂樂者，非其所可樂；所謂憂者，非其所可憂也。聖人之心，直是表裏精粗，無不昭徹，方其有所思，都是這裏流出，所謂德盛仁熟，『從心所欲，不踰矩』，莊子所謂『人貌而天』。蓋形骸雖是人，其實是一塊天理，又焉得而不樂！」又曰：「聖人便是一片赤骨立底天理。顔子早是有箇物包裹了，但其皮薄，剥去容易。聖人一爲指出這是天理，這是人欲，他便洞然都得了。」夔孫。

問顔子樂處。曰：「顔子之樂，亦如曾點之樂。但孔子只説顔子是恁地樂，曾點却説許多樂底事來。點之樂，淺近而易見；顔子之樂，深微而難知。點只是見得如此，顔子是工夫到那裏了。從本原上看，方得。」賜。

「顔子之樂平淡，曾點之樂已勞攘了。至邵康節云『真樂攻心不柰何』，樂得大段顛蹷。」或曰：「顔子之樂，只是心有這道理便樂否？」曰：「不須如此説，且就實處做工夫。」學蒙。

問「自有其樂」之「自」字。曰：「『自』字對『簞瓢陋巷』言。言簞瓢陋巷非可樂，蓋自有其樂耳。」節。集注。

問：「周子令程子尋顔子所樂何事，而周子、程子終不言。不審先生以爲所樂何事？」曰：「人之所以不樂者，有私意耳。克己之私，則樂矣。」節。

問：「程子云：『周茂叔令尋顔子、仲尼樂處，所樂何事？』竊意孔顔之學，固非若世俗之著於物者。但以爲孔顔之樂在於樂道，則是孔顔與道終爲二物。要之孔顔之樂，只是私意浄盡，天理昭融，自然無一毫繫累耳。」曰：「然。但今人説樂道，説得來淺了。要之説樂道，亦無害。」道夫曰：「觀周子之問，其爲學者甚切。」曰：「然。」頃之，復曰：「程子云：『人能克己，則心廣體胖，仰不愧，俯不怍，其樂可知；有息則餒矣。』」道夫。

問：「濂溪教程子尋孔顔樂處，蓋自有其樂，然求之亦甚難。」曰：「先賢到樂處，已自成就向上去了，非初學所能求。況今之師，非濂溪之師；所謂友者，非二程之友，所以説此事却似莽廣，不如且就聖賢著實用工處求之。如『克己復禮』，致謹於視聽言動之間，久久自當純熟，充達向上去。」寓。

義剛説：「程子曰：『周子每令求顔子樂處，所樂何事？』夫天理之流行，無一毫間斷，無一息停止，大而天地之變化，小而品彙之消息，微而一心之運用，廣而六合之彌綸，渾融通貫，只是這一箇物事。顔子博文約禮，工夫縝密，從此做去，便能尋得箇意脉。至於竭盡其才，一旦豁然貫通，見得這箇物事分明，只在面前，其樂自有不能已者。」曰：「也不要説得似有一箇物事樣。道是箇公共底道理，不成真箇有一箇物事在那裏，被我見得！只是這箇道理，萬事萬物皆是理，但是安頓不能得恰好。而今顔子便是向前見不得底，今見得，向前做不得底，今做得，所以樂。不是説把這一箇物事來恁地快活。」義剛。

堯卿問：「『不改其樂』注『克己復禮』改作『博文約禮』，如何？」曰：「説博文時，和前一段都包得。『克己復禮』，便只是約禮事。今若是不博文時便要去約，也如何約得住！」

義剛。

問：「叔器看文字如何？」曰：「兩日方思量顏子樂處。」先生疾言曰：「不用思量他！只是『博我以文，約我以禮』後，見得那天理分明，日用間義理純熟後，不被那人欲來苦楚，自恁地快活。你而今只去博文約禮，便自見得。今却去索之於杳冥無朕之際，你去何處討！將次思量得人成病。而今一部論語説得恁分明，自不用思量，只要著實去用工。如前日所説人心道心，便只是這兩事。只去臨時思量那箇是人心，那箇是道心。便顏子也只是使得人心聽命於道心後，不被人心勝了道心。你而今便須是常揀擇教精，使道心常常在裏面，如箇主人，人心如客樣。常常如此無間斷，則便能『允執厥中』。」義剛。

鮮于侁言，顏子以道爲樂。想侁必未識道是箇何物，且如此莽莽對，故伊川答之如此。必大。集義。

問：「昔鄒道卿論伊川所見極高處，以爲鮮于侁問於伊川曰：『顏子「不改其樂」，不知所樂者何事？』伊川曰：『尋常道顏子所樂者何事？』曰：『不過説顏子所樂者道。』伊川曰：『若有道可樂，便不是顏子。』豈非顏子工夫至到，道體渾然，與之爲一；顏子之至樂自默存於心，人見顏子之不改其樂，而顏子不自知也？」曰：「正謂世之談經者，往往有前所説之病：本卑，而抗之使高；本淺，而鑿之使深；本近，而推之使遠；本明，而必使之至於晦。且如『伊尹耕於有莘之野，由是以樂堯舜之道』，未嘗以樂道爲淺也。直謂顏子爲樂道，有何不可！」蓋卿。

或問：「程先生不取樂道之説，恐是以道爲樂，猶與道爲二物否？」曰：「不消如此説。且説不是樂道，是樂箇甚底？說他不是，又未可爲十分不是。但只是他語拙，説得來頭撞。公更添説與道爲二物，愈不好了。而今且只存得這意思，須是更子細看，自理會得，方得。」燾。去僞録云：「謂非以道爲樂，到底所樂只是道。非道與我爲二物，但熟後便樂也。」

問：「伊川謂『使顏子而樂道，不足爲顏子』，如何？」曰：「樂道之言不失，只是説得不精切，故如此告之。今便以爲無道可樂，走作了。」問：「鄒侍郎聞此，謂『吾今始識伊川面』，已入禪去。」曰：「大抵多被如此看。」因舉張思叔問「子在川上」，曰：「便是無窮？」伊川曰：「如何一箇『無窮』便了得他？」曰：「『無窮』之言固是。但爲渠道出不親切，故以爲不可。」可學。

劉黻問：「伊川以爲『若以道爲樂，不足爲顏子』，又却云『顏子所樂者仁而已』，不知道與仁何辨？」曰：「非是樂仁，唯仁故能樂爾。是他有這仁，日用間無些私意，故能樂也。而今却不要如此論，須求他所以能不改其樂者是如何。緣能『非禮勿視，非禮勿聽，非禮勿言，非禮勿動』，這四事做得實頭工夫透，自然至此。」

問：「程子謂：『使顏子以道爲樂，則非顏子。』通書『顏子』章又却似言以道爲樂。」曰：「顏子之樂，非是自家有箇道，至富至貴，只管把來弄後樂。見得這道理後，自然樂。故曰『見其大，則心泰；心泰，則無不足；無不足，則富貴貧賤處之一也』。」節。

問：「明道曰：『簞瓢陋巷非可樂，蓋自有其樂耳。「其」字當玩味，自有深意。』伊川曰：『顏子之樂，非樂簞瓢陋巷也。不以貧窶累其心而改其所樂也，故夫子稱其賢。』又曰：『天下有至樂，惟反身者得之，而極天下之欲不與存焉。』又曰：『顏子簞瓢非樂也，忘也。』呂氏曰：『禮樂悦心之至，不知貧賤富貴可爲吾之憂樂。』右第十章，八説，今從明道、伊川、呂氏之説。明道第二説，伊川第二、第三、第七説，范氏説，皆是推説，於本文未甚密。伊川第四説答鮮于侁曰：『使顏子以道爲樂而樂之，則非顏子矣。』竊意伊川之説，謂顏子與道爲一矣。若以道爲可樂，則二矣。不知然否？謝氏曰：『回也心不與物交，故無所欲。』不與物交，恐説太深。游氏用伊川説。楊氏之説亦穩，但無甚緊要發明處。尹氏謂『不以衆人之所憂改其樂』，不如伊川作『不以貧窶累其心而改其所樂』。蓋聖人本意，在簞瓢陋巷上見得顏子賢處。『人不堪其憂』，特輔一句。伊川之説，乃其本意。而尹氏乃取其輔句，説顏子賢處未甚緊。」曰：「所論答鮮于侁語，大概得之，而未子細。更就實事上看，『心不與物交』，非謂太深，蓋無此理，雖大聖人之心，亦不能不交物也。」榦。

朱子語類卷第三十二

論語十四

雍也篇三

冉求曰非不説子之道章

問：「力不足者，非干志否？」曰：「雖非志，而志亦在其中。所見不明，氣質昏弱，皆力不足之故。冉求乃自畫耳。力不足者，欲爲而不能爲；自畫者，可爲而不肯爲。」寓。

「力不足者，中道而廢」。廢，是好學而不能進之人，或是不會做工夫，或是材質不可勉者。「今女畫」。畫，是自畫，乃自謂材質不敏而不肯爲學者。必大。

中道而廢，與半途而廢不同。半途是有那懶而不進之意；中道是那只管前去，中道力不足而止。他這中道説得好。高。

問冉求自畫。曰：「如駑駘之馬，固不可便及得騏驥，然且行向前去，行不得死了，没柰何。却不行，便甘心説行不得，如今如此者多。」問：「自畫與自棄如何？」曰：「也只是一般。只自畫是就進上説，到中間自住了；自棄是全不做。」賀孫。

「伊川曰：『冉求言：「非不説子之道，力不足也。」夫子告以爲學爲己，未有力不足者。所謂力不足者，乃中道而自廢耳。今汝自止，非力不足也。』自廢與自止，兩「自」字意不同。自廢則罪不在己，自止乃己之罪。謝氏曰：『欲爲而不能爲，是之謂力不足；能爲而不欲爲，是之謂畫。以畫爲力不足，其亦未知用力與！使其知所以用力，豈有力不足者？其亦未知説夫子之道與！使其知説夫子之道，豈肯畫也？』第十一章凡六説。伊川、謝氏之説，范氏、楊氏之説，亦正，但無甚緊切處。吕氏發明伊川之説，以中道而廢作『不幸』字，甚親切；『廢』字作『足廢』，大鑿。不知伊川只上一『自』字，便可見。尹氏用伊川之説，但於『廢』字上去一『自』字，便覺無力。」曰：「伊川兩『自』字恐無不同之意。觀其上文云『未有力不足者』，則是所謂力不足者，正謂其人自不肯進爾，非真力不足也。此説自與本文不合，而來説必令牽合爲一，故失之耳。謝氏與伊川不同，却得本文之意。」榦。

子謂子夏曰章

問：「『女爲君子儒，無爲小人儒』。君子於學，只欲得於己；小人於學，只欲見知於人。」曰：「今只就面前看，便見。君子儒小人儒，同爲此學者也。若不就己分上做工夫，只要說得去，以此欺人，便是小人儒。」南升。

問：「孔子誨子夏『勿爲小人儒』。」曰：「子夏是箇細密謹嚴底人，中間忒細密，於小小事上不肯放過，便有委曲周旋人情、投時好之弊，所以或流入於小人之儒也。子游與子夏絶不相似。子游高爽疏暢，意思闊大，似箇蕭散底道人。觀與子夏争『洒掃應對』一段可見。如爲武城宰，孔子問：『女得人焉爾乎？』他却說箇澹臺滅明。及所以取之，又却只是『行不由徑，未嘗至於偃之室』兩句，有甚干涉？可見這箇意思好。他對子夏說：『本之則無，如之何？』他資禀高明，須是識得這些意思，方如此說。」又問：「子張與子夏亦不同。」曰：「然。子張又不及子游。子游却又實。子張空說得箇頭勢太大了，裏面工夫都空虛，所以孔子誨之以『居之無倦，行之以忠』，便是救其病。子張較聒噪人，愛說大話而無實。」

問：「謝氏說：『子夏(之)〔文〕〔一〕學雖有餘，意其遠者大者或昧焉。』子張篇中載子夏言語如此，豈得爲『遠者大者或昧』？」曰：「上蔡此說，某所未安。其說道子夏專意文學，未見箇遠大處，看只當如程子『君子儒爲己，小人儒爲人』之說。」問：「或以夫子教子夏爲大儒，毋爲小儒，如何？」曰：「不須說子夏是大儒小儒，且要求箇自家使處。聖人爲萬世立言，豈專爲子夏設？今看此處，正要見得箇義與利分明。人多於此處含糊去了，不分界限。君子儒上達，小人儒下達，須是見得分曉始得，人自是不覺察耳。今自道己會讀書，看義理，做文章，便道別人不會；自以爲說得行，便謂强得人，此便是小人儒。毫釐間便分君子小人，豈謂子夏！決不如此。」問：「五峰言：『天理人欲，同體而異用，同行而異情。』先生以爲『同體而異用』說未穩，是否？」曰：「亦須是實見此句可疑，始得。」又曰：「今人於義利處皆無辨，只恁鶻突去。是，須還他是；不是，還他不是。若都做得是，猶自有深淺，況於不是？」寓。集義。

「第十二章凡五說，今從謝氏之說。伊川、尹氏以爲爲人爲己，范氏以爲舉內徇外，治本務末，楊氏以義利爲君子小人之別，其說皆通。而於淺深之間，似不可不別。竊謂小人

〔一〕據集注改。

之得名有三，而爲人，爲利，徇外務末，其過亦有淺深。蓋有直指其爲小人者，此人也，其陷溺必深。有對大人君子而言者，則特以其小於君子大人而得是名耳，與陷溺者不同。雖均於爲人爲利，均於徇外務末，而過則有淺深也。夫子告子夏以『毋爲小人儒』，乃對君子大人而小者耳。若只統説，則與世俗之真小人者無異，而何以儒爲哉？」曰：「伊川意可包衆説。小人固有等第，然此章之意却無分別。」榦。

子游爲武城宰章

聖人之言寬緩，不急迫。如「焉爾乎」三箇字，是助語。節。

問「子游爲武城宰」章。曰：「公事不可知。但不以私事見邑宰，意其鄉飲、讀法之類也。」南升。

問：「楊氏曰：『爲政以人才爲先。如子游爲武城宰，縱得人，將焉用之！』似説不通。」曰：「古者士人爲吏，恁地説，也説得通。更爲政而得人講論，此亦爲政之助。恁地説，也説得通。」節。

問：「集注取楊氏説云：『觀其二事之小，而正大之情可見矣。』」曰：「看這氣象，便不恁地猥碎。」問：「非獨見滅明如此，亦見得子游胸懷也恁地開廣，故取得這般人。」曰：「子游意思高遠，識得大體。」問：「與琴張、曾晳、牧皮相類否？」曰：「也有曾晳氣象。如與子夏言：『抑末也，本之則無，如之何！』此一著固是失了，只也見得這人是曠闊底。又如問孝，則答以『今之孝者，是謂能養；不敬，何以別』，見得他於事親愛有餘而敬不足。又如説『事君數，斯辱矣；朋友數，斯疏矣』，與『喪致乎哀而止』，亦見得他不要如此苦切。子之武城聞絃歌，子游舉『君子學道愛人』等語，君子是大人，小人是小民。昨日丘子服出作論題，皆曉不得子游意。謂君子學道，及其臨民則愛民；小民學道，則知分知禮，而服事其上。所以絃歌教武城，孔子便説他説得是。這也見子游高處。」賀孫問：「檀弓載子游、曾子語，多是曾子不及子游。」曰：「人説是子游弟子記，故子游事詳。」問：「子游初間甚高，如何後來却不如曾子之守約？」曰：「守約底工夫實。如子游這般人，却怕於中間欠工夫。」問：「子謂子夏曰：『女爲君子儒，無爲小人儒。』看子夏煞緊小，故夫子恐其不見大道，於義利之辨有未甚明。」曰：「子游與子夏全相反。只子夏洒掃應對事，却自是切己工夫，如子夏促狹。如子游説：『抑末也，本之則無，如之何！』是他見得大源頭，故不屑屑於此。如孔子答問孝，於子夏曰：『色難。』與子游全是兩樣。子夏能勤奉養，而未知愉色婉容之爲美。」賀孫。

問：「謝氏曰云云。右第十三章，凡五説。伊川兩説。伊川、尹氏解『行不由徑』作『動必從正道』，楊氏謂『直道而行』，皆是疑『行不由徑』爲非中理。竊意滅明之爲人未至成德，但有一節一行可取。如非公事不至偃室，自成德者觀之，此特其一行爾，而子游尚稱之，則『行不由徑』，亦但以其不欲速而遵大路可知也。伊川兩説，蓋權時者之事也。范氏乃就推人君説。」曰：「來説得之。」榦。

孟之反不伐章

問「孟之反不伐」。曰：「孟之反資禀也高，未必是學。只世上自有這般人，不要争功。胡先生説：『莊子所載三子云：孟子反、子桑户、子琴張。子反便是孟之反。子桑户便是子桑伯子，「可也簡」底。子琴張便是琴張，孔子所謂「狂者」也。但莊子説得怪誕。』但他是與這般人相投，都自恁地没檢束。」賀孫。

立之問此章。曰：「人之矜伐，都從私意上來。才有私意，便有甚好事，也做不得。孟之反不伐，便是克、伐不行，與顔子無伐善施勞底意思相似。雖孟之反别事未知如何，只此一節，便可爲法。人之私意多端。聖人所以言此者，正提起與人看，使人知所自克也。」時舉。

問：「凡人所以矜伐者，其病根在甚處？只爲有欲上人之心。才有欲上人之心，則人欲日長，天理日消，凡可以矜己誇人者，無所不至。故學者當去其欲上人之心，則天理自明矣。」曰：「欲上人之心，便是私欲。聖人四方八面提起向人說，只要人去得私欲。孟之反其他事不可知，只此一事，便可爲法也。」南升。

問：「孟之反不伐。人之伐心固難克，然若非先知得是合當做底事，則臨事時必消磨不去，諸葛孔明所謂『此臣所以報先帝而忠陛下之職分也』。若知凡事皆其職分之所當爲，只看做得甚麼樣大功業，亦自然無伐心矣。」曰：「也不是恁地。只得箇心地平底人，故能如此。若使其心地不平，有矜伐之心，則雖十分知是職分之所當爲，少間自是走從那一邊去，遏捺不下。少間便說，我却盡職分，你却如何不盡職分！便自有這般心。孟之反只是箇心地平，所以消磨容得去。」僩。

讀「孟之反不伐」章，曰：「此與馮異之事不同。蓋軍敗以殿爲功，殿於後，則人皆屬目其歸地。若不恁地說，便是自承當這箇殿後之功。若馮異乃是戰時有功，到後來事定，諸將皆論功，它却不自言也。」時舉。

問：「呂氏謂人之不伐，能不自言而已。孟之反不伐，則以言以事自揜其功，加於人一等矣。第十四章凡六說，今從呂說。范楊侯尹論其謙讓不伐，只統說大綱，於聖人所稱孟之反之意有未盡，不如呂氏說得『馬不進也』之意出。謝氏說學者事甚緊切，於本文未密。」曰：「若不自揜，即是自居其功矣。恐不必如呂氏說。」榦。

不有祝鮀之佞章

問此章。曰：「此孔子歎辭也。言衰世好諛悅色，非此不能免，蓋深傷之。當只從程先生之說。」謨。

「第十五章凡七說。伊川三說。今從伊川此說。伊川第二第三說，呂范尹之說，皆一意，與伊川第一說同。范氏曰：『有朝之令色，無鮀之巧言，猶難免於當世。』據范氏主意，乃在疾時之好佞，故曰『猶難免於當世』。非加一『猶』字，則其說不通，文意恐不如此。謝氏曰：『善觀世之治亂者如此。』乃推說。侯氏曰：『「而」字，疑爲「不」字說。』恐未必是文錯，或文勢如此。」曰：「當從伊川說。」榦。

誰能出不由户章

「誰能出不由户！」何故人皆莫由此道也？振。

問「何莫由斯道也」。曰：「但才不合理處，便是不由道。」

問：「呂氏曰：『出而不能不由户，則何行而非達道也哉！』楊氏曰：『道無適而非也，孰不由斯乎？猶之出必由户也，百姓日用而不知耳。』尹氏曰：『道不可離，可離非道，猶出入必由户也。』第十六章凡六説，今從吕楊尹之説。伊川、范氏、謝氏皆正。但伊川『事必由其道』一句未粹，范謝説稍寬。」曰：「此言人不能出不由户，何故却行不由道？怪而歎之之辭也。伊川雖不如此説，然『事必由其道』一句，不見其失，不可輕議，更宜思之。」榦。

質勝文則野章

史，掌文籍之官。如「二公及王乃問諸史」，并周禮諸屬，各有史幾人。如内史、御史，皆掌文籍之官。秦有御史大夫，亦掌制度文物者也。僩。

「質勝文則野，文勝質則史」，是不可以相勝。纔勝，便不好。龜山云：「則可以相勝。」「則」字怕誤，當作「不」字。賀孫。

夫子言「文質彬彬」，自然停當恰好，不少了些子意思。若子貢「文猶質，質猶文」，便説得偏了！端蒙。

問：「伊川曰：『君子之道，文質得其宜也。』范氏曰『凡史之事』云云。第十七章凡七説，今從伊川、范氏之説。伊川第二説，吕氏説論『史』字，皆通。謝氏專指儀容説，恐未當。大綱且論文質，故有野與史之別。若專以爲儀容，則説『史』字不通，史無與儀容事。楊氏自『質之勝文』以下，皆推説，與本文不類。尹氏曰：『史文勝而理不足。』『理』字未安。如此，則野可謂之理勝也。既謂之勝，則理必不足。野與史，皆可謂之理不足也。」曰：「史既給事官府，則亦習於容止矣。謝説之失不在此。却是所説全以觀人爲言，無矯揉著力處，失却聖人本旨。楊説推得却有功。『文勝則理不足』，亦未有病。野，固理勝而文不足也。」榦。

人之生也直章

生理本直。人不爲直，便有死之道，而却生者，是幸而免也。夔孫。

「罔之生也」之「生」，與上面「生」字微有不同。此「生」字是生存之「生」。人之絶滅天理，便是合死之人。今而不死，蓋幸免也。人傑。

或問「人之生也直」。曰：「人之生，元來都是直理。罔，便是都背了直理，當仁而不仁，當義而不義，皆是背了直理。既如此，合是死。若不死時，便是幸而免。」燾。

天地生生之理，只是直。纔直，便是有生生之理。不直，則是枉天理，宜自屈折也，而亦得生，是幸而免耳。如木方生，須被折了，便不直，多應是死。到得不死，幸然如此。

賀孫。

問「人之生也直」。曰：「『生理本直。』順理而行，便是合得生；若不直，便是不合得生，特幸而免於死耳。」亞夫問：「如何是『生理本直』？」曰：「如父子，便本有親；君臣，便本有義。」南升。

「『人之生也直』，如飢食渴飲，是是非非，本是曰直，自無許多周遮。如『敬以直内』，只是要直。」又曰：「只看『生理本直』四字。時舉録云：「只（我）〔玩〕〔一〕味此四字，便自有味。」如見孺子入井，便自有怵惕之心。時舉録云：「即便是直。」見不義底事，便自有羞惡之心。是本有那箇當爲之理。若是内交要譽，便是不直。」時舉録云：「才有内交要譽之意，便是曲了。」

林恭甫説「生理本直」未透。曰：「如水有源便流，這只是流出來，無阻滯處。如見孺子將入井，便有箇惻隱之心。見一件可羞惡底事，便有箇羞惡之心。這都是本心自然恁地發出來，都遏不住。而今若順這箇行，便是。若是見入井後不惻隱，見可羞惡而不羞惡，便是拗了這箇道理，這便是罔。」義剛。

「罔，只是脱空作僞，做人不誠實，以非爲是，以黑爲白。如不孝於父，却與人説我

〔一〕據四書纂疏改。

孝；不弟於兄，却與人說我弟，此便是罔。據此等人，合當用死，却生於世，是幸而免耳。生理本直，如耳之聽，目之視，鼻之臭，口之言，心之思，是自然用如此。若纔去這裏著些屈曲支離，便是不直矣。」又云：「凡人解書，只是這一箇粗近底道理，不須別爲高遠之說。如云不直，只是這箇不直。却云不是這箇不直，別有箇不直，此却不得。所謂淺深者，是人就這明白道理中，見得自有粗細。不可說這說是淺底，別求一箇深底。若論不直，其粗至於以鹿爲馬，也是不直；其細推至一念之不實，惡惡不『如惡惡臭』，好善不『如好好色』，也是不直。只是要人自就這箇粗說底道理中，看得越向裏來教細耳，不是別求一樣深遠之說也。」僩。

問：「或問云：『上「生」字爲始生之生，下「生」字爲生存之生。雖若不同，而義實相足。』何也？」曰：「後日生活之生，亦是保前日之生。所以人死時，此生便絕。」節。

問：「明道云：『「民受天地之中以生」，「天命之謂性」也。「人之生也直」，亦是此意。』莫微有差別否？」曰：「如何有差別！便是這道理本直。孔子却是爲欲說『罔之生也』，所以說箇『直』字，與『民受天地之中』，義理一般。」僩。集義。

問：「伊川曰：『人類之生，以直道也；欺罔而免者，幸耳。』謝氏曰云云。第十八章凡九說，楊氏兩說。今從伊川、謝氏之說。明道曰：『生理本直。』范氏曰：『人之性善，故其生直。』尹氏曰：『直，性也。』此三説者，皆以生字作始生之生，未安。據此章，正如禮所謂『失之者死，得之者生』，乃生存之生。若以爲生本直，性本直，則是指人之始生言之。人之始生，固可謂之直，下文又不當有始生而罔者。下句若作生存之生，則上句不應作始生之生。橫渠解『幸而免』，似鑿。本文上句却無吉凶莫非正之意。吕氏曰：『罔，如網，無常者也。』『罔』字，只對『直』字看，便可見，似不必深説。游氏雖説有未盡，大綱亦正。楊氏曰：『人者，盡人道者。』其意以『人』字作一重字解，似對『罔』字言之，未當。『人』字只大綱説。第二説大略。」曰：「此兩『生』字，上一字是始生之『生』，下一字是生存之『生』。當以明道之説求之，則得之矣。」榦。

知之者不如好之者章

「知之者不如好之者。」人之生，便有此理。然被物欲昏蔽，故知此理者已少。好之者是知之已至，分明見得此理可愛可求，故心誠好之。樂之者是好之已至，而此理已得之於己。凡天地萬物之理皆具足於吾身，則樂莫大焉。知之者，如五穀之可食；好之者，是食而知其味；樂之者，是食而飽。南升。

問：「若是真知，安得不如好之？若是真好，安得不如樂之？」曰：「不説不是真知與真好，只是知得未極至，好得未極至。如數到九數，便自會數過十與十一去；數到十九數，便自會數過二十與二十一去。不著得氣力，自然如此。若方數得六七，自是未易過十；數得十五，自是未易過二十數，這都是未極至處。如行到福州，須行到福州境界極了，方到興化界；這邊來，也行盡福州界了，方行到南劍界。若行未盡福州界，自是未到得别州境界。『樂則生矣，生則惡可已』也。」賀孫。

問：「明道曰：『篤信好學，未如自得之樂。好之者，如游他人園圃；樂之者，則己物耳。然只能信道，亦是人之難能也。』伊川曰：『非有所得，安能樂之？』又曰：『知之者，在彼，而我知之也。好之者，雖篤，而未能有之。至於樂之，則爲己之所有。』第十九章凡七説，伊川三説。今從明道、伊川之説。伊川第二説，推説教人事，曰：『知之必好之，好之必求之，求之必得之。古人此箇學，是終身底事。果能造次顛沛必於是，豈有不得之理？』范氏曰『樂則生矣』，吕氏亦曰『樂則不可已』，皆推説樂以後事。若原其所以樂，則須如伊川之説。吕氏曰：『知之則不惑。』據此章『知』字，只謂好學者耳，未到不惑地位，其説稍深。楊氏曰：『「夫婦之愚，可以與知焉」，則知之非艱矣。』此説『知』字又太淺。人而知學者亦不易得。夫婦之知，習之而不察者耳，未足以爲知。二説正相反，吕氏過，楊氏不及。謝氏曰：『樂則無欣厭取舍。』謂之無厭無舍則可，若謂之無所欣，無所取，則何以謂之樂？尹氏大綱與伊川同意，但以『安』字訓『樂』字，未緊。」曰：「所論『知』字，甚善。但此亦謂知義理之大端者耳。謝説大抵太過。」榦。

中人以上章

叔器問：「中人上下是資質否？」曰：「且不粧定恁地。或是他工夫如此，或是他資質如此。聖人只説『中人以上、中人以下』時，便都包得在裏面了。聖人説中人以下，不可將那高遠底説與他，怕他時下無討頭處。若是就他地位説時，理會得一件，便是一件，庶幾漸漸長進，一日强似一日，一年强似一年。不知不覺，便也解到高遠處。」義剛。

問：「聖人教人，不問智愚高下，未有不先之淺近，而後及其高深。今中人以上之資，遽以上焉者語之，何也？」曰：「他本有這資質，又須有這工夫，故聖人方以上者語之。今人既無這資質，又無這工夫，所以日趨於下流。」寓。

正淳問：「『中人以下，不可以語上』，是使之下學而未可語以上達否？」曰：「如此，則下學、上達分而爲二事矣。況上達亦如何説得與他！須是待他自達。此章只是説智識未理會得此義理者，語之無益爾。」必大。

行夫問此章。曰：「理只是一致。譬之水，也有把與人少者，有把與人多者。隨其質之高下而告之，非謂理有二致也。」時舉。

或問此一段。曰：「正如告顏淵以『克己復禮』，告仲弓以『持敬行恕』，告司馬牛以言之訒。蓋清明剛健者自是一樣，恭默和順者自是一樣，有病痛者自是一樣，皆因其所及而語之也。」僩。

問：「謝氏既以分言，又以操術言，豈非謂貴賤異等，執業不同，故居下者不可語之以向上者之事否？」曰：「也只是論學術所至之淺深而已。」必大。集義。

問：「明道曰：『上智高遠之事，非中人以下所可告，蓋踰涯分也。』橫渠曰云云。此説得之呂監廟所編，其説似正，不知載在何集録。第二十章凡六説。伊川兩説。橫渠説在外。伊川第二説曰：『「中人以上，中人以下」，皆謂才也。』第一説與尹氏之説同此意。謂之才者，以爲稟受然爾。楊氏亦曰：『有中人上下者，氣稟異也。』此三説皆以其上中下爲係所稟受。范氏則曰：『由學與不學故也。』謝氏亦曰：『特語其操術淺深，非不移之品。』此二説，又以其上、中、下爲係於學術。五説正相反。據本文，只大綱論上中下，初未嘗推原其所以然也。若推原其所以然，則二者皆有之。或以其稟受不同，或以其學術有異，不可偏舉。」曰：「伊川第二説，已具二者之意矣。」榦。

樊遲問知章

問：「『務民之義，敬鬼神而遠之』，諸家皆作兩事説。」曰：「此兩句恐是一意。民者，人也；義者，宜也。如詩所謂『民之秉彝』，即人之義也。此則人之所宜爲者，不可不務也。此而不務，而反求之幽冥不可測識之間，而欲避禍以求福，此豈謂之智者哉！『先難後獲』，即仲舒所謂『仁人明道不計功』之意。吕氏説最好，辭約而義甚精。」去僞。

問：「樊遲問知，當專用力於人道之所宜，而不惑於鬼神之不可知，此知者之事也。若不務人道之所宜爲，而褻近鬼神，乃惑也。須是敬而遠之，乃爲知。『先難而後獲』，謂先其事之所難，而後其效之所得，此仁者之心也。若方從事於克己，而便欲天下之歸仁，則是有爲而爲之，乃先獲也。若有先獲之心，便不可以爲仁矣。」曰：「何故有先獲之心，便不可以爲仁？」曰：「方從事於仁，便計較其效之所得，此便是私心。」曰：「此一句説得是。克己，正是要克去私心，又却計其效之所得，乃是私心也。只是私心，便不是仁。」又曰：「『務民之義』，只是就分明處用力，則一日便有一日之效。不知『務民之義』，褻近鬼神，只是枉費心力。今人褻近鬼神，只是惑於鬼神，此之謂不知，如臧文仲居蔡。古人非不用卜筮，今乃褻瀆如此，便是不知。吕氏『當務之爲急』，説得好；『不求於所難知』一句，説得鶻突。」南升。

問：「『敬鬼神而遠之』，莫是知有其理，故能敬；不爲他所惑，故能遠？」曰：「人之於鬼神，自當敬而遠之。若見得那道理分明，則須著如此。如今人信事浮屠以求福利，便是不能遠也。又如卜筮，自伏羲、堯、舜以來皆用之，是有此理矣。今人若於事有疑，敬以卜筮決之，有何不可？如義理合當做底事，却又疑惑，只管去問於卜筮，亦不能遠也。蓋人自有人道所當爲之事。今若不肯自盡，只管去諂事鬼神，便是不智。」因言夫子所答樊遲問仁智一段，正是指中間一條正當路與人。人所當做者，却不肯去做；才去做時，又便生箇計獲之心，皆是墮於一偏。人能常以此提撕，則心常得其正矣。廣。

問「敬鬼神而遠之」。曰：「此鬼神是指正當合祭祀者。且如宗廟山川，是合當祭祀底，亦當敬而不可褻近泥著。才泥著，便不是。且如卜筮用龜，所不能免。臧文仲却爲山節藻梲之室以藏之，便是不智也。」銖。

問：「『敬鬼神而遠之』，如天地山川之神與夫祖先，此固當敬。至如世間一種泛然之鬼神，果當敬否？」曰：「他所謂『敬鬼神』，是敬正當底鬼神。『敬而遠之』，是不可褻瀆，不可媚。如卜筮用龜，此亦不免。如臧文仲山節藻梲以藏之，便是媚，便是不知。」節。

問：「程子説鬼神，如孔子告樊遲，乃是正鬼神。如説今人信不信，又別是一項，如何滾同説？」曰：「雖是有異，然皆不可不敬遠。」可學。

「先難後獲」，只是無期必之心。時舉。

問「仁者先難而後獲」。曰：「獲，有期望之意。學者之於仁，工夫最難。但先爲人所難爲，不必有期望之心，可也。」去僞。

只是我合做底事，便自做將去，更無下面一截。才有計獲之心，便不是了。恪。

「先難後獲」，仁者之心如是，故求仁者之心亦當如是。

須「先難而後獲」。不探虎穴，安得虎子！須是捨身入裏面去，如搏寇讎，方得之。若輕輕地説得，不濟事。方子。

問：「『仁者先難而後獲』。難者，莫難於去私欲。私欲既去，則惻然動於中者，不期見而自見。」曰：「仁畢竟是箇甚形狀？」曰：「仁者與天地萬物爲一體。」曰：「此只是既仁之後，見得箇體段如此。方其初時，仁之體畢竟是如何？要直截見得箇仁底表裏。若不見他表裏，譬猶此屋子，只就外面貌得箇模様，縱説得著，亦只是籠罩得大綱，不見屋子裏面實是如何。須就中實見得仔細，方好。」又問：「就中間看，只是惻然動於中者，無所係累昏塞，便是否？」曰：「此是已動者。若未動時，仁在何處？」曰：「未動時流行不息，所謂那活潑潑底便是。」曰：「諸友所説仁，皆是貌模。今且爲老兄立箇標準，要得就這上研磨，將來須自有箇實見得處。譬之食糖，據别人説甜，不濟事。須是自食，見得甜時，方是真味。」大雅。

或問此章。曰：「常人之所謂知，多求知人所不知。聖人之所謂知，只知其所當知而已。自常人觀之，此兩事若不足以爲知。然果能專用力於人道之宜，而不惑於鬼神之不可知，却真箇是知。」燾。集注。

問集注「仁之心，知之事」。曰：「『務民之義，敬鬼神』，是就事上説。『先難後獲』，是就處心積慮處説。『仁』字説較近裏，『知』字説較近外。」夔孫。

叔器問集注心與事之分。曰：「這箇有甚難曉處？事，便是就事上説；心，便是就裏面説。『務民之義，敬鬼神而遠之』，這是事。『先難後獲』，這是仁者處心如此。事也是心裏做出來，但心是較近裏説。如一間屋相似，説心底是那房裏，説事底是那廳。」

問：「『仁者先難而後獲』，『後』字，如『未有義而後其君』之『後』否？」曰：「是。」又問：「此只是教樊遲且做工夫，而程子以爲仁，如何？」曰：「便是仁。這一般，外面恁地，然裏面通透，也無界限。聖人説話，有一句高，一句低底，便有界限。若是隴侗説底，才做得透，便是。如『克己復禮』，便不必説只是爲仁之事，做得透便是。又如『我欲仁，斯仁至矣』，才欲仁，便是仁。」因言：「先儒多只是言『後有所得』，説得都輕。淳録云：「『後』字説得輕了。」唯程先生説得恁地重，這便是事事説得有力。如『事君敬其事而後其食』，『先事後得』之類，皆是此例。」義剛言：「若有一毫計功之心，便是私欲。」曰：「是。」義剛。淳同。

問：「明道曰：『「先難」，克己也。』伊川曰：『以所難爲先，而不計所獲，仁也。』又曰：『民，亦人也。務人之義，知也。鬼神不敬，則是不知；不遠，則至於瀆。敬而遠之，所以爲知。』又曰：『有爲而作，皆先獲也，如利仁是也。古人惟知爲仁而已，今人皆先獲也。』右第二十一章，凡七説，明道三説。伊川四説。今從明道、伊川之説。明道第一説曰：『民之所宜者，務之。所欲，與之聚之。』第三説亦曰：『「務民之義」，如項梁立義帝，謂從民望者，是也。』伊川第一説亦曰：『能從百姓之所宜者，知也。』尹氏用伊川説。此三説，皆以『務民之義』，作從百姓之所宜，恐解『知』字太寬。問知，而告以從百姓之所宜，恐聖人告樊遲者，亦不至如是之緩。竊意『民』字不當作『百姓』字解。只伊川第二説曰『民，亦人也』，似穩。所謂『知』者，見義而爲之者也。不見義，則爲不知。『務』，如『齊不務德』之『務』。然必曰『民之義』者，己亦民也。通天下只一義耳，何人我之别！所謂『務民之義』者，與務己之義無異。孟子曰『居天下之廣居』，則亦與己之廣居無異。故伊川謂『民亦人也』，恐有此意。若以『民』字作『百姓』字解，復以『義』字作『宜』字，恐説『知』字太緩。伊川第三説鬼神事。范作『振民育德』，其説寬。振民之意，亦與明道、伊川從百姓之所宜之意同，皆恐未穩否？呂氏曰：『當務爲急，不求所難知。』似將『務民之義，敬鬼神而遠之』作一句解。看此兩句，正與『非其鬼而祭之，諂也。見義不爲，無勇也』相類。兩句雖連説，而文意則異。謝氏曰：『「敬鬼神而遠之」，知鬼神之情狀也。』伊川第三説似未須説到如此深遠，正以其推言之耳。楊氏曰：『樊遲學稼，固務民之事而已，非義也。』莫非事也，而曰事而非義，則不可。但有義、不義之異，事與義本無異。」曰：「民之義，謂人道之所宜也，來説得之。但所謂『「居天下之廣居」，與己之廣居無異』，則天下只有此一廣居，何必更説無人我之異乎？呂氏説，詞約而義甚精。但伊川説『非其鬼而祭之』，兩説相連，却費力。若如范氏説，則可以相因矣。楊氏所引，本無意義，然謂事即是義，則不可。且如物，還可便謂之理否？」榦。

知者樂水章

胡問此章。曰：「聖人之言，有淺説底，有深説底，這處只是淺説。仁只似而今重厚底人，知似而今伶利底人，然亦在人看。」淳。義剛録云：「胡問：『仁是指全體而言否？』曰『聖人説仁，固有淺深，這箇是大概説』云云。」

正卿問：「『知者樂水，仁者樂山』，是以氣質言之，不知與『仁者安仁，知者利仁』有高下否？」曰：「此『仁知』二字，亦説得淺，不可與『安仁利仁』較優劣。如中庸説『知仁勇』，這箇『仁知』字，説得煞大。」賀孫。

問：「『知者樂水，仁者樂山』，是就資質上説，就學上説？」曰：「也是資質恁地。但資質不恁地底，做得到也是如此。這只説箇仁知地位，不消得恁地分。資質好底固是合下便恁地，若是資質不好，後做得到時，也只一般。」義剛。

「『知者樂水，仁者樂山』，不是兼仁知而言，是各就其一體而言。如『仁者見之謂之仁，知者見之謂之知』。」人傑問：「『樂』字之義，釋曰『喜好』。是知者之所喜好在水，仁者之所喜好在山否？」曰：「且看水之爲體，運用不窮，或淺或深，或流或激；山之安靜篤實，觀之儘有餘味。」某謂：「如仲尼之稱水曰：『水哉！水哉！』子在川上曰：『逝者如斯夫！』皆是此意否？舊看伊川説『非體仁知之深者，不能如此形容之』，理會未透。自今觀之，真是如此。」曰：「不必如此汎濫。且理會樂水樂山，直看得意思窮盡，然後四旁莫不貫通。苟先及四旁，却終至於與本説都理會不得也。」人傑。

子善問「知者樂水，仁者樂山」。曰：「看聖人言，須知其味。如今只看定『樂山樂水』字，將仁知來比類，湊合聖言而不知味也。譬如喫饅頭，只喫些皮，元不曾喫餡，謂之知饅頭之味，可乎？今且以知者樂水言之，須要仔細看這水到隈深處時如何，到峻處時如何，到淺處時如何，到曲折處時如何。地有不同，而水隨之以爲態度，必至於達而後已，此可見知者處事處。『仁者樂山』，亦以此推之。」洽。

惟聖人兼仁知，故樂山樂水皆兼之。自聖人而下，成就各有偏處。

魏問此章。曰：「此一章，只要理會得如何是仁，如何是知。若理會這兩箇字通透，如動、静等語自分曉。」賀孫。

問：「『知者動，仁者静』，動是運動周流，静是安静不遷，此以成德之體而言也。若論仁知之本體，知則淵深不測，衆理於是而斂藏，所謂『誠之復』，則未嘗不静；仁者包藏發育，一心之中生理流行而不息，所謂『誠之通』，則未嘗不動。」曰：「知者動意思常多，故以動爲主；仁者静意思常多，故以静爲主。今夫水淵深不測，是静也；及滔滔而流，日夜不息，故主於動。山包藏發育之意，是動也；而安重不遷，故主於静。今以碗盛水在此，是静也，畢竟他是動物。故知動仁静，是體段模樣意思如此也，常以心體之便見。」南升。

問：「仁知動静之説，與陰陽動静之説同否？」曰：「莫管他陽動陰静，公看得理又過了。大抵看理只到這處便休，又須得走過那邊看，便不是了。然仁主於發生，其用未嘗不動，而其體却静。知周流於事物，其體雖動，然其用深潛縝密，則其用未嘗不静。其體用動静雖如此，却不須執一而論，須循環觀之。蓋仁者一身混然全是天理，故静而樂山，且壽，壽是悠久之意；知者周流事物之間，故動而樂水，且樂，樂是處得當理而不擾之意。若必欲以配陰陽，則仁配春，主發生，故配陽動；知配冬，主伏藏，故配陰静。然陰陽動静，又各互爲其根，不可一定求之也。此亦在學者默而識之。」祖道。

或問：「『知者動，仁者静』。如太極圖説，則知爲静而仁爲動，如何？」曰：「且自體當到不相礙處，方是。」儒用録云：「觀書且就當下玩索文意，不須如此牽引，反生枝蔓。」良久，曰：「這物事直看一様，横看一様。儒用録云：「道理不可執著，且逐件理會。」子貢説學不厭爲知，教不倦爲仁。子思却言成己爲仁，成物爲知。仁固有安静意思，然施行却有運用之意。」又云：「知是伏藏、祖録作「潛伏」。淵深底道理，至發出則有運用。然至於運用各當其理而不可易處，又不專於動。」人傑。

仁静知動。易中説「仁者見之」，陽也；「知者見之」，陰也。這様物事大抵有兩様。仁配春，知配冬。中庸説：「成己，仁也；成物，知也。」仁在我，知在物。孟子説：「學不厭，知也；教不倦，仁也。」又却知在我，仁在物。見得這様物事皆有動静。泳。

仁知動静。自仁之静、知之動而言，則是「成己，仁也；成物，知也」。自仁之動、知之静而言，則是「學不厭，知也；教不倦，仁也」。恪。

「仁者静」，或謂寂然不動爲静，非也。此言仁者之人，雖動亦静也。喜怒哀樂，皆動也，仁者之人豈無是數者哉！蓋於動之中未嘗不静也。静，謂無人慾之紛擾，而安於天理之當然耳。若謂仁有静而不動，則知亦常動而不静乎！謨。

通老問：「仁知動静，合二者如何？」曰：「何必合？此亦言其多耳。不成仁者便愚，知者便一向流蕩！要之，安静中自有一箇運動之理，運動中自有一箇安静之理，方是。」可學。

知便有箇快活底意思，仁便有箇長遠底意思，故曰：「知者樂，仁者壽。」

問：「『知者樂水』一章，看這三截，却倒。似動静是本體，山水是説其已發，樂壽是指其效。」曰：「然。倒因上二句説到他本體上。『知者動』，然他自見得許多道理分明，只是行其所無事，其理甚簡；以此見得雖曰動，而實未嘗不静也。『仁者静』，然其見得天下萬事萬理皆在吾心，無不相關；雖曰静，而未嘗不動也。動，不是恁地勞攘紛擾；静，不是恁地塊然死守。這與『樊遲問仁知』章相連，自有互相發明處。」朱蜚卿問是如何。曰：「專去理會人道之所當行，而不惑於鬼神之不可知，便是見得日用之間流行運轉，不容止息，胸中曉然無疑，這便是知者動處。心下專在此事，都無別念慮繫絆，見得那是合當做底事，只恁地做將去，是『先難後獲』，便是仁者静。如今人不静時，只爲一事至，便牽惹得千方百種思慮。這事過了，許多夾雜底却又在這裏不能得了。頭底已自是過去了，後面帶許多尾不能得了。若是仁者，逐一應去，便没事。一事至，便只都在此事上。」蜚卿問：「先生初説『仁者樂山』，仁者是就成德上説；那『仁者先難後獲』，仁者是就初學上説。」曰：「也只一般，只有箇生熟。聖賢是已熟底學者，學者是未熟底聖賢。」蜚卿問：「『先難後獲』，意如何？」曰：「後，如『後其君，後其親』之意。『哭死而哀，非爲生者；經德不回，非以干禄；言語必信，非以正行』，這是熟底『先難後獲』，是得仁底人。『君子行法以俟命』，是生底『先難後獲』，是求仁底人。」賀孫問：「上蔡所説『先難，謂如射之有志，若跣之視地，若臨深，若履薄』，皆其心不易之謂。」曰：「説得是。先難是心只在這裏，更不做别處去。如上嶺，高峻處不能得上，心心念念只在要過這處，更不思量别處去。過這難處未得，便又思量到某處，這便是求獲。」賀孫。

問：「仁知動静，集注説頗重疊。」曰：「只欠轉换了一箇『體』字。若論來，仁者雖有動時，其體只自静；知者雖有静時，其體只自動[一]。」賀孫。集注。

或問：「『動静以體言』，如何？」曰：「『以體言』，是就那人身上説。」燾。

〔一〕賀疑此條有誤。

問："『知者動』，集注以動爲知之體；『知者樂水』，又曰『其用周流而不窮』；言體、用相類，如何？"曰："看文字須活著意思，不可局定。知對仁言，則仁是體，知是用。只就知言，則知又自有體、用。如『乾道成男，坤道成女』，豈得男便都無陰？女便都無陽？這般須相錯看。然大抵仁都是箇體，知只是箇用。"淳。

知者動而不静，又如何處動？仁者静而不動，又死殺了。是則有交互之理。但學者且只得據見在看，便自見得不要如此紛紛也。所舉程子曰"非體仁知之深者，不能如此形容"，此語極好看。儘用玩味，不是常説。如"子語魯太師樂"處，亦云"非知樂之深者不能言"，皆此類也。極用仔細玩味看！明作。

伊川"樂山樂水"處，言"動静皆其體也"。此只言體段，非對用而言。端蒙。集義。

"仁者壽"，是有壽之理，不可以顔子來插看。如"罔之生也幸而免"，罔亦是有死之理。淳。

問謝氏仁知之説。曰："世間自有一般渾厚底人，一般通曉底人，其終亦各隨其材有所成就。夫子以仁者、知者對而言之，誠是各有所偏。如曰『仁者安仁，知者利仁』，及所謂『好仁者，惡不仁者』，皆是指言兩人。如孔門，則曾子之徒是仁者，子貢之徒是知者。如此章，亦是泛説天下有此兩般人爾。"必大。

問：「伊川曰：『樂，喜好也。知者樂於運動，若水之流通；仁者樂於安靜，如山之定止。知者得其樂，仁者安其常也。』「樂喜」、「樂於」，恐皆去聲。又曰：『「知者樂」，凡運用處皆樂；「仁者壽」，以靜而壽。』又曰：『樂山樂水，氣類相合。』范氏曰：『知者運而不息，故樂水；仁者安於山，故樂山。動則能和，故樂；動則自樂，恐不必將「和」作「樂」字。靜則能久，故壽。非深於仁知者，不能形容其德。』右第二十二章凡七說，伊川四說。今從伊川、范氏之說。伊川第二說曰：『樂水樂山，與夫動靜，皆言其體也。』第三說亦曰：『動靜，仁知之體也。』『體』字只作形容仁知之體段則可，若作體用之體則不可。仁之體可謂之靜，則知之體亦可謂之靜。所謂體者，但形容其德耳。呂氏乃以爲『山水言其體，動靜言其用』，此說則顯然以爲體用之體。既謂之樂山樂水，則不專指體，用亦在其中。動可謂之用，靜不可謂之用。仁之用，豈宜以靜名之！謝氏曰：『自非聖人，仁知必有所偏，故其趨向各異，則其成功亦不同也。』據此章，乃聖人形容仁知以教人，使人由是而觀，亦可以知其所以爲仁知也。謝氏以爲指知仁之偏，恐非聖人之意。謝氏又曰：『以其成物，是以動；以其成己，是以靜。』楊氏曰：『利之，故樂水；安之，故樂山。利，故動；安，故靜。』竊謂聖人論德，互有不同。譬如論日，或曰如燭，或曰如銅盤，說雖不同，由其一而觀之，皆可以知其爲日。然指銅盤而謂之燭，指燭而謂之銅盤，則不可。聖人論仁知，或以爲『成己、成物』，或以爲

『安仁、利仁』，或以爲『樂山、樂水』，各有攸主，合而一之，恐不可也。游氏推説仁壽，尹氏同伊川，故不録。」曰：「所論體、用甚善。謝氏説未有病，但末後句過高不實耳。『成己、成物』，『安仁、利仁』，『樂山、樂水』，意亦相通。如『學不厭，教不倦』之類，則不可强通耳。」榦。

朱子語類卷第三十三

論語十五

雍也篇四

齊一變至於魯章

問：「齊尚功利，如何一變便能至魯？」曰：「功利變了，便能至魯。魯只是大綱好，然裏面遺闕處也多。」淳。

行父問「齊一變至魯，魯一變至道」。曰：「太公之封於齊也，舉賢而尚功，孔子曰：『後世必有篡弑之臣。』周公治魯，親親而尊尊，孔子曰：『後世寖微矣！』齊自太公初封，已自做得不大段好。至後桓公、管仲出來，乃大變亂拆壞一番。魯雖是衰弱不振，元舊底却不大段改換。欲變齊，則須先整理了已壞底了，方始如魯，方可以整頓起來，這便隔了一重。變魯，只是扶衰振弱而已。若論魯，如左傳所載，有許多不好事，只是恰不曾被人拆壞。恰似一間屋，魯只如舊弊之屋，其規模只在；齊則已經拆壞了。這非獨是聖人要如此損益，亦是道理合當如此。」賀孫。

齊經小白，法度盡壞。今須一變，方可至魯；又一變，方可至道。魯却不曾變壞，但典章廢墜而已。若得人以修舉之，則可以如王道盛時也。謨。

「『齊一變至於魯』，是他功利俗深。管仲稱霸，齊法壞盡，功利自此盛。然太公治齊尚功時，便有些小氣象，尚未見得，只被管仲大段壞了。」又云：「管仲非不尊周攘夷，如何不是王道？只是功利駁雜其心耳。」明作。

語及「齊一變至於魯」，因云：「齊生得桓公、管仲出來，它要『九合諸侯，一匡天下』，其勢必至變太公之法。不變，便做不得這事。若聖人變時，自有道理。大抵聖賢變時，只是興其滯、補其弊而已。如租庸調變爲彍騎長征之兵，皆是變得不好了。今日變時，先變熙豐之政，以復祖宗忠厚之意，次變而復於三代也。」桓。

問：「伊川謂：『齊自桓公之霸，太公遺法變易盡矣。魯猶存周公之法制。』看來魯自桓公以來，閨門無度，三君見弒，三家分裂公室，昭公至於客死，以至不視朔，不朝聘，與夫税畝、丘甲、用田賦，變亂如此，豈得是周公法制猶存乎？」曰：「齊魯初來氣象，已自不同。看太公自是與周公別。到桓公、管仲出來，又不能遵守齊之初政，却全然變易了，一向盡在功利上。魯却只是放倒了，畢竟先世之遺意尚存。如哀公用田賦，猶使人來問孔子。他若以田賦爲是，更何暇問。惟其知得前人底是，所以來問。若桓公、管仲却無這意思，自道他底是了，一向做去不顧。」

問：「注謂『施爲緩急之序』，如何？」曰：「齊自伯政行，其病多。魯則其事廢墜不舉耳。齊則先須理會他許多病敗了，方可及魯。魯則修廢舉墜而已，便可復周公之道。」問：「孔子治齊，則當於何處下手？」曰：「莫須先從風俗上理會去。然今相去遠，亦不可細考。但先儒多不信史記所載太公、伯禽報政事。然細考來，亦恐略有此意，但傳者過耳。」廣。

問集注云云。曰：「不獨齊有緩急之序，魯亦有緩急之序。如齊功利之習所當變，便是急處。魯紀綱所當振，便是急處。」或問：「功利之習，爲是經桓公、管仲所以如此否？」曰：「太公合下便有這意思，如『舉賢而尚功』，可見。」恪。

問：「『施爲緩急之序』如何？」曰：「齊變只至於魯，魯變便可至道。」問：「如此則是齊變爲緩，而魯變爲急否？」曰：「亦不必恁分。如變齊，則至魯在所急，而至道在所緩。至魯，則成箇樸子，方就上出光采。」淳。

讀「齊魯之變」一章，曰：「各有緩急。如齊功利之習，若不速革，而便欲行王化；魯之不振，若不與之整頓，而却理會其功利之習，便是失其緩急之序。如貢禹諫元帝令節儉，元帝自有這箇，何待爾說！此便是不先其所急者也。」時舉。

問：「伊川曰『夫子之時，齊强魯弱』云云。吕氏曰：『齊政雖修，未能用禮。魯秉周禮，故至於道。第二十三章凡八說，伊川三說。今從伊川、吕氏之說。伊川第二說曰：『此只說風俗。』以『至於道』觀之，則不專指風俗，乃論當時政治，風俗固在其中。然又别一節事。又第三說曰：『言魯國雖衰，而君臣父子之大倫猶在。』以魯觀之，其大倫之不正久矣。然禮記明堂位以魯爲君臣未嘗相弑，而注家譏其近誣，則此說亦恐未穩。横渠、謝、游、楊、尹大抵同伊川，故不録。范氏曰：『齊一變可使如魯之治時。』其意謂齊魯相若，故以謂治時。齊之氣象乃伯政，魯近王道，不可疑其相若。看魯秉周禮，可見。」曰：「所疑范氏說，亦無病。」榦。

觚不觚章

古人之器多有觚。如酒器，便如今花瓶中間有八角者。木簡是界方而六面，即漢所謂「操觚之士」者也。今淮上無紙，亦用木寫字，教小兒讀，但却圓了，所謂「觚不觚」。古人所以恁地方時，緣是頓得穩。義剛。

第二十四章凡六説，伊川兩説。今從尹氏之説。尹氏乃合伊川二説而爲一説。范、吕、楊氏説亦正。伊川、范氏謂不合法制，吕氏、楊氏謂失其名，其實一也。失其制，則失其名可知矣。謝氏是推説學者事。榦。無答語。

井有仁焉章

問：「『可欺』是繼『可逝』而言，『不可罔』是繼『不可陷』而言否？」曰：「也是如此。但『可逝不可陷』，是就這一事説；『可欺不可罔』，是總説。不特此事如此，他事皆然。」義剛。

叔器曰：「宰我只知有箇公共底道理，却不知有義。」曰：「不惟不曉義，也不曉那智了。若似他説，却只是箇獃人。」因云：「宰我見聖人之行，聞聖人之言，却尚有這般疑，是怎生地？緣自前無人説這箇物事，到夫子方説出來，所以時下都討頭不著。似而今學者時，便無這般疑了。」叔器又云：「聖人只説下學，不説上達，所以學者不曉。」曰：「這也無難曉處。這未是説到那性命之微處，只是宰我鈍。如子貢便是箇曉了通達底，所以説從那高遠處去。」義剛。

問：「伊川曰：『宰我問，仁者好仁，不避難，雖告之以赴井爲仁，亦從之乎？夫子謂，不然。君子可使之有往，不可陷於不知；可欺以其方，不可罔以非其道。』呂氏曰：『「井有仁焉」，猶言自投陷穽以施仁術也。己已自陷，仁術何施！當是時也，君子可往以思救，不能自陷以求救；可欺之以可救，不可罔之使必救。』第二十五章凡七説。明道兩説。明道曰：『知井有仁者，當下而從之否？』此説恐未當。君子雖不逆詐，而事之是非曉然者未嘗不先見也。豈有仁者而在井乎？雖有之，君子不往也。范氏亦曰：『井有仁，則將入井而從之。』蓋此意也。『其從之也』，只合作從或者之言，不宜作從井中之仁也。謝氏謂宰我疑仁者之用心。觀宰我之言，亦足以見其好仁之切，不宜深責之也。楊氏謂宰我疑君子之不逆詐，故問。觀宰我之意，好仁之切，以謂仁者好仁，雖患難不避，故問。非謂疑其不逆詐也。尹氏用伊川説，故不録。范氏解『逝』字極未安，與下句『可欺也』不類。」謂君子見不善，可逝而去。曰：「所論得之。但此章文義，諸先生説不甚明，更詳考之爲佳。」榦。

君子博學於文章

「博學於文」，考究時自是頭項多。到得行時，却只是一句，所以爲約。若博學而不約之以禮，安知不畔於道？徒知要約而不博學，則所謂約者，未知是與不是，亦或不能不畔於道也。僩。

博文約禮，就這上進去，只管是長進。蓋根脚已是了，所以不畔道。

行夫問「博文約禮」。曰：「博文條目多，事事著去理會。禮却只是一箇道理，如視也是這箇禮，聽也是這箇禮，言也是這箇禮，動也是這箇禮。若博文而不約之以禮，便是無歸宿處。如讀書，讀詩，學易，學春秋，各自有一箇頭緒。若只去許多條目上做工夫，自家身己都無歸著，便是離畔於道也。」恪。

問「博學於文，約之以禮」。曰：「禮是歸宿處。凡講論問辨，亦只是要得箇正當道理而有所歸宿爾。」銖。

國秀問「博文約禮」。曰：「如講明義理，禮樂射御書數之類，一一著去理會。學須博，求盡這箇道理。若是約，則不用得許多說話，只守這一箇禮。日用之間，禮者便是，非禮者便不是。」恪。

「『博文約禮』，聖門之要法。博文所以驗諸事，約禮所以體諸身。如此用工，則博者可以擇中而居之不偏，約者可以應物而動皆有則。如此，則内外交相助，而博不至於汎濫無歸，約不至於流遁失中矣。」大雅。

「君子博學於文，約之以禮」。聖人教人，只是說箇大綱。顏子是就此上做得深，此處知說得淺。夔孫。

問：「『博學於文』，文謂詩書六藝之文否？」曰：「詩書六藝，固文之顯然者。如眼前理會道理，及於所爲所行處審別是否，皆是。」必大。

只是「博文約禮」四字。博文是多聞，多見，多讀。及收拾將來，全無一事，和「敬」字也没安頓處。夔孫。

博學，亦非謂欲求異聞雜學方謂之博。博之與約，初學且只須作兩途理會。一面博學，又自一面持敬守約，莫令兩下相靠。作兩路進前用工，塞斷中間，莫令相通。將來成時，便自會有通處。若如此兩下用工，成甚次第！大雅。

博文上欠工夫，只管去約禮上求，易得生煩。升卿。

孔子之教人，亦「博學於文」，如何便約得？畚。

或問「君子博學於文，約之以禮」。曰：「此是古之學者常事，孔子教顏子亦只是如此。且如『行夏之時』以下，臨時如何做得，須是平時曾理會來。若『非禮勿視』等處，方是約之以禮。及他成功，又自別有說處。」大雅。

博文工夫雖頭項多，然於其中尋將去，自然有箇約處。聖人教人有序，未有不先於博者。孔門三千，顏子固不須說，只曾子、子貢得聞一貫之誨。謂其餘人不善學固可罪。然夫子亦不叫來駡一頓，教便省悟；則夫子於門人，告之亦不忠矣！是夫子亦不善教人，致使宰我、冉求之徒後來狼狽也！要之，無此理。只得且待他事事理會得了，方可就上面欠闕處告語之。如子貢亦不是許多時只教他多學，使它枉做工夫，直到後來方傳以此秘妙。正是待它多學之功到了，可以言此耳。必大。

或問：「『博之以文，約之以禮，亦可以弗畔』，與顏子所謂『博我以文，約我以禮』，如何？」曰：「此只是一箇道理，但功夫有淺深耳。若自此做功夫到深處，則亦顏子矣。」燾。

問：「『博學於文，約之以禮』，與『博我以文，約我以禮』，固有淺深不同。如孟子『博學而詳説之，將以反説約也』，似又一義，如何？」曰：「論語中『博約』字，是『踐履』[一]兩字對説。孟子中『博約』字，皆主見而言。且如學須要博，既博學，又詳説之，所以如此者，將以反説約也。是如此後，自然却説得約。謂如博學詳説，方有貫通處，下句當看『將以』字。若『博學於文，約之以禮』，與『博我以文，約我以禮』，聖人之言本無甚輕重，但人所造自有淺深。若只是『博學於文』，能『約之以禮』，則可以弗畔於道，雖是淺底；及至顏子做到『欲罷不能』工夫，亦只是這箇『博文約禮』。如梓匠輪輿但能斲削者，只是這斧斤規矩；及至削鐻之神、斲輪之妙者，亦只是此斧斤規矩。」僩。

〔一〕「是踐履」，賀疑有誤。

問：「博文不約禮，必至於汗漫，如何？」曰：「博文而不約禮，只是徒看得許多，徒記得許多，無歸宿處。」節。以下集注、集義。

問：「明道言：『「博學於文」，而不「約之以禮」，必至於汗漫。所謂「約之以禮」者，能守禮而由於規矩也，未及知之也。』既能守禮而由規矩，謂之未及於知，何也？」曰：「某亦不愛如此說。程子說『博我以文，約我以禮』爲已知，不須將知說，亦可。顏子亦只是這箇博文約禮。但此說較粗，顏子所說又向上，然都從這工夫做來。學者只此兩端，既能博文，又會約禮。」問：「約禮，只是約其所博者否？」曰：「亦不須如此說。有所未知，便廣其知，須是博學。學既博，又須當約禮。到約禮，更有何事？所守在此理耳。」寓。

或問「博學於文，約之以禮，亦可以弗畔」。曰：「博學是致知，約禮則非徒知而已，乃是踐履之實。明道謂此一章與顏子說博文約禮處不同，謂顏子約禮是知要，恐此處偶見得未是。約禮蓋非但知要而已也。此兩處自不必分别。」時舉。

問：「伊川言：『「博學於文，約之以禮」，此言善人君子「多識前言往行」，而能不犯非禮者爾，非顏子所以學於孔子之謂也。』恐博文約禮只是一般，未必有深淺。」曰：「某曉他説不得，恐記録者之誤。」正叔曰：「此處須有淺深。」曰：「畢竟博只是這博，約只是這約，文只是這文，禮只是這禮，安得不同！」文蔚。

問：「橫渠謂：『「博學於文」，只要得「習坎心亨」。』何也？」曰：「難處見得事理透，便處斷無疑，行之又果決，便是『習坎心亨』。凡事皆如此。且以看文字一節論之，見這説好，見那説又好。如此説有礙，如彼説又有礙，便是險阻處。到這裏須討一路去方透，便是『習坎心亨』。」淳。

「博學於文」，又要得「習坎心亨」。如應事接物之類皆是文，但以事理切磨講究，自是心亨。且如讀書，每思索不通處，則翻來覆去，倒橫直豎，處處窒塞，然其間須有一路可通。只此便是許多艱難險阻，習之可以求通，通處便是亨也。謨。

「博學於文」，只是要「習坎心亨」。不特有文義。且如學這一件物事，未學時，心裏不曉；既學得了，心下便通曉得這一事。若這一事曉不得，於這一事上心便黑暗。僩。

問：「橫渠曰：『博文約禮，由至著入至簡，故可使不得畔而去。』尹氏曰：『「博學於文，約之以禮」，亦可以弗畔違於道。』第二十六章凡八説，伊川三説。今從橫渠、尹氏之説。明道曰：『「博學於文」，而不「約之以禮」，必至於汗漫。』范氏亦曰：『「博學於文」而不「約之以禮」，猶農夫之無疆場也，其不入於異端邪説者鮮矣。』楊氏亦曰：『「博學於文」而「不知所以裁之」，則或畔矣。』此三説，皆推不約禮之失。謝氏曰：『不由博而徑欲趨約者，恐不免於邪遁也。』此則不博文之失。二者皆不可無，偏舉則不可。明道又曰：『所謂「約之以禮」者，能守禮而由於規矩也。』伊川第一説曰：『博學而守禮。』第二説曰：『此言善人君子「多識前言往行」，而能不犯非禮。』『約』字恐不宜作『守』字訓，若作『守禮』，則與博學成二事。非博文則無以爲約禮，不約禮則博文爲無用。約禮云者，但前之博而今約之使就於禮耳。伊川之説，文自文，禮自禮，更無一貫説。看『博約』字與『之以』字有一貫意。伊川又説：『顏子博約，與此不同。』亦似大過。博文約禮，本無不同。始乎由是以入德，斯可以不畔；終乎由是以成德，欲罷而不能。顏子與此不同處，只在『弗畔』與『欲罷不能』上，博約本無異。伊川以顏子之約爲知要，以此章之約作約束之『約』，恐未安。此『約』字亦合作知要。伊川第三説與第一第二説同，但説大略耳。」曰：「此説大概多得之。但此『約』字與顏子所言『約』字，皆合只作約束之意耳。又看顏子『博我以文，約我以禮』，既連著兩『我』字，而此章『之』字亦但指其人而言，非指所學之文而言也。」榦。

子見南子章

「諸先生皆以『矢』爲『陳』，『否』爲否塞之『否』，如此亦有甚意思！孔子見南子，且當從古注説：『矢，誓也。』」或問：「若作誓説，何師生之間不相信如此？」曰：「只爲下三句有似古人誓言，如左氏言『所不與舅氏』之説，故有誓之氣象。」謨。

或問此章。曰：「且依集注説。蓋子路性直，見子去見南子，心中以爲不當見，便不説。夫子似乎發呪模樣。夫子大故激得來躁，然夫子却不當如此。古書如此等曉不得處甚多。古注亦云可疑。」祖道曰：「横渠説，以爲『予所否厄者，是天厭棄之』。此説如何？」曰：「大抵後來人講經，只爲要道聖人必不如此，須要委曲遷就，做一箇出路，却不必如此。横渠論看詩，教人平心易氣求之。到他説詩，又却不然。」祖道。

問：「夫子欲見南子，而子路不説，何發於言辭之間如此之驟？」曰：「這般所在難説。如聖人須要見南子是如何，想當時亦無必皆見之理。如『衞靈公問陳』，也且可以款款與他説，又却明日便行。齊景公欲『以季孟之間待之』，也且從容不妨，明日又便行。季桓子受女樂，也且可以教他不得受，明日又便行。看聖人這般所在，其去甚果。不知於南子須欲見之，到子路不説，又費許多説話，又如指誓。只怕當時如這般去就，自是時宜。聖人既以爲可見，恐是道理必有合如此。『可與立，未可與權』。吾人見未到聖人心下，這般所在都難説。」或問：「伊川以『矢』字訓『陳』，如何？」曰：「怕不是如此。若説陳，須是煞鋪陳教分明，今却只恁地直指數句而已。程先生謂『予所以否而不見用，乃天厭斯道』，亦恐不如此。」賀孫。

問「子見南子」。曰：「此是聖人出格事，而今莫要理會它。向有人問尹彦明：『今有南子，子亦見之乎？』曰：『不敢見。』曰：『聖人何爲見之？』曰：『能磨不磷，涅不緇，則見之不妨。』」夔孫。

仕於其國，有見其小君之禮。當夫子時，想是無人行，所以子路疑之。若有人行時，子路也不疑了。孟子説「仲尼不爲已甚」，這樣處便見。義剛。夔孫録云：「孟子説『仲尼不爲已甚』，説得好。」集注。

問：「『予所否者，天厭之！』謂不合於禮，不由於道，則天實厭棄之。」曰：「何以謂不合於禮，不由於道？」曰：「其見惡人，聖人固謂在我者有可見之禮，而彼之不善，於我何與焉？惟聖人道大德全，方可爲此。」曰：「今人出去仕宦，遇一惡人，亦須下門狀見之。它自爲惡，何與我事？此則人皆能之，何必孔子？」子善云：「此處當看聖人心。聖人之見南子，非爲利禄計，特以禮不可不見。聖人本無私意。」曰：「如此看，也好。」南升。植録云：「先生難云：『「子見南子」，既所謂合於禮，由其道，夫人皆能，何止夫子爲然？』子善答云：『「子見南子」，無一毫冀望之心。他人則有此心矣。』曰：『看得好。』」

「第二十七章凡七説，伊川六説。楊氏二説。今從謝氏之説。伊川第一説曰：『子路以夫子之被强也，故不説。』第二説曰：『子路不説，以孔子本欲見衛君行道，反以非禮見迫。』竊謂夫人有見賓之禮，孔子之見南子，禮也，子路非不知也。子路之不説，非以其不當見，特以其不足見耳。使其不當見，夫子豈得而迫哉？被强見迫，恐未穩。伊川第三説曰：『孔子之見南子，禮也。子路不説，故夫子矢之。』第四説、第六説同。竊謂南子，妾也，無道也，衛君以爲夫人。孔子不得不見，其辱多矣！子路以其辱也，故不説。夫子矢之曰：『使予之否塞至此者，天厭之也！』使天不與否，則衛君將致敬盡禮，豈敢使夫子以見夫人之禮而見其無道之妾哉！則子路不説之意，蓋以其辱夫子，非以其禮不當見也。使子路以南子之不當見，則更須再問，何至坐視夫子之非禮！雖不説，何益？而夫子告之，亦須别有説，豈有彼以非禮問，而此獨以天厭告！則夫子受非禮之名而不辭，似不可也。蓋子路知其禮所當見，特以其辱夫子也，故不説。謝氏以爲『浼夫子』之説極正。伊川第四説設或人之問曰：『子路不説，孔子何以不告之曰「是禮也」，而必曰「天厭之」乎？』曰：『使孔子而得志，則斯人何所容也！』楊氏兩説亦然，恐非聖人意。聖人但傷道之否在於衛君不能致敬盡禮，未必有欲正之之意，恐成别添説。伊川第五説穩，但説大略。横渠亦只説大略。范氏以矢爲誓，非聖人氣象。吕氏大意亦通，但以爲『使我不得見賢小君，天厭乎道也』，此亦非聖人意。合只作『使我見無道之小君，天厭乎吾道也』，却穩。尹氏同伊川，故不辨。」曰：「以文義求之，當如范氏之説。但諸公避呪誓之稱，故以『矢』訓『陳』耳。若猶未安，且闕以俟他日。」榦。

中庸之爲德章

問「中庸之爲德其至矣乎」。曰：「『中庸』之『中』，是指那無過、不及底説。如中庸曰：『君子之中庸也，君子而時中。』時中便是那無過不及之『中』。本章之意是如此。」又問：「『中者天下之正道，庸者天下之定理』，恐道是總括之名，理是道裏面又有許多條目。如天道又有日月星辰、陰陽寒暑之條理，人道又有仁義禮智、君臣父子之條理。」曰：「這二句緊要在『正』字與『定』字上。蓋庸是箇常然之理，萬古萬世不可變易底。中只是箇恰好道理。爲是不得是，亘古今不可變易底，故更著箇『庸』字。」燾。

「中庸之爲德」，此處無過、不及之意多。庸是依本分，不爲怪異之事。堯、舜、孔子只是庸。夷、齊所爲，都不是庸了。夔孫。

問「中庸之爲德其至矣乎」章。曰：「只是不知理，隨他偏長處做將去：謹愿者則小廉曲謹，放縱者則跌蕩不羈，所以中庸説『道之難明』，又説『人莫不飲食，鮮能知味』，只爲是不知。」植。

問：「此章，尹氏曰：『中庸天下之正理，德合乎中庸，可謂至矣。人知擇乎中庸，而不能朞月守也，故曰「民鮮久矣」！』右第二十八章，凡七説，伊川兩説。楊氏三説。今從尹氏之説。伊川第一説説『久』字不出。第二説雖盡，而非本章意。尹氏合而解之。范氏説『久』字不出。吕氏説寬。謝氏曰：『中不可過，是以謂之至德。』楊氏第三説亦曰：『出乎中則過，未至則不及，故惟中爲至。』第一第二説同。謝氏、楊氏之説皆以『至』字對『過、不及』説。謂無過不及，則爲至也。『過、不及』，只對『中庸』説，不可對『至』字説。『至』字只輕説，如曰『其大矣乎』，不宜説太深。楊氏第二第三説推説高明、中庸處，亦不能無疑。侯氏説大略。」曰：「當以伊川解爲正：『中庸，天下之正理也。德合乎中庸，可謂至矣。自世教衰，民不興於行，鮮有中庸之德也。』『自世教衰』，此四字正是説『久』字。意謝楊皆以『過、不及』對『中』字，而以中爲至耳，恐非如來説所疑也。所破楊氏『高明、中庸』，亦非是，當更思之。」榦。

子貢曰如有博施於民章

子貢問仁，是就功用籠罩説，孔子是就心上答。可學。

「博施濟衆」，便唤做仁，未得。仁自是心。端蒙。

「何事於仁」，猶言何待於仁。「必也聖乎」連下句讀。謙之録云：「便見得意思出。」雖堯舜之聖，猶病其難徧。德明。

「何事於仁」，猶言那裏更做那仁了。僩。

問：「『何事於仁』，先生以爲恰似今日說『何消得恁地』一般。」曰：「『博施濟衆』，何消得更說仁。」節。

問：「『何事於仁』作『何止於仁』，是如何？」曰：「只得作『何止於仁』。今人文字如此使者甚多。何事，亦如何爲之意。被子貢說得『博施濟衆』高似於仁了，故孔子言：『何爲於仁！必也聖人乎！堯舜其猶病諸！』是子貢問得不親切。若如子貢之說，則天下之爲仁者少矣。一介之士，無復有爲仁之理。『夫仁者，己欲立而立人，己欲達而達人』。己才欲立，便也立人；己才欲達，便也達人。立是存立處，達則發用處。於此純是天理，更無些子私意，便是仁之體。若『能近取譬』，則私欲日消，天理日見，此爲仁之方也。」南升。

「『何事於仁』，只作豈但於仁。」　謂：「『必也聖乎』，聖如堯舜，其尚有不足於此。」曰：「薛士龍論語解此亦是如此，只是渠遣得辭澀。蓋仁以道理言，聖以地位言，自是不同。如『博施濟衆』爲仁，而利物愛人小小者亦謂之仁。仁是直看，直上直下只一箇道理。『聖』字便橫看，有衆人，有賢人，有聖人，便有節次，只豈但於仁。蓋『博施濟衆』，雖聖如堯舜，猶以爲病耳。」　。

問：「子貢問『博施濟衆』，恐仁之極處，與聖之功用本不可分大小。今言『何止於仁』，則仁、聖若有小大之分。」曰：「此處不慿地讀。『必也聖乎』，語意未是殺處，當急連下文讀去。仁以理言，聖以事業言。子貢所問『博施濟衆』，必有聖人之德，有天子之位，而後可以當此，堯舜慿地尚以爲病。仁本切己事，大小都用得。他問得空浪廣不切己了，却成疎闊。似此看『仁』字，如何用得？如何下得工夫？中間看得一句，常人固是做不得，雖聖人尚以此爲病。此須活看。」寓。

周兄問「何事於仁，必也聖乎」。曰：「『必也聖乎』是屬下文。仁通乎上下。聖是行仁極致之地。言『博施濟衆』之事，何止於仁！必是行仁極致之人，亦有不能盡，如堯舜猶病諸，是也。『必也聖乎』，蓋以起下。」銖。

問「必也聖乎，堯舜其猶病諸」。曰：「此兩句當連看。蓋云便是聖人，也有做不得處。且如堯舜，雖曰『比屋可封』，然在朝亦有四凶之惡。又如孔子設教，從游者甚衆，孔子豈不欲人人至於聖賢之極！而人人亦各自皆有病痛。」燾。

亞夫問此章。曰：「『博施濟衆』，是無盡底地頭，堯舜也做不了。蓋仁者之心雖無窮，而仁者之事則有限，自是無可了之理。若欲就事上説，便儘無下手處。」時舉。

敬之問：「欲立，立人；欲達，達人。苟有此心，便有『博施濟衆』底功用。」曰：「『博施濟衆』，是無了期底事，故曰：『堯舜其猶病諸！』然若得果無私意，已有此心。仁則自心中流出來，隨其所施之大小自可見矣。」時舉。

衆朋友説「博施濟衆」章。先生曰：「『仁以理言』，是箇徹頭徹尾物事，如一元之氣。『聖以地言』，也不是離了仁而爲聖，聖只是行仁到那極處。仁便是這理，聖便是充這理到極處，不是仁上面更有箇聖。而今有三等：有聖人，有賢人，有衆人。仁是通上下而言，有聖人之仁，有賢人之仁，有衆人之仁，所以言『通乎上下』。『仁』字直，『聖』字横。『博施濟衆』，是做到極處，功用如此。」義剛言：「此章也是三節：前面説仁之功用，中間説仁之體，後面説仁之方。」曰：「是如此。『己欲立而立人，己欲達而達人』，仁者之存心常如此，便未『博施濟衆』時，這物事也自在裏面。」叔器問：「此兩句也是帶下面説否？」曰：「此是兩截。如黄毅然適間説是三節，極是。『夫仁者』，分明是唤起説。『己欲立而立人，己欲達而達人』，是仁者能如此。若是能近取譬，則可以爲仁之方。子貢也是意思高遠，見得恁地，却不知劄地尋不著。」義剛。

仁就心上説，如一事仁也是仁，如一理仁也是仁，無一事不仁也是仁。聖是就地位上説。聖却是積累得到這田地，索性聖了。佐。

「子貢問博施濟衆」章，先生以「何事於仁」爲一節，以「必也聖乎，堯舜其猶病諸」爲一節。其説以謂：「『博施濟衆』，此固是仁，然不是人人皆能做底事。若必以聖人爲能之，則堯舜亦嘗以此爲病。此非是言堯舜不能盡仁道，蓋勢有所不能爾。人之所能者，下二節事是也：己欲立，便立人；己欲達，便達人。此仁者之事也。『能近取譬』，此爲仁之方也。今人便以『己欲立，己欲達』爲『能近取譬』，則誤矣。蓋『己欲立而立人，己欲達而達人』，此不待施諸己而後加諸人也。『能近取譬』，却是施諸己之意。故上二句直指仁者而言，而下一句則止以爲『仁之方』。」謨。

「博施濟衆」，這箇是盡人之道，極仁之功，非聖人不能。然聖人亦有所不足在。仁固能博施濟衆，然必得時得位，方做得這事。然堯舜雖得時得位，亦有所不足。己欲立，便立人；己欲達，便達人，此仁者之心自然如此不待安排，不待勉强。「能近取譬」，則以己之欲立，譬人之欲立；以己之欲達，譬人之欲達，然後推己所欲以及於人，使皆得其立，皆得其達，這便是爲仁之術。立是立得住，達是行得去。此是三節，須逐節詳味，看教分明。

林問：「『己欲立而立人』，與『己所不欲，勿施於人』，地位如何？」曰：「且看道理，理會地位作甚麽！他高者自高，低者自低，何須去比並！」問「博施濟衆」。曰：「此是仁者事。若把此爲仁，則是『中天下而立』者方能如此，便都無人做得仁了。所以言『己欲立而立人』，使人人皆可盡得道理。『必也聖乎』，當連下句說，意在『猶病』上。蓋此何但是仁，除是聖人方做得。然堯舜猶病，尚自做不徹。」寓。

「夫仁者，己欲立而立人，己欲達而達人」，分明喚起「仁者」字，自是仁者之事。若下面「能近取譬」，方是由此而推將去，故曰「仁之方」。「何事於仁，必也聖乎」，不是聖大似仁。仁只是一條正路，聖是行到盡處。欲立欲達，是仁者之心如此；「能近取譬」，是學做仁底如此，深淺不同。仁通上下，但克去己私，復得天理，便是仁，何必博施而後爲仁？若必待如此，則有終身不得仁者矣！孔顔不得位，不成做不得！山林之士，更無緣得仁也。欲立欲達，即絜矩之義。子貢凡三問仁，聖人三告之以推己度物。想得子貢高明，於推己處有所未盡。仁者欲立，自然立人；欲達，自然達人，如「無加諸人」，更不待譬。下截方言求仁之方，蓋近取諸身以爲譬。明作。

問：「『己欲立而立人，己欲達而達人』，『立、達』二字，以事推之如何？」曰：「二者皆兼內外而言。且如修德，欲德有所成立；做一件事，亦欲成立。如讀書，要理會得透徹；做事，亦要做得行。」又曰：「立是安存底意思，達是發用底意思。」植。

「仁者己欲立而立人，己欲達而達人」，與「我不欲人之加諸我，吾亦欲無加諸人」意思一般，學者須是强恕而行。燾。

「己欲立而立人，己欲達而達人」，是以己及人，仁之體也。「能近取譬」，是推己及人，仁之方也。德明。

致道說：「『仁者己欲立而立人，己欲達而達人』。己纔要立，便立別人；己纔要達，便達別人，這更無甚著力。下云：『能近取譬，可謂仁之方。』這又是一意，煞著比方安排，與仁者異。『己欲立而立人，己欲達而達人』，與『我不欲人加諸我，吾亦欲無加諸人』一般，都是以己及物事。『能近取譬，可謂仁之方』，與『己所不欲，勿施於人』一般，都是推己及物事。」曰：「然。」賀孫。

凡己之欲，即以及人，不待譬彼而後推之者，仁也。以我之不欲譬之，而知其亦不欲者，恕也。端蒙。

問：「只仁之方，亦可謂之仁否？」曰：「看得透時，便是仁。若循循做去，到得至處，回頭看前日所爲，亦喚做仁。」人傑。

或問：「『博施濟衆』一章，言子貢馳騖高遠，不從低處做起，故孔子教之從恕上求仁之方。」曰：「理亦是如此，但語意有病。且試說子貢何故揀這箇來問？」或云：「恐是子貢見孔子說仁多端，又不曾許一箇人是仁，故揀箇大底來說否？」曰：「然。然而夫子答子貢曰：『己欲立而立人，己欲達而達人。』至於答顏子，則曰：『克己復禮爲仁。』分明一箇仁，說兩般。諸公試說，這兩般說是如何？」或曰：「恐『克己復禮』占得地位廣否？」曰：「固是包得盡，須知與那箇分別，方得。」或曰：「一爲心之德，一爲愛之理。」曰：「是如此。

但只是一箇物事，有時説這一面，又有時説那一面。人但要認得是一箇物事。枅録云：「孔子説仁，亦多有不同處。向顔子説，則以克己爲仁。此處又以立人達人爲仁。一自己上説，一自人上說。須於這裏看得一般，方可。」如『己欲立而立人，己欲達而達人』，便有那『克己復禮』底意思；『克己復禮』，便包那『己欲立而立人，己欲達而達人』底意思。只要人自分别而已。然此亦是因子貢所問而説。」又問「立」字、「達」字之義。曰：「此是兼粗細説。立是自家有可立，達是推將去。聖人所謂『立之斯立，綏之斯來，動之斯和』，亦是這箇意也。凡事，不出立與達而已。謂如在此住得穩，便是立；如行便要到，便是達。如身要成立，亦是立；學要通達，亦是達。事事皆然。」又問：「『博施、濟衆』如何分别？」曰：「『博施』，是施之多，施之厚；『濟衆』，是及之廣。」燾。

問「仁以理言，通乎上下」。曰：「一事之仁也是仁，全體之仁也是仁，仁及一家也是仁，仁及一國也是仁，仁及天下也是仁。只是仁及一家者是仁之小者，仁及天下者是仁之大者。如孔子稱管仲之仁，亦是仁，只是仁之功。」復問：「上是大，下是小？」曰：「只是高低。」又曰：「這箇是兼愛而言，如『博施濟衆』，及後面説手足貫通處。」復問貫通處。曰：「才被私意截了，仁之理便不行。」節。集注。

問仁通上下而言。曰：「有聖人之仁，有賢人之仁。仁如酒好，聖如酒熟。」問：「仁是全體，如『日月至焉』乃是偏。」曰：「當其至時，亦備。」問：「孟武伯問三子，却説其才，何意？」曰：「只爲未仁。」問：「管仲仁之功如何？」曰：「匡天下亦仁者之事。如趙韓王一言，至今天下安。謂韓王爲仁則不可，然其所作乃仁者之功。」可學。

子上問：「仁通上下，如何？」曰：「仁就處心處説。一事上處心如此，亦是仁。商三仁未必到聖人處，然就這處亦謂之仁。『博施濟衆』，何止於仁！必聖人能之，然堯舜尚自有限量，做不得。仁者誠是不解做得此處，病在求之太遠。『己欲立而立人，己欲達而達人』，只教他從近處做。」淳。

問：「仁通上下，如何？」曰：「聖是地位，仁是德。」問：「如此，則一事上仁，亦可謂之仁，此之謂『通上下』。其與全體之仁，無乃不相似？」曰：「此一事純於仁，故可謂之仁。殷有三仁，亦未見其全體。只是於去就之際，純乎天理，故夫子許之。」可學。

問：「仁通上下而言，聖造其極而言否？」曰：「仁或是一事仁，或是一處仁。仁者如水，有一杯水，有一溪水，有一江水。聖便是大海水。」僩。

「仁者己欲立而立人」一章，某當初也只做一統看。後來看上面説「夫仁者」，下面説「可謂仁之方」，却相反，方分作兩段説。燾。

或問：「『博施濟衆』一段，程子作一統説，先生作二段，如何？」曰：「某之説，非異於程子，蓋程子之説足以包某之説。程子之説如大屋一般，某之説如在大屋之下，分別廳堂房室一般，初無異也。公且道子貢所問，是大小大氣象！聖人却只如此説了。如是爲仁必須『博施濟衆』，便使『中天下而立，定四海之民』如堯舜，也做不得，何況葦門圭竇之士！聖人所以提起『夫仁者己欲立而立人，己欲達而達人』，正指仁之本體。蓋己欲立，則思處置他人也立；己欲達，則思處置他人也達。放開眼目，推廣心胸，此是甚氣象！如此，安得不謂仁之本體！若『能近取譬』者以我之欲立，而知人之亦欲立；以己之欲達，而知人之亦欲達，如此，則止謂之仁之方而已。此爲仁則同，但『己欲立而立人，欲達而達人』，是已到底；能取譬，是未到底，其次第如此。彼子貢所問，是就事上説，却不就心上説。龜山云：『雖「博施濟衆」，也須自此始。』某甚善其説。」先生曰：「又某所説過底，要諸公有所省發，則不枉了。若只恁地聽過，則無益也。」朋録云：「説許多話，曉得底自曉得。不曉得底，是某自説話了。」久之，云：「如釋氏説如標月指，月雖不在指上，亦欲隨指見月，須恁地始得。」久之，云：「二三子以我爲隱乎？吾無隱乎爾。吾無行而不與二三子者，是丘也。」又云：「天有四時，春夏秋冬，風雨霜露，無非教也。地載神氣，神氣風霆，風霆流形，庶物露生，無非教也。」久之，又曰：「昔有人問話於一僧，僧指面前花示之，曰：『是甚麼？』其人云：『花也。』僧云：『吾無隱乎爾。』此不是他無見處，但見説得來粗了。孔子所謂『吾無隱乎爾』者，居鄉黨，便恂恂；在宗廟朝廷，便便便唯謹；與上大夫言，便閭閭；與下大夫言，便侃侃，自有許多實事可見。」又曰：「程子說：『莊子說道體，盡有妙處，如云「在谷滿谷，在坑滿坑」。不是他無見處，只是說得來作怪。』大抵莊老見得些影，便將來作弄矜詫。」又曰：「『黄帝問於廣成子』云云，『吾欲官陰陽以遂羣生』。東坡注云云。是則是有此理，如何便到這田地！」久之，又云：「昔在一山上坐看潮來，凡溪澗小港中水，皆如生蛇走入，無不通透，甚好看！識得時，便是一貫底道理。」又曰：「『日月有明，容光必照焉』，如日月，雖些小孔竅，無不照見，此好識取。」祖道。賜録云：「問：『博施濟衆，程子全做仁之體，先生却就上面分別箇體用，便有用力處。』曰：『某說非破程子之說，程子之說却兼得某說。程說似渾淪一箇屋子，某說如屋下分間架爾。仁之方，不是仁之體，還是什麽物事！今且看子貢之言，與夫子之言如何地。』」餘同而略。

林聞一問「博施濟衆」章。曰：「『博施濟衆』，無下手處，夫子故與之言仁。『夫仁者己欲立而立人，己欲達而達人』，是能以己之所欲立者而立他人，以己之所欲達者而達他人，其所爲出於自然，此乃是仁之體。『能近取譬』者，近取諸身，知己之欲立欲達，則亦當知人之欲立欲達，是乃求仁之方也。伊川全舉此四句而結之曰：『欲令如是觀仁，可以得仁之體。』亦可以如此說，與某之說初不相礙。譬之於水，江海是水，一勺亦是水。程先生之說譬之一片大屋，某却是就下面分出廳堂房室，其實一也。」又云：「子貢所問，以事功而言，於本體初無干涉，故聖人舉此心之全體大用以告之。以己之欲立者立人，以己之欲達者達人，以己及物，無些私意。如堯之『克明俊德，以親九族；九族既睦，平章百姓；百姓昭明，協和萬邦，黎民於變時雍』，以至於『欽若昊天，曆象日月星辰，敬授人時』，道理都擁出來。」又曰：「如周禮一書，周公所以立下許多條貫，皆是廣大心中流出。某自十五六時，聞人説這道理，知道如此好，但今日方識得。如前日見人説鹽鹹，今日食之，方知是鹹；説糖甜，今日食之，方知是甜。」人傑。

問：「『己欲立而立人，己欲達而達人』，所謂『以己及人』；『能近取譬』，『近取諸身』，『己所不欲，勿施於人』，所謂『推己及人』，如何？」曰：「夫子分明説『夫仁者』，則是言仁之道如此；『可謂仁之方也已』，則是言求仁當如此。若以爲滾説，則既曰『夫仁者』矣，不當以『可謂仁之方』結之也。」又問：「程子説『仁至難言』，至『欲令如是觀仁，可以得仁之體』一段，却是滾説。」曰：「程子雖不曾分説，然其意亦無害。大抵『己欲立而立人，己欲達而達人』，是自然工夫。至於『能近取譬』，則是著力處，所以不同。」人傑。

問：「『己欲立而立人，己欲達而達人』，注云：『於此可以得仁之體。』是此處見得人與己相關甚切，便是生意相貫處否？」曰：「亦是。只無私意，理便流通。然此處也是己對人説，便恁地。若只就自己説，此又使不得，蓋此是仁之發出處。若未發之前，只一念之私，便不是仁。」淳。

問：「遺書中取醫家言仁。又一段云：『醫家以不識痛癢爲不仁。』又以不知覺、不認義理爲不仁，又却從知覺上説。」曰：「覺是覺於理。」問：「與上蔡説同異？」曰：「異。上蔡説覺，纔見此心耳。」問：「南軒云：『上蔡説覺，與佛家不同。』如何？」曰：「上蔡云：『自此心中流出。』與佛亦不大段異。今説知痛癢，能知覺，皆好。只是説得第二節，説得用。須當看，如何識痛癢？血脈從何而出？知覺從何而至？」某云：「若不究見原本，却是不見理，只説得氣。」曰：「然。伊川言穀種之性一段，最好。」可學。

「明道云：『認得爲己，何所不至！』認得箇什麽？夫仁者，己欲立，便立人；己欲達，便達人，此即仁之體也。『能近取譬』，則是推己之恕，故曰『可謂仁之方』。『夫仁者』與『可謂仁之方』正相對説。」明道云：「『欲令如是觀仁，可以得仁之體。』」先生再三舉似，曰：「這處極好看仁。」又曰：「『博施濟衆』，固仁之極功，譬如東大洋海同是水。但不必以東大洋海之水方爲水，只瓶中傾出來底，亦便是水。『博施濟衆』固是仁，但那見孺子將入井時有怵惕惻隱之心，亦便是仁。此處最好看。」道夫。

林安卿問：「『仁者以天地萬物爲一體』，此即人物初生時驗之可見。人物均受天地之氣而生，所以同一體，如人兄弟異形而皆出父母胞胎，所以皆當愛。故推老老之心，則及人之老；推幼幼之心，則及人之幼。惟仁者其心公溥，實見此理，故能以天地萬物爲一體否？」曰：「不須問他從初時，只今便是一體。若必用從初説起，則煞費思量矣。猶之水然，江河池沼溝渠，皆是此水。如以兩椀盛得水來，不必教去尋討這一椀是那裏酌來，那一椀是那裏酌來。既都是水，便是同體，更何待尋問所從來。如昨夜莊仲説人與萬物均受此氣，均得此理，所以皆當愛，便是不如此。『愛』字不在同體上説，自不屬同體事。他那物事自是愛。這箇是説那無所不愛了，方能得同體。若愛，則是自然愛，不是同體了方愛。惟其同體，所以無所不愛。所以愛者，以其有此心也；所以無所不愛者，以其同體也。」僩。

問：「明道曰『醫書以手足痿痺爲不仁』云云，『可以得仁之體』。又曰：『「能近取譬」，反身之謂也。』又曰：『「博施濟衆」，非聖人不能，何干仁事！故特曰夫仁者立人達人，「能近取譬，可謂仁之方也已」。使人求之自反，便見得也。雖然，聖人豈不盡仁？然教人不得如此指殺。』或問『堯舜其猶病諸』。伊川曰：『聖人之心，何時而已？』又曰：『聖乃仁之成德。謂仁爲聖，譬如雕木爲龍。木乃仁也，龍乃聖也，指木爲龍，可乎！故「博施濟衆」，乃聖人之事。舉仁而言之，則「能近取譬」是也。』謝氏曰：『「博施濟衆」，亦仁之功用。然仁之名，不於此得也。子貢直以聖爲仁，則非特不識仁，併與聖而不識。故夫子語之曰：「必也聖乎！」又舉仁之方也。「己欲立而立人，己欲達而達人」，亦非仁也，仁之方所而已。知方所，斯可以知仁。猶觀「天地變化，草木蕃」，斯可以知天地之心矣。』第二十九章凡八說，明道五說。伊川十七說。今從明道、伊川。謝氏之說大意與第一說同，故不錄。明道第五說與伊川第二第十三說，皆以恕爲仁之方，大意皆正，但非解本文，故不錄。伊川第一說曰：『惟聖人能盡仁道，然仁可通上下而言。故曰何事於仁！必也聖乎！』又第五說曰：『聖則無小大，至於仁則兼上下小大而言之。』又第八說曰：『孔子見子貢問得來事大，故曰何止於仁！必也聖乎！蓋仁可以通上下言之，聖則其極也。』又第十二說曰：『博施而能濟衆，固仁也，而仁不足以盡之，故曰必也聖乎！』又第十四說曰：『仁在事，不可以爲聖。』此五說，皆以『何事於仁』作『何止於仁』，故以仁爲有小大上下。若既是有小大上下，則以此章爲子貢指其大與上者問之，亦可也，又何以答之曰『何事於仁』乎？若聖人以仁爲未足以盡『博施濟衆』，則下又當別有說。今乃論爲仁之方，恐上下意不貫。伊川五說，只說得到『其猶病諸』處住，則下文論仁之方不相接，不如木龍之說，却與明道之意合。明道以『何事於仁』只作『何干仁事』，則下文仁之方自相貫，又『功用』字分明。伊川第三說、第四說、第五、第六說、第十五說，皆推說『博施濟衆猶病』，即聖人之心何時而已之意，故不錄。伊川第九、第十一說，皆論仁之方，與謝氏方所之說相類。此章，聖人恐子貢便指作仁看，故但以爲若能由此而求之，乃可以知仁，故曰『仁之方』。伊川第十七說乃統說『仁』字大意，與明道第一說同，故不録。橫渠曰：『必聖人之才能弘其道。』恐本文無能弘其道之意。范氏曰：『以大爲小。』是以仁爲小，聖爲大也，恐未穩。餘說亦寬。吕氏以博施爲仁，濟衆爲聖，未當。楊氏之說亦正，但謂『仁者何事於博施濟衆』，又恐太過。則明道所謂『教人不得如此指殺』者，但以仁、聖須分說，方見仁之體，非以仁無與於聖也。尹氏與伊川餘說同，故不辨。」曰：「『何事於仁』，何止於仁也。『必也聖乎，堯舜其猶病諸』。此兩句相連讀，言雖聖人亦有所不能也。『己欲立而立人，己欲達而達人』，仁也；『能近取譬』，恕也。」榦。集義。

問：「程子曰：『謂仁爲聖，譬猶雕木爲龍。木乃仁也，龍乃聖也，指木爲龍，可乎！』此喻如何？」曰：「亦有理。木可雕爲龍，亦可雕而爲狗，此仁所以可通上下而言者也。龍乃物之貴者，猶聖人爲人倫之至也。」必大。

朱子語類卷第三十四

論語十六

述而篇

述而不作章

徐兄問："『述而不作』，是制作之『作』乎？"曰："是。孔子未嘗作一事，如删詩，定書，皆是因詩書而删定。"又問："聖人不得時得位，只如此。聖人得時得位時，更有制作否？"曰："看聖人告顔子四代禮樂，只是恁地，恐不大段更有制作。亦因四代有此禮樂，而因革之，亦未是作處。"又問："如何『作春秋』？恐是作否？"曰："『其事則齊桓、晉文，其文則史，其義則丘竊取之矣。』看來是寫出魯史，中間微有更改爾。某嘗謂春秋難看，平生所以不敢説著。如何知得上面那箇是魯史舊文，那箇是夫子改底字？若不改時，便只依魯史，如何更作春秋做甚？」先生徐云：「『知我者其惟春秋乎！罪我者其惟春秋乎！』又公羊、穀梁傳云：『其辭，則丘有罪焉耳。』這是多少擔負！想亦不能不是作，不知是如何。」賀孫録，意同。

蜚卿問「信而好古」。曰：「既信古，又好古。今人多是信而不好，或好而不信。如好之者，則曰：『他也且恁地説。』信之者雖知是有箇理恁地，畢竟多欠了箇篤好底意思。」道夫。

行夫問「述而不作」章。曰：「雖説道其功倍於作者，論來不知所謂删者，果是有删否。要之，當時史官收詩時，已各有編次，但到孔子時已經散失，故孔子重新整理一番，未見得删與不删。如云：『吾自衛反魯，然後樂正，雅頌各得其所。』云『各得其所』，則是還其舊位。」賀孫。集注。

默而識之章

宜久問「默而識之」章。曰：「此雖非聖人極致，然豈易能？『默而識之』，若不是必與理契，念念不忘者不能。『學不厭』，如人之爲學有些小間斷時，便是厭。『教不倦』，如以他人之事爲不切於己，便是倦。今學者須是將此三句時時省察，我還能默識否？我學還不厭否？我教還不倦否？如此乃好。」時舉。

「默而識之」，至「誨人不倦」，是三節。雖非聖人之極致，在學者亦難。如平時講貫，方能記得。或因人提撕，方能存得。若「默而識之」，乃不言而存諸心，非心與理契，安能如此！「學不厭」，在學者久亦易厭。視人與己若無干涉，誨之安能不倦！此三者亦須是心無間斷，方能如此。植。

問「默而識之」。曰：「是得之於心，自不能忘了，非是聽得人説後記得。」節。

問「默而識之」。曰：「如顏子『得一善則拳拳服膺而弗失』，猶是執捉在。這箇却是『聞一善言，見一善行』，便如己有而弗失矣。」燾。

「默而識之」者，默不言也，不言而此物常在也。今人但説著時在，不説時不在。「非禮勿視」，要和根株取，不是只禁你不看。聽、言、動皆然。祖道。

鄭問「何有於我哉」。曰：「此語難説。聖人是自謙，言我不曾有此數者。聖人常有慊然不足之意。衆人雖見他是仁之至熟，義之至精，它只管自見得有欠闕處。」賀孫。

讀「默而識之」章，曰：「此必因人稱聖人有此，聖人以謙辭荅之。後來記者却失上面一節，只做聖人自話記了。『默而識之』，便是得之於心；『學不厭』，便是更加講貫；『誨不倦』，便是施於人也。」時舉。

問：「『何有於我哉』，恐是聖人自省之辭。蓋聖人以盛德之至，猶恐其無諸己而自省如此，亦謙己以勉人之意。」曰：「此等處須有上一截話。恐是或有人説夫子如何，故夫子因有此言。如達巷黨人所言如此，故夫子曰：『吾何執？執御乎？執射乎？吾執御矣。』今此章却只是記録夫子之語耳。如曰：『二三子以我爲隱乎？吾無隱乎爾。』亦必因門人疑謂有不盡與他説者，故夫子因有是言也。」必大。

德之不修章

或問此章。曰：「須實見得是如何？德是甚麼物事？如何喚做修？如何喚做不修？人而無欲害人之心，這是德，得之於吾心也。然害人之心，或有時而萌者，是不能修者也。德者，道理得於吾心之謂；修者，言好修治之之謂，更須自體之。須把這許多説話做自家身上説，不是爲别人説。」問：「『徙義』與『改不善』兩句，意似合掌。」曰：「聖人做兩項説在。試剖析令分明：徙義，是做這件事未甚合宜，或見人説，見人做得恰好，自家遷在合宜處；不善，便是全然不是，這須重新改换方得。」賀孫。

叔器問：「『德之不修』，可以包下三句否？」曰：「若恁地，夫子但説一句便了，何用更説四句？徙義改過，略似修德裏面事，然也别是箇頭項。講學自是講學，修德自是修德。

如致知、格物是講學，誠意、正心、修身是修德；博學、審問、慎思、明辨是講學，篤行是修德。若徙義、改不善，如何地分？」叔器未及對。曰：「不善，是自家做得淫邪非僻底事。徙義，是雖無過惡，然做得未恰好，便是不合義。若聞人説如何方是恰好，便當徙而從之。聖人説這幾句，淺深輕重盡在裏面。『聞義不能徙』底罪小，『不善不能改』底罪大。但聖人不分細大，都説在裏面，學者皆當著工夫。」義剛。

此四句，修德是本。爲要修德，故去講學。下面徙義、改過，即修德之目也。畓。

行父問：「先知德不可不修，方知學不可不講。能講學，方能徙義；能徙義，方能改不善。如此看，如何？」曰：「修德是本。修德，恰似説『入則孝，出則弟，謹而信，汎愛衆而親仁』。學不可不講，恰似説『行有餘力，則以學文』。」或問徙義、改不善之别。曰：「徙義不是説元初做不是。元初本心自是好，但做得錯了，做得不合宜，如所謂『皆以善爲之，而不知其義』。才移教合義理，便是全好。若不善，則是元初便做得不是，須都改了方得。徙義是過失，不善是罪犯。」賀孫。恪録别出。

行父問「德之不修」一段。曰：「須先理會孝弟忠信等事，有箇地位，然後就這裏講學。『聞義不能徙』，這一件事已是好事，但做得不合義。見那人説如此方是義，便移此之不義，以從彼之義。不善，則已是私意了。上面是過失，下面是故犯。」恪。

「德之不修」，如有害人之心，則仁之德不修；有穿窬之心，則義之德不修。仁之德修，則所言無不仁之言，所行無不仁之行；義之德修，則所言無不義之言，所行無不義之行。淵録云：「實得仁於心，則發出來爲仁之言，做出來爲仁之行；實得義於心，則發出來爲義之言，做出來爲義之行。」「聞義不能徙，不善不能改」，二句雖似合掌，却有輕重淺深。聞義者，尚非有過，但不能徙義耳。至於不善，則是有過而不能改，其爲害大矣！植。南升録别出。

「德之不修」，如無害人之心，則仁之德修；無穿窬之心，則義之德修。「聞義不能徙」，是見得自家事未合宜，及聞合宜事，便徙而就之。不善，則是有過惡了。如此説，方不合掌。南升。

或問「德之不修」一章。曰：「遷善、改過，是修德中緊要事。蓋只修德而不遷善、改過，亦不能得長進。」又曰：「遷善、改過是兩項，不是説改其過而遷於善。遷善便是有六七分是，一二三分不是。自家却見得那一二三分是處，即遷而就之，要教十分是著。改過則是十分不好，全然要改。此遷善、改過之别。如通書中云：『君子乾乾不息於誠。』便是修德底事。下面便是接説遷善、改過底事，意正相類。」燾。

立之問此章。曰：「德是理之既得於吾心者，便已是我有底物事了。更須日日磨礲，勿令間斷，始得。徙義與改不善，一似合掌。然須著與他分别，蓋義是事之宜處。我做這一件事，覺得未甚合宜，便著徙令合宜，此却未見得有不善處。至不善，便是有過惡，須著速改，始得。此所以有輕重之別。」又問：「此四句若要連續看，如何？」曰：「才要連續，便是説文字，不是要著實做工夫。若著實做工夫，便一句自是一句。」時舉。

李問此章。曰：「此四句是四件事，不可一滾説了。下面兩句，粗看只是一件事一般，然此兩句自有輕重。蓋『見義不能徙』，此只是些子未合宜處，便當徙而從宜。『不善不能改』，則大段已是過惡底事，便當改了。此一句較重。」雉。

讀「德之不修」章，曰：「此自是四句。若要合説，便是德須著修於己，講學便更進其德。到徙義、改過，始是見之於行事，須時時要點檢。如此説，却相連續也。」時舉。

問：「『聞義不能徙，不善不能改。』先生云有輕重，其意如何？」曰：「義，宜也。事須要合宜。不能徙，未爲不是，却不合宜。那不善底却重，須便打并了。」叔重云：「『聞義不能徙』較輕。」曰：「那箇大體却無邪惡。」又曰：「『聞義不能徙』，較密於『不善不能改』；『不善不能改』，較重於『聞義不能徙』。」節。

「德之不修」至「是吾憂也」，這雖是聖人以此教人，然「學不厭」之意多見於此。使有一毫自以爲聖，任其自爾，則雖聖而失其聖矣。賀孫。

又曰：「此是聖人自憂也。聖人固無是四者之憂，所以然者，亦自貶以教人之意。」謨。

子之燕居章

叔器問「申申、夭夭」之義。曰：「申申，是言其不局促，是心廣體胖後，恁地申申舒泰。夭夭，好貌。觀『桃之夭夭』是少好之貌，則此亦是恁地。所謂色愉，只是和悦底意思。但此只是燕居如此，在朝及接人又不然。」義剛。

問：「『申申、夭夭』，聖人得於天之自然。若學者有心要收束，則入於嚴厲；有心要舒泰，則入於放肆。惟理義以養其氣，養之久，則自然到此否？」曰：「亦須稍嚴肅，則可。不然，則無下手處。」又曰：「但得身心收斂，則自然和樂。」又曰：「不是别有一箇和樂。才整肅，則自和樂。」恪。

甚矣吾衰章

據文勢時，「甚矣，吾衰也」是一句，「久矣，吾不復夢見周公」是一句。惟其久不夢見，所以見得是衰。若只是初不夢見時，也未見得衰處。此也無大義理，但文勢當是如此。義剛。

孔子固不應常常夢見周公。然亦必曾夢見來，故如此説。然其所以如此説之意，却是設詞。必大。

蜚卿問：「孔子夢周公，若以聖人欲行其道而夢之耶，則是心猶有所動。若以壯年道有可行之理而夢之耶，則又不應虚有此兆朕也。」曰：「聖人曷嘗無夢，但夢得定耳。須看它與周公契合處如何。不然，又不見别夢一箇人也。聖人之心，自有箇勤懇惻怛不能自已處，自有箇脱然無所繫累處，要亦正是以此卜吾之盛衰也。」砥。

問：「夢周公，是真夢否？」曰：「當初思欲行周公之道時，必亦是曾夢見。」曰：「恐涉於心動否？」曰：「心本是箇動物，怎教它不動。夜之夢，猶寤之思也。思亦是心之動處，但無邪思，可矣。夢得其正，何害！心存這事，便夢這事。常人便胡夢了。」寓録此下云：「孔子自言老矣，以周公之道不可得行，思慮亦不到此，故不復夢。甚歎其衰如此。」居甫舉莊子言「至人無夢」。曰：「清净者愛恁地説。佛老家亦説一般無夢底話。」淳。寓同。

「『吾不復夢見周公』，自是箇徵兆如此。當聖人志慮未衰，天意難定，八分猶有兩分運轉，故他做得周公事，遂夢見之，非以思慮也。要之，精神血氣與時運相爲流通。到鳳不至，圖不出，明王不興，其徵兆自是恁地。胡文定公謂春秋絶筆於獲麟，爲『志一則動氣』，意思説得也甚好。但以某觀之，生出一箇物事爲人所斃，多少是不好，是亦一徵兆也。」道夫問：「設當孔子晚年，時君有能用之，則何如？」曰：「便是不衰，如孔子請討陳恒時，已年七十一，到此也做得箇甚！」又問：「程子謂孔子之志，必將正名其罪，上告天子，下告方伯，而率與國以討之。不知天子果能從乎？」曰：「當時惟在下者難告。」問：「果爾，則告命稽違，得無有不及事之悔乎？」曰：「使哀公能從，則聖人必一面行將去，聞於周王，使知之耳。」道夫。

問「甚矣吾衰也」。曰：「不是孔子衰，是時世衰。」又曰：「與天地相應。若天要用孔子，必不教他衰。如太公、武王皆八九十歲。夫子七十餘，想見纍垂。」節。

戴少望謂：「顏淵、子路死，聖人觀之人事；『鳳鳥不至，河不出圖』，聖人察之天理；『不復夢見周公』，聖人驗之吾身，夫然後知斯道之果不可行，而天之果無意於斯世也。」曰：「這意思也發得好。」道夫。

「夢周公」，「忘肉味」，「祭神如神在」，見得聖人真一處。理會一事，便全體在這一事。道夫。

問：「孔子夢周公，却是思。」曰：「程先生如此說，意欲說孔子不真見周公。然見何害。」可學。

問：「伊川以爲不是夢見人，只是夢寐常存行周公之道耳。集注則以爲如或見之。不知果是如何？」曰：「想是有時而夢見。既分明說『夢見周公』，全道不見，恐亦未安。」又問：「夫子未嘗識周公，夢中焉得而見之？」曰：「今有人夢見平生所不相識之人，却云是某人某人者，蓋有之。夫子之夢，固與常人不同，然亦有是理耳。」祖。集注、集義。

問：「此章曰，孔子未衰以前，常夢見周公矣。伊川却言不曾夢見，何也？」曰：「聖人不應日間思量底事，夜間便夢見。如高宗夢傅說，却是分明有箇傅說在那裏，高宗不知。所以夢見，亦是朕兆先見者如此。孔子夢奠兩楹事，豈是思慮後方夢見？此說甚精微。但於此一章上說不行，今且得從程子說。」去僞。

志於道章

問「志於道」。曰：「思量講究，持守踐履，皆是志。念念不舍，即是總說，須是有許多實事。」夔孫。

吉甫說「志於道」處。曰：「『志於道』，不是只守箇空底見解。須是至誠懇惻，念念不忘。所謂道者，只是日用當然之理。事親必要孝，事君必要忠，以至事兄而弟，與朋友交而信，皆是道也。『志於道』者，正是謂志於此也。」時舉。

道理也是一箇有條理底物事，不是囫圇一物，如老莊所謂恍惚者。「志於道」，只是存心於所當爲之理，而求至於所當爲之地，非是欲將此心繫在一物之上也。端蒙。

「志於道」，如講學力行，皆是。「據於德」，則是這箇物事已成箇坯璞子了。義剛。

問「據於德」。曰：「如孝，便是自家元得這孝道理，非從外旋取來。據於德，乃是得這基址在這裏。」植。

「據於德」。德者，得之於身。然既得之，守不定，亦會失了。須常照管，不要失了。須是據守，方得。明作。

問「據於德」云云。曰：「德者，吾之所自有，非自外而得也。以仁義禮智觀之，可見。韓退之云：『德，足乎己，無待乎外。』説得也好。」南升。

道者，人之所共由，如臣之忠，子之孝，只是統舉理而言。德者，己之所獨得，如能忠，能孝，則是就做處言也。依仁，則又所行處每事不違於仁。端蒙。

「志於道」，方有志焉。「據於德」，一言一行之謹，亦是德。「依於仁」，仁是衆善總會處。德明。

道，是日用常行合做底。德，是真箇有得於己。仁，謂有箇安頓處。季札。

先生問正淳：「曾聞陸子壽『志於道』之説否？」正淳謂：「子壽先令人立志。」曰：「只做立志，便虚了。聖人之説不如此，直是有用力處。且如孝於親、忠於君、信於朋友之類，便是道。所謂志，只是如此知之而已，未有得於己也。及其行之盡於孝，盡於忠，盡於信，有以自得於己，則是孝之德，忠之德，信之德。如此，然後可據。然只志道據德，而有一息之不仁，便間斷了，二者皆不能有。却須『據於德』後，而又『依於仁』。」正淳謂：「這箇仁，是據發見説。」曰：「既見於德，亦是發見處。然仁之在此，却無隱顯皆貫通，不可專指爲發見。」甾。人傑録云：「『志於道』，是君臣父子夫婦兄弟朋友之道。明得此理，得之於身，斯謂『據於德』。然而不依於仁，則二者皆爲無用矣。依仁不止於發見。凡内外隱顯，莫非仁也。」

正卿問「志道，據德，依仁」。曰：「『志於道』，猶是兩件物事。『據於德』，謂忠於君則得此忠，孝於親則得此孝，是我之得於己者也，故可據。依仁，則是平日存主處，無一念不在這裏，又是據於德底骨子。」時舉。

正卿問「志道、據德、依仁」。曰：「德，是自家心下得這箇道理，如欲爲忠而得其所以忠，如欲爲孝而得其所以孝。到得『依於仁』，則又不同。依仁，則是此理常存於心，日用之間常常存在。據德、依仁，雖有等級，不比志道與據德、依仁，全是兩截。志只是心之所之，與有所據、有所依不同也。」賀孫。

問「據於德，依於仁」。曰：「德只是做這一件事底意思，據而勿失。仁又親切。」又問：「仁是全體，德只是一事之德否？」曰：「然。」又曰：「事父母則爲孝德，事兄長則爲悌德。德是有得於心，是未事親從兄時，已渾全是孝弟之心。此之謂德。」必大。

先生問學者：「據德，依仁，如何分別？」學者累日說皆不合。乃曰：「德是逐件上理會底，仁是全體大用，當依靠處。」又曰：「據德，是因事發見底；如因事父有孝，因事君有忠。依仁，是本體不可須臾離底。據德，如著衣喫飯；依仁，如鼻之呼吸氣。」僩。

德是道之實，仁是德之心。道夫。

行夫問「志道，據德，依仁，游藝」。曰：「『志於道』，方是要去做，方是事親欲盡其孝，事兄欲盡其弟，方是恁地。至『據於德』，則事親能盡其孝，事兄能盡其弟，便自有這道理了，却有可據底地位。才說盡其孝，便是據於孝。雖然如此，此只是就事上逐件理會。若是不依於仁，不到那事親事兄時，此心便没頓放處。『依於仁』，則自朝至暮，此心無不在這裏。連許多德，總攝貫穿都活了。『志於道』，方要去做。『據於德』，則道方有歸著。雖有歸著，猶是在事上。『依於仁』，則德方有本領。雖然，藝亦不可不去理會。如禮樂射御書數，一件事理會不得，此心便覺滯礙。惟是一一去理會，這道理脉絡方始一一流通，無那箇滯礙。因此又却養得這箇道理。以此知大則道無不包，小則道無不入。小大精粗，皆無滲漏，皆是做工夫處。故曰：『語大，天下莫能載；語小，天下莫能破。』」恪。

「志於道，據於德，依於仁，游於藝。」先生曰：「志者，心之所之。道者，當爲之理，爲君有君之理，爲臣有臣之理。『志於道』者，留心於此理而不忘也。德者，得也。既得之，則當據守而弗失。仁者，人之本心也。依，如『依乎中庸』之依，相依而不捨之意。既有所據守，又當依於仁而不違，如所謂『君子無終食之間違仁』是也。『游於藝』一句，比上三句稍輕，然不可大段輕説。如上蔡云『有之不害爲小人，無之不害爲君子』，則是太輕了。古人於禮樂射御書數等事，皆至理之所寓。游乎此，則心無所放，而日用之間本末具舉，而內外交相養矣。」或言：「『志於道』，正如顏子仰高鑽堅，以求至乎聖人之地否？」曰：「若如此説，便是要將此心寄在道裏面底説話。道只是人所當行之道，自有樣子。如『爲人父，止於慈；爲人子，止於孝』。只從實理上行，不必向渺茫中求也。」謨。

叔器説「志於道」云：「知得這箇道理，從而志之。」曰：「不特是知得時方志，便未知而有志於求道，也是志。德，是行其道而有得於心。雖是有得於心而不失，然也須長長執守，方不失。如孝，行之已得，則固不至於不孝；若不執守，也有時解走作。如忠，行之已得，則固不至於不忠；若不執守，也有時解有脱落處。這所以下一『據』字。然而所以據此德，又只要存得這心在。存得這心在時，那德便自在了，所以説『依於仁』。工夫到這裏，又不遺小物，而必『游於藝』。」叔器因言：「禮樂射御書數，自秦漢以來皆廢了。」曰：

「射，如今秀才自是不曉。御，是而今無車〔一〕。書，古人皆理會得，如偏旁義理皆曉，這也是一事。數，是算數，而今人皆不理會。六者皆實用，無一可缺。而今人是從頭到尾，皆無用。小兒子教他做詩對，大來便習舉子業，得官，又去習啓事、雜文，便自稱文章之士。然都無用處，所以皆不濟事。漢時雖不以射取士，然諸生却自講射，一年一次，依儀禮上說，會射一番，却尚好。今世以文取士，如義，若教它依經旨去說些道理，尚得。今却只是體貼字句，就這兩三句題目上說去，全無義理！如策，若是著實論些時務，也尚得。今却只是虛說，說得好底，剗地不得！」包顯道言：「向前義是先引傳、注數條，後面却斷以己意，如東坡數條，却尚得。」先生然之。義剛。

或問「志道，據德，依仁，游藝」。曰：「德是行來行去，行得熟，已成箇物事了。惟這箇物事已得於我，故孝也是這物事流出來做孝，忠也是這物事流出來做忠。若只說爲子盡孝，爲臣盡忠，這只說得盡，說德不得。蓋德是得這物事於我，故事親必孝，必不至於不孝；事君必忠，必不至於不忠。若今日孝，明日又不孝；今日忠，明日又不忠，是未有得於我，不可謂之德。惟德是有得於我者，故可據守之也。若是未有得於我，則亦無可據者。」

〔一〕「而今無車」，賀疑有誤。

又問：「此是成德否？」曰：「便恁地説，也不得。若做這物事未成就時，一箇物事是一箇物事在，孝只是孝，忠只是忠。惟做來做去，湊足成就一箇物事貫通時，則千頭萬件，都只是這一箇物事流出來。道家所謂『安養成胎』，蓋德是百行之胎也。所以君子以成德爲行。『依於仁』，仁是箇主，即心也。『依於仁』，則不失其本心。既不失其本心，則德亦自然有所據。若失其本心，則與那德亦不見矣。『游於藝』，蓋上三句是箇主腦，藝却是零碎底物事。做那箇，又來做這箇，是游來游去之謂也。然亦不可游從別處去，須是『游於藝』，方得。」又云：「説行時，只可言『志於道』，不可謂之德。」又云：「成德，只是要成此德。」燾。

問：「自『志於道』到『依於仁』，工夫到這處縝密，較易些否？」曰：「似恁地都是難。」問：「此是顏子不違仁地位否？」先生問：「如何知得顏子能如此，它人不能？」曰：「顏子亞聖之資，固易爲力。若它人用工深，亦須到這處。」曰：「這處先要就『志於道』上理會。『志於道』，便恁地利，恁地好。這須知是箇生死路頭。」因以手指分作兩邊去，云：「這一邊是死路，那一邊去是生路。這去便善，那去便惡。知得此路是了，只管向此路去，念念不忘。處己也在是，接人也在是，講論也在是，思索也在是。今人把捉不定，要做這邊去，又要做那邊去，一出一入，或東或西。以夫子『十五志於學，三十而立，四十而不惑，五十而知天命』，皆是從志學做來著工夫，須看得聖人『志於學』處是如何。這處見得定，後去節節有下工夫處。『據於德』。德者，得也，便是我自得底，不是徒恁地知得便住了。若徒知得，不能得之於己，似説别人底，於我何干。如事親能孝，便是我得這孝；事君能忠，便是我得這忠。説到德，便是成就這道，方有可據處。但『據於德』，固是有得於心，是甚次第，然亦恐怕有走作時節。其所存主處，須是『依於仁』，自得於心，不可得而離矣。到游藝，猶言學文，雖事未甚要緊，然亦少不得。須知那箇先，那箇後，始得，亦所以助其存主也。」寓。

問：「若是『志於道，據於德』，則雖初學便可如此下功。且如『據於德』，則得寸守寸，得尺守尺。若是『依於仁』，則仁是指全體而言，如何便解依得它？」曰：「所謂『據於德』，亦須是真箇有是德，方可據守。如事親時自無不孝，方是有孝之德，其餘亦然，亦非初學遽可及也。依仁，只是此心常在，不令少有走作也。」因言：「周禮先説『知仁聖義中和，孝友睦婣任卹』，此是教萬民底事。又説教國子以三德，曰：『至德以爲道本，敏德以爲行本，孝德以知逆惡。』至德，謂德之全體，天下道理皆由此出，如所謂存心養性之事是也，故以此教上等人。若次一等人，則教以敏德爲行本。敏，是强敏之謂。以敏德教之，使之見善必遷，有過必改，爲學則强力，任事則果決，亦是一等特立獨行之人。若又次一等，則教以孝德以知逆惡，使它就孝上做將去，熟於孝，則知逆惡之不可爲。夫是三者必相兼。若能至德，則自兼那兩事；若自下做去，亦可以到至德處；若只理會箇至德，而無下二者，則空疏去。」又曰：「自『志於道』至『依於仁』，是從粗入精；自『依於仁』至『游於藝』，是自本兼末。能『依於仁』，則其游於藝也，蓋無一物之非仁矣。」因舉橫渠語云：「『天體物而不遺，猶仁體事無不在也。「禮儀三百，威儀三千」，無一物之非仁也。「昊天曰明，及爾出王；昊天曰旦，及爾游衍」，無一物之不體也。』此是橫渠赤心片片説與人。如荀揚，何嘗有這樣説話！」廣。

「『志於道』，『志』之一字，不徒是知，已是心中放它不下。『據於德』，是行道而得之於己。然此都且就事上説。至『依於仁』，則無物欲之累，而純乎天理，道至此亦活，德至此亦活，却亦須『游於藝』。」問：「小學禮樂射御書數之文，是藝否？」曰：「此雖小學，至『依於仁』既熟後，所謂小學者，至此方得他用。」夔孫。

「『據於德』。德，謂得之於心，有這箇物事了，不待臨時旋討得來。且如仁義禮智有在這裏，不待臨時旋討得來。」又曰：「德是自家有所得處在這裏。且如事親孝，則孝之理得；事兄弟，則弟之理得，所謂在這裏，但得有淺深。」又曰：「『志於道，據於德』，説得尚粗。到『依於仁』，方是工夫細密。『游於藝』者，乃是做到這裏，又當養之以小物。」植。

「據於德」，有時也會失了。必「依於仁」，此心常存，則照管得到，能守是德矣。「游於藝」，似若無緊切底事。然能如此，則是工夫大故做得到了，所謂「庸言之信，庸行之謹」也。夔孫。

讀書，須將聖賢言語就自家身上做工夫，方見事事是實用。如「志道，據德，依仁，游藝」，將來安排放身上看。看道是甚麽物事？自家如何志之？以至「據德，依仁，游藝」，亦莫不然，方始有得。道夫。

子升問：「上三句皆有次序，至於藝，乃日用常行，莫不可後否？」曰：「藝是小學工夫。若説先後，則藝爲先，而三者爲後。若説本末，則三者爲本，而藝其末，固不可徇末而忘本。習藝之功固在先。游者，從容潛玩之意，又當在後。文中子説：『聖人志道，據德，依仁，而後藝可游也。』此説得自好。」木之。

或問：「『游者，玩物適情之謂。』玩物適情，安得爲善？」曰：「『游於藝』一句是三字，公却只説得一字。」人傑。集注。

自行束脩章

古人空手硬不相見。束脩是至不直錢底，羔雁是較直錢底。真宗時，講筵説至此，云：「聖人教人也要錢。」義剛。

不憤不啓章

問「憤悱」。曰：「此雖聖人教人之語，然亦學者用力處。」敬仲。

學者至憤悱時，其心已略略通流。但心已喻而未甚信，口欲言而未能達，故聖人於此啓發之。舉一隅，其餘三隅須是學者自去理會。舉一隅而不能以三隅反，是不能自用其力者，孔子所以不再舉也。謨。

憤悱是去理會底。若不待憤悱而啓發之，不以三隅反而復之，則彼不惟不理會得，且聽得亦未將做事。燾。

「悱，非是全不曉底，也曉得三五分，只是說不出。」問：「伊川謂：『必待誠至而後告之。』」曰：「憤悱，便是誠意到；不憤悱，便是誠不到。」節。

凡物有四隅，舉一隅，則其三隅之理可推。若不能以三隅反，則於這一隅，亦恐未必理會得在。

「舉一隅以三隅反，只是告往知來否？」曰：「只是。凡方者，一物皆有四隅。」植。

或問：「程子曰：『待憤悱而後發，則沛然矣。』如何是沛然底意思？」曰：「此正所謂時雨之化。譬如種植之物，人力隨分已加，但正當那時節欲發生未發生之際，却欠了些子雨。忽然得這些子雨來，生意豈可禦也！」

子食於有喪者之側章

「子食於有喪者之側，未嘗飽」，「子於是日哭則不歌」，此是聖人天理。燾。

問：「食於有喪之側而未嘗飽，亦以其哀傷之極，足以感動人心，自不能飽也。」曰：「哀，是哀死者，不干生人事，所謂『哭死而哀，非爲生者也』。若喪家極哀，又能使人愈哀耳。又有喪家人全不以死者爲念，視之若無，反使人爲之悲哀者！」同元德記。燾。

「子食於有喪之側，未嘗飽也」，有食不下咽之意。謨。

「子於是日哭則不歌」，不要把一個「誠」字包却。須要識得聖人自然重厚、不輕浮意思。時舉。

問：「博文亦可以學道。而上蔡解『哭則不歌』，謂：『能識聖人之情性，然後可以學道。』」曰：「聖人情性便是理。」又曰：「博文約禮，亦是要識得聖人情性。『思曰睿』，只是思會睿。」節。集義。

「『子於是日哭則不歌』，上蔡説得亦有病。聖人之心，如春夏秋冬，不遽寒燠，故哭之日，自是不能遽忘。」又曰：「聖人終不成哭了便驟去歌得！如四時，也須漸漸過去。道夫録云：「其變也有漸。」且如古者喪服，自始死至終喪，中間節次漸漸變輕。不似如今人直到服滿，一頓除脱了，便著華采衣服。」賀孫。道夫同。

問謝氏之説。曰：「謝氏之學大抵習忘，如以『三月不知肉味』反是病，和韶樂都忘之方是。」必大。

子謂顔淵曰章

讀「用之則行，舍之則藏」章，曰：「專在『則』字上，如『可以仕則仕，可以久則久』之類是也。」時舉。

此八字，極要人玩味。若他人，用之則無可行，舍之則無可藏。唯孔子與顔淵先有此事業在己分内，若用之，則見成將出來行；舍之，則藏了，它人豈有是哉！故下文云：「唯我與爾有是夫。」「有是」二字，當如此看。謨。

問：「尹氏曰：『命不足道也。』」曰：「如常人，『用之則行』，乃所願；『舍之則藏』，非所欲。『舍之則藏』，是自家命恁地，不得已，不奈何。聖人無不得已底意思。聖人用我便行，舍我便藏，無不奈何底意思，何消更言命！」又曰：「『命不足道也』，命不消得更説。」

又曰：「知命不足道也。」節。

問「命不足道也」。曰：「到無可柰何處，始言命。如云『道之將行也與，命也；道之將廢也與，命也』，此爲子服景伯說。時舉録云：「聖人說命，只是爲中人以下說。聖人欲曉子服景伯，故以命言。」如曰『有命』，是爲彌子瑕說。聖人『用之則行，舍之則藏』，未嘗到那無可柰何處，何須說命！如一等人不知有命。又一等人知有命，猶自去計較。中人以上，便安於命。到得聖人，便不消得言命。」夔孫。

問「用舍行藏」章。曰：「聖人於用舍甚輕，没些子緊要做。用則行，舍則藏，如晴乾則著鞋，雨下則赤脚。尹氏云：『命不足道。』蓋不消言命也。」植。

義剛曰：「用舍係乎道之盛衰，行藏以道而舒卷。己之窮達非所計，故曰『命不足道』。」曰：「用舍是由在別人，不由得我；行藏是由在那人，用舍亦不由得我。」仲默問：「這命，只是『君子不謂命也』之『命』否？」曰：「是。」義剛。

「『用舍無預於己，行藏安於所遇，命不足道也。』蓋只看義理如何，都不問那命了。雖使前面做得去，若義去不得，也只不做；所謂『殺一不辜，行一不義而得天下，有所不爲』。若中人之情，則見前面做不得了方休，方委之於命；若使前面做得，它定不肯已，所謂『不得已而安之命』者也。此固賢於世之貪冒無恥者，然實未能無求之之心也。聖人更不問命，只看義如何。貧富貴賤，惟義所在，謂安於所遇也。如顏子之安於陋巷，它那曾計較命如何。陶淵明說盡萬千言語，說不要富貴，能忘貧賤，其實是大不能忘，它只是硬將這箇抵拒將去。然使它做那世人之所爲，它定不肯做，此其所以賢於人也。」或云：「看來，淵明終只是晉宋間人物。」曰：「不然。晉宋間人物，雖曰尚清高，然箇箇要官職，這邊一面清談，那邊一面招權納貨。淵明却真箇是能不要，此其所以高於晉宋人也。」或引伊川言「晉宋清談，因東漢節義一激而至此」者。曰：「公且說，節義如何能激而爲清談？」或云：「節義之禍，在下者不知其所以然，思欲反之，所以一激而其變至此。」曰：「反之固是一說。然亦是東漢崇尚節義之時，便自有這箇意思了。蓋當時節義底人，便有傲睨一世，汙濁朝廷之意。這意思便自有高視天下之心，少間便流入於清談去。如皇甫規見雁門太守曰：『卿在雁門，食雁肉，作何味？』那時便自有這意思了。少間那節義清苦底意思，無人學得，只學得那虛驕之氣。其弊必至於此。」僩。

問「用舍行藏」。曰：「此有數節，最好仔細看。未說到用舍行藏處，且先看箇『毋意、毋必』底意。此是甚底心？渾然是箇天理。尹氏謂『命不足道』，此本未有此意，亦不可不知也。蓋知命者，不得已之辭。人要做這事，及至做不得，則曰命，是心裏猶不服他。若聖賢『用之則行，舍之則藏』，更不消得說命。到說『臨事而懼，好謀而成』八字，雖用舍行藏地位遠了，然就此地頭看，也自好。某嘗謂聖人之言，好如荷葉上水珠，顆顆圓。這『臨事而懼』，便是戒慎恐懼底心。若有所恐懼，心驚膽畏，便不得了。孟子說：『禹惡旨酒，而好善言；湯立賢無方；文王望道而未之見；武王不泄邇，不忘遠；周公思兼三王。』許多事，皆是聖人事，然有小大不同，如『惡旨酒』，乃是事之小者；『思兼三王』，乃是事之大者。然亦都是一箇戒慎恐懼底心。人心多縱弛，便都放去。若是聖人行三軍，這便是不易之法。非特行軍如此，事事皆然。莊子庖丁解牛神妙，然每到族，心必怵然爲之一動，然後解去。心動，便是懼處，豈是似醉人恣意胡亂做去！韓文鬭雞聯句云：『一噴一醒然，再接再礪乃！』謂都困了，一以水噴之，則便醒。『一噴一醒』，所謂懼也。此是孟郊語，也說得好。」又問：「觀此處，則夫子與顏子一般了。」曰：「到此地位，大節也同了。如孟子說伯夷、伊尹與夫子『是則同』處。看伯夷、伊尹與夫子，豈是一樣人！但是此大節處同。若此處不同，則不足爲聖人矣。」夔孫。義剛録別出。

叔器說「用之則行」章。曰：「命，是有箇必得底意；及不得，則委之於命。聖人只是『用之則行，舍之則藏』。如孟子所說『求之有道，得之有命』，此却是爲中才發，聖人自是不論到這裏。然此只是尹氏添此一脚，本文非有此意。『臨事而懼，好謀而成』，比『用之則行，舍之則藏』，固是大相遠；但這裏面道理也自完具，無欠無剩。某嘗說，聖人言語如荷葉上水珠子，一顆一顆圓。」叔器問：「顔子與聖人同否？」曰：「大節目也同。如孟子説伯夷、伊尹、孔子『得百里之地而君之，皆能以朝諸侯，有天下；行一不義，殺一不辜而得天下，皆不爲也，是則同』。這便是大節目處皆同。若是這箇不同時，便不喚做聖人了。只是纖細縝密論來，却有不同處。」又曰：「這一章，有四五節道理。」義剛。

子路説：「子行三軍，則誰與？」雖無私意，然猶有固必之心。人傑。

「子行三軍，則誰與？」宜作相與之「與」，非許與之之「與」。「好謀而成」，人固有好謀者；然疑貳不決，往往無成者多矣。孔子行三軍，其所與共事者，必「臨事而懼，好謀而成者也」。謨。

亞夫問「子行三軍，則誰與」。曰：「三軍要勇，行三軍者要謀。既好謀，然須要成事。蓋人固有好謀而事不成者，却亦不濟事。」時舉因云：「謀在先，成在後。成非勇亦不能決。」曰：「然。」時舉。

「好謀而成」，既謀了，須是果決去做教成。若徒謀而不成，何益於事？所謂「作舍道旁，三年不成」者也。「臨事而懼」，是臨那事時，又須審一審。蓋閑時已自思量都是了，都曉得了，到臨事時又更審一審。這「懼」字，正如「安而後能慮」底「慮」字相似。又曰：「而今只是據本子看，説行三軍是如此。試把數千人與公去行看，好皇恐！」僩。

問：「『用之則行，舍之則藏』，竊意漆雕、曾、閔亦能之。」曰：「『舍之則藏』易，『用之則行』難。若開，用之未必能行也。聖人規模大，藏時不止藏他一身，煞藏了事。譬如大船有許多器具寶貝，撐去則許多物便都住了，衆人便没許多力量。然聖人行藏，自是脱然無所係累。救世之心雖切，然得做便做，做不得便休。他人使有此，若未用時則切切於求行，舍之則未必便藏。耿直之向有書云：『三代禮樂制度盡在聖人，所以用之則有可行。』某謂此固其可行之具，但本領更全在無所係累處。有許大本領，則制度（點）〔默〕〔一〕化出來，都成好物，故在聖人則爲事業。衆人没那本領，雖盡得他禮樂制度，亦只如小屋收藏器具，窒塞都滿，運轉都不得。」砥。

問：「楊氏曰：『「樂則行之，憂則違之」，孔顔之所同；「天下文明」，則孔子而已矣。』其義如何？」曰：「龜山解經，常有箇纏底病。如解『苗而不秀』章云：『「必有事焉，而勿正，勿忘，勿助長」，則苗斯秀，秀斯實矣。』初亦不曉其説，徐觀之，乃是因『苗』字牽引上『揠苗』，又纏上『勿忘、勿助』耳。此章取易來如此比並，固亦可通。然於本旨無所發明，却外去生此議論。」必大。集義。

〔一〕據吕本、院本改。

富而可求章

讀「富而可求」章，曰：「須要仔細看『富而可求也』一句。上面自是虚意。言『而可求』，便是富本不可求矣。」因舉「君子赢得做君子，小人枉了做小人」之説，又云：「此章最見得聖人言語渾成底氣象，須要識得。」時舉。

子在齊聞韶章

史記：「子在齊聞韶音，學之三月，不知肉味。」「三月」當作一點。蓋是學韶樂三月耳，非三月之久不知肉味也。去僞。

夫子之心與韶樂相契，所以不知肉味，又有習之三月之説。泳。

「子聞韶音，學之三月，不知肉味。『學之』一節，不知如何，今正好看其忘肉味處。這裏便見得聖人之樂，如是之美；聖人之心，如是之誠。」又曰：「聖人聞韶，須是去學，不解得只恁休了；學之亦須數月方熟。三月，大約只是言其久，不是真箇足頭九十日，至九十一日便知肉味。想見韶樂之美，是能感動人，是能使人視端而行直。某嘗謂，今世人有目不得見先王之禮，有耳不得聞先王之樂，此大不幸也！」道夫。

問：「孔子聞韶，學之三月，不知肉味。若常人如此，則是『心不在焉』；而聖人如此，何也？」曰：「此其所以爲聖人也，公自思量看。」久之，又曰：「衆人如此，則是溺於物欲之私；聖人則是誠一之至，心與理合，不自知其如此。」又問：「聖人存心如此之切，所以至於忘味。」曰：「也不是存心之切，恁地又説壞了聖人。它亦何嘗切切然存心，要去理會這事。只是心自與那道理契合，只覺得那箇好，自然如此耳。」僩。

吴伯英問：「孔子聞韶，學之三月，不知肉味。聖人殆亦固滯不化，當食之時，又不免『心不在焉』之病，若何？」曰：「『主一無適』，是學者之功。聖人行事，不可以此求之也。更是舜之樂盡善盡美，而孔子聞之，深有所契於心者，所謂『得志行乎中國，若合符節』，是以學之三月，而不自知其忘味也。」壯祖。建別録見下。

吴伯英問：「『心不在焉，則食而不知其味』，是心不得其正也。然夫子聞韶，何故三月不知肉味？」曰：「也有時如此。所思之事大，而飲食不足以奪其志也。且如『發憤忘食』，『吾嘗終日不食』，皆非常事。以其所憤所思之大，自不能忘也。」壯祖。

先生嘗讀他傳云：「孔子居齊，聞韶音，見齊國之人亦皆視端而形聳，蓋正音所感如此。」升卿。

石丈問：「齊何以有韶？」曰：「人説公子完帶來，亦有甚據？」淳問：「伊川以『三月不知肉味』爲聖人滯於物。今添『學之』二字，則此意便無妨否？」曰：「是。」石丈引「三月」之證。曰：「不要理會『三月』字。須看韶是甚麽音調，便使得人如此；孔子是如何聞之便恁地。須就舜之德、孔子之心處看。」淳。集義。

問：「伊川疑『三月』即是『音』字，如何？」曰：「此處最要看他『不知肉味』處，最有意思。蓋夫子知韶之美，一聞之，則感之至深，學之三月，故至於不知肉味。若道一聞之便三月不知肉味，恐無此道理，伊川疑得自是。但史記上有『學之』二字，伊川恐適不曾考到此耳。觀此處須見得夫子之心與舜之心分明爲一，感之至深，故盡心以學之，念念在此而自不能忘也。」時舉。

「『子在齊聞韶，學之三月，不知肉味』。上蔡只要説得泊然處，便有些莊老。某謂正好看聖人忘肉味處，始見聖人之心如是之誠，韶樂如是之美。」又舉史記載孔子至齊，促從者行，曰：「韶樂作。」從者曰：「何以知之？」曰：「吾見童子視端而行直。」「雖是説得異，亦容有此理。」賀孫。

冉有曰夫子爲衛君乎章

論子貢問衛君事，曰：「若使子貢當時徑問輒事，不唯夫子或不答；便做答時，亦不能如此詳盡。若只問：『伯夷、叔齊何人也？』曰：『古之賢人也。』亦未見分曉。所謂賢人，如『君子而不仁者有矣』，亦如何便見得出處一時皆當，豈無怨悔處？只再問『怨乎』？便見得子貢善問。才説道『求仁而得仁，又何怨』！便見得夷齊兄弟所處，無非天理；蒯輒父子所向，無非人欲。二者相去，奚啻珷玞、美玉，直截天淵矣！」㽦。

問：「子貢欲知爲衛君，何故問夷齊？」曰：「一箇是父子爭國，一箇是兄弟讓國，此是，則彼非可知。」問：「何故又問『怨乎』？」曰：「此又審一審。所以夫子言『求仁得仁』，是就心上本原處説。凡讓出於不得已，便有怨。夷齊之讓，是合當恁地，乃天理之當然，又何怨！大綱衛君底固爲不是，到此越見得衛君沒道理。」又問：「子欲正名，是公子郢否？」曰：「此又是第二節事。第一節須先正輒父子之名。」問：「輒尚在，則如何正？」曰：「上有天子，下有方伯，它不當立，如何不正！」寓。

「『夫子爲衛君乎？』若只言以子拒父，自不須疑而問。今冉子疑夫子爲衛君者，以常法言之，則衛公輒亦於義當立者也。以輒當立，故疑夫子必助之。『求仁而得仁』，此只是不傷其本心而已。若伯夷、叔齊，不讓而於心終不安。人之心本仁，才傷著本心，則便是不仁矣。」謨。

問：「子貢有『怨乎』之問，何也？」曰：「夫子謂夷齊是賢人。恐賢者亦有過之者，於是問以決之，看這事是義理合如此否。如其不必讓而讓之，則未必無怨悔之心矣。夫子告以『求仁而得仁』者，謂是合恁地。若不恁地，是去仁而失仁矣。若衛君事，則大不然矣，子貢所以知其必不爲也。」夔孫。

夫子説：「古之賢人也。」賢人固有做得間不恰好處，便未知得夷齊之讓是與不是。若是，不必遜，則終未免有怨悔；若有怨悔，則讓便未得爲是。如此，則未見得夫子不爲輒。所以更問「怨乎」。夫子説：「求仁而得仁，又何怨？」恁地便是要讓，讓方是合這道理。既是以讓爲合理，則始知夫子之不爲輒。義剛。

只「伯夷、叔齊古之賢人也」一句，便可知得夫子不爲衛君矣。何故更要問「怨乎」這一句？却煞有説話。子貢也是會問。義剛。

安卿以書問夷齊，辯論甚悉。曰：「大概是如此。但更於『求仁而得仁』上看。」道夫問：「『安』字，莫便是此意否？」曰：「然。但見他説得來不大段緊切，故教他更於此上看。」曰：「伯夷不敢安嫡長之分，以違君父之命；叔齊不敢從父兄之命，以亂嫡庶之義，這便是『求仁』。伯夷安於逃，叔齊安於讓，而其心舉無隉杌之慮，這便是『得仁』否？」曰：「然。衛君便是不能求仁耳。」道夫。

孔子論伯夷，謂：「求仁而得仁，又何怨？」司馬遷作伯夷傳，但見得伯夷滿身是怨。

蘇子由伯夷論却好，只依孔子說。文蔚。

問：「子貢『衞君』之問，與『去兵、去食』之問，皆非尋常問者所及，程子固常稱之，而又曰：『孔門學者，獨顏子爲善問。』何也？」曰：「顏子之問，又須親切。如此事在顏子，又自理會得，亦不必問也。」必大。

問：「『夫子爲衞君』章，程子所引諫伐事，或問論非此章答問本意，當矣。今集注全載其說，不刪此語，何也？」曰：「諫伐而餓，固非此章本意；然亦是伯夷不怨底事，故程子同引來說。」必大。集注。

子貢之問，意只主讓國。諫伐之事，却在裏面事。如聖人，却是泛說。燾。

吴伯英問：「夷齊讓國而去，一以父命爲尊，一以天倫爲重，要各得其本心之正，而盡乎天理之公矣。所謂『孤竹君』，當時或無中子之可立，則二子將奈何？」曰：「縱二子不立，則其宗社之有賢子弟，立之可也。」壯祖。

或問：「伯夷、叔齊之讓，使無中子，則二子不成委先君之國而棄之！必有當立者。」曰：「伊川說，叔齊當立。看來立叔齊雖以父命，然終非正理，恐只當立伯夷。」或曰：「伯夷終不肯立，奈何？」曰：「若國有賢大臣，則必請於天子而立之，不問伯夷情願矣。看來二子立得都不安。但以正理論之，則伯夷分數稍優耳。胡文定春秋解這一段也好，說吴季札讓國事，聖人不取之，牽引四五事爲證。所以經只書『吳子使札來聘』，此何異於楚子使椒來聘之事耶？但稱名，則聖人貶之深矣云云。但近世説春秋皆太巧，不知果然否也。」僩。

因説記録之難，如劉質夫記明道説，輒據位而拒父，則衛之臣子去之可也；輒去之而從父，則衛之臣子拒蒯聵可也。是以蒯聵爲得罪於父，亦不當立也。後胡文定公引在春秋中説，如上句説却是，但下句却云輒去而從父，則衛之臣子當輔輒以拒蒯聵，則是錯了。後來胡致堂却説立郢爲是，乃是救文定前説之錯。至若楊文靖説此段，尤不可曉。文靖之意只欲破王元澤説「善兄弟之遜，必惡父子之争」，遂有此病。要之，元澤此二句自好也。燾。集義。

胡家説夷齊所爲，全性命之理。若他人謂其全性命之理猶可，若謂夷齊要全性命之理，而後如此爲之，此大害義理！「殺身成仁」，亦只是義當殺身，即是成仁。若爲成仁而殺身，便只是利心。揚。

飯疏食章

義剛説「樂在其中」一章。先生曰：「這有三十來箇字，但看那箇字是先。只『樂』字是先。他是先理會得那樂後，方見得『不義而富且貴，於我如浮雲』。吕與叔數句説得好，非是有所見，如何道得到！」義剛。

問：「『樂亦在其中』，聖人何爲如是之樂？」曰：「正要理會聖人之心如何得恁地。聖人之心更無些子渣滓。故我之心淘來淘去，也要知聖人之心。」恪。

「樂亦在其中」，此樂與貧富自不相干，是别有樂處。如氣壯底人，遇熱亦不怕，遇寒亦不怕。若氣虚，則必爲所動矣。閎祖。

叔器説「樂在其中」，引「博文約禮」。曰：「顔子自是顔子樂，與夫子也不干事。這説得不相似。」義剛。

問：「或問謂：『夫子樂在其中，與顔子之不改者，又有間矣。』豈非謂顔子非樂於簞瓢，特不以是而改其心之所樂？至於夫子，則隨所寓而樂存焉。一曰『不改』，一曰『亦在』，文意固自不同否？然程子則曰：『非樂疏食飲水也。雖疏食飲水，不能改其樂也。』却似無甚異於所以論顔子者。今集注乃載其説，何耶？」曰：「孔顔之樂亦不必分。『不改』，是從這頭説入來；『在其中』，是從那頭説出來。」必大。集注。餘見顔樂章。

問：「上蔡云：『義而得富得貴，猶如浮雲，況不義乎！』」曰：「這是上蔡説得過當。此只説不義之富貴，視之如浮雲，不以彼之輕易吾之重。若義而得富貴，便是當得，如何掉脱得？如舜禹有天下，固説道『不與』，亦只恁地安處之。又如『所以長守貴也，所以長守富也』，義當得之，亦自當恁地保守。堯命舜云：『天之曆數在爾躬，允執其中。四海困窮，天禄永終！』豈是不要保守！」賀孫。集義。

加我數年章

問「五十學易」一段。曰：「聖人學易，於天地萬物之理，吉凶悔吝，進退存亡，皆見得盡，自然無差失。聖人説此數句，非是謾然且恁地説。聖人必是見得是如此，方如此説。」謙之。

文振問「五十以學易」。曰：「也只就卦爻上占考其理合如何。他書一事是一理，易却説得闊也。有底事説在裏，未有底事也説在裏。」又曰：「易須錯綜看，天下甚麽事，無一不出於此。如善惡是非得失，以至於屈伸消長盛衰，看是甚事，都出於此。伏羲以前，不知如何占考。至伏羲將陰陽兩箇畫卦以示人，使人於此占考吉凶禍福。一畫爲陽，二畫爲陰，一畫爲奇，二畫爲偶，遂爲八卦；又錯綜爲六十四卦，凡三百八十四爻。文王又爲之彖、象以釋其義，無非陰陽消長盛衰伸屈之理。聖人之所以學者，學此而已。把乾卦一卦看，如：『乾，元亨利貞。』人要做事，若占得乾卦，乾是純陽；元者，大也；亨者，通也，其爲事必大通。然而雖説大亨，若所爲之事不合正道，則亦不得其亨。故雖云大亨，而又利於正。卦内六爻，都是如此。如説『潛龍勿用』，是自家未當出作之時，須是韜晦方始無咎。若於此而不能潛晦，必須有咎。又如上九云：『亢龍有悔。』若占得此爻，必須以亢滿爲戒。如這般處，最是易之大義。易之爲書，大抵於盛滿時致戒。蓋陽氣正長，必有消退之漸，自是理勢如此。」又云：「當極盛之時，便須慮其亢。如當堯之時，須交付與舜。若不尋得箇舜，便交付與他，則堯之後，天下事未可知。」又云：「康節所以見得透，看他説多以盛滿爲戒。如云：『飲酒愛微醺，不成使酩酊。』」又云：「康節多於消長之交看。」又云：「許多道理，本無不可知之數，惟是康節體得熟。只管體來體去，到得熟後，看是甚麼事理，無不洞見。」賀孫。

因學者問「學易無大過」章，曰：「易只有『陰陽』兩字分奇偶。一畫是陽，兩畫是陰，從此錯綜，推爲六十四卦，三百八十四爻。後來文王却就畫繫之以辭。看來易元初只是畫。」又曰：「天地只是一箇陰，一箇陽，把來錯綜。大抵陽則多吉，陰則多凶，吉爲善，凶爲惡。又看所處之位，逐爻看之，陽有時而凶，陰有時而吉。」又曰：「如他經，先因其事，方有其文。如書言堯、舜、禹、成湯、伊尹、武王、周公之事。因有許多事業，方説到那裏；若無那事，亦不説到那裏。易則是箇空底物事，未有是事，預先説是理，故包括得盡許多道理。看人做甚事，皆撞著也。」又曰：「『易，無思也，無爲也。』易是箇無情底物事，故『寂然不動』。占之者吉凶善惡隨事著見，乃『感而遂通』。」又云：「易中多言『正』，如『利正』、『正吉』、『利永正』之類，皆是要人守正。」又云：「易如占得一爻，須是反觀諸身，果盡得那道理否？如坤六二：『直方大，不習無不利。』須看自家能直，能方，能大，方能『不習無不利』。凡皆類此。」又曰：「所謂『大過』，如當潛而不潛，當見而不見，當飛而不飛，皆是過。」又曰：「乾之一卦，純乎陽，固是好。如『元亨利貞』，蓋大亨之中，又須知利在正，非正則過矣。」又曰：「如坤之初六，須知履霜有堅冰之漸，要人恐懼修省。不知恐懼修省，便是過。易大概欲人恐懼修省。」又曰：「文王繫辭，本只是與人占底書。至孔子作十翼，方説『君子居則觀其象而玩其辭，動則觀其變而玩其占』。」又曰：「夫子讀易，與常人不同。是他胸中洞見陰陽剛柔、吉凶消長、進退存亡之理。其贊易，即就胸中寫出這箇理。」植。

問：「『學易無大過』，聖人何以有過？」曰：「只是聖人不自足之意。聖人此般話，也如『道者三，我無能』，『聖仁吾豈敢』，不是聖人能如此，更誰能如此！程子謂『學易者無大過』，文勢不然。此章『五十』字誤。然章之大旨在『無大過』，不在『五十』上。」淳。

問「五十以學易」章，先生舉史記，云：「是時孔子年老，已及七十，欲贊易，故發此語。

若作『五十以學易』，全無意思。」問：「孔子少年不學易，到老方學易乎？」曰：「作彖、象、文言以爲十翼，不是方讀易也。」問：「伊川以八索爲過處，如何？」曰：「某不敢如此説。」寓。

問：「伊川前一説，則大過在八索之類；後一説，則大過在弟子之學易者，俱未有定據。」曰：「史記『加』作『假』，古本『五十』作『卒』字。『加』、『假』聲相近，『五十』與『卒』字相似，而並誤也。此孔子繫易之時，自謂『假我數年，卒以學易，可以無大過』者，爲此自謙之辭，以教學者，深以見易之道無窮也。」謨。

子所雅言章

問「子所雅言：詩、書、執禮」。曰：「古之爲儒者，只是習詩書禮樂。言『執禮』，則樂在其中。如易則掌於太卜，春秋掌於史官，學者兼通之，不是正業。只這詩書，大而天道之精微，細而人事之曲折，無不在其中；禮則節文法度。聖人教人，亦只是許多事。」僩。

「子所雅言：詩、書、執禮」，未常及易。夫子常所教人，只是如此，今人便先爲一種玄妙之説。德明。

「伊川云：『夫子雅素之言，止於如此。若「性與天道不可得而聞」者，則在「默而識之」。』不知性與天道，便於詩、書、執禮中求之乎？」曰：「語意不如此。觀子貢說『夫子之言性與天道』，自是有說時節，但亦罕言之。」恭父云：「觀子貢此處，固足以見子貢方聞性天道之妙。又如說：『天何言哉？四時行焉，百物生焉，天何言哉？』這是大段警悟他處。」曰：「這般處是大段分曉。」又云：「若實能『默而識之』，則於『詩、書、執禮』上，自見得性與天道。若不實能默識得，雖聖人便說出，也曉不得。」賀孫問：「『執禮』，『執』字，恐當時自以『執』字目其禮，非夫子方爲是言。」曰：「詩書，只是口說得底，惟禮要當執守，故孔子常說教人執禮。故云：『詩、書、執禮，皆雅言也。』不是當時自有此名。」賀孫。集注。

葉公問孔子於子路章

「『發憤忘食，樂以忘憂，不知老之將至云爾。』聖人不是有所因爲甚事了如此，只是意思有所憤發，便至於忘食；樂，便至於忘憂，至於不知老之將至。聖人不肯半上落下，直是做到底。雖是聖人若自貶下之辭，其實超詣，却非聖人做不得。憤，是感之極深；樂，是樂之極至。聖人不是胡亂說，是他真箇有『發憤忘食，樂以忘憂』處。」次日再問。曰：「如今不必說是爲甚發憤，或是有所感，只理會他忘食忘憂。發憤便至於忘食，樂便至於忘憂，便與聞韶不知肉味之意相似。」𤔡。

「發憤忘食，樂以忘憂，不知老之將至云爾。」泛説若是謙辭。然聖人之爲人，自有不可及處，直要做到底，不做箇半間不界底人。非是有所因，真箇或有所感，發憤而至於忘食，所樂之至而忘憂。蓋有不知其然，而不自知其老之將至也。又如「好古敏以求之」，自是謙辭。「學不厭，教不倦」，亦是謙辭。當時如公西華、子貢自能窺測聖人不可及處。蓋聖人處己之謙若平易，而其所以不可及者亦在其中矣。觀聖人若甚慢，只是你趕他不上。人傑。㽦録云：「子貢、公西華亦自看得破。」

問「發憤忘食，樂以忘憂」。曰：「聖人全體極至，没那不間不界底事。發憤便忘食，樂便忘憂，直恁地極至。大概聖人做事，如所謂『一棒一條痕，一摑一掌血』，直是恁地！」燾。

問：「『發憤忘食』，未知聖人發憤是如何？」曰：「要知他發憤也不得。只是聖人做事超越衆人，便做到極處，發憤便忘食，樂便忘憂。若他人，發憤未必能忘食，樂處未必能忘憂。聖人直是脱洒，私欲自是惹不著。這兩句雖無甚利害，細看來，見得聖人超出乎萬物之表！」㽦。

因説「發憤忘食，樂以忘憂」，曰：「觀天地之運，晝夜寒暑，無須臾停。聖人爲學，亦是從生至死，只是如此，無止法也。」僴。

爲學要剛毅果決，悠悠不濟事。且如「發憤忘食，樂以忘憂」，是甚麽樣精神！甚麽樣骨力！因說胡季隨。學蒙。

「其爲人也，發憤忘食，樂以忘憂，不知老之將至云爾」，與「不怨天，不尤人，下學而上達，知我者其天乎」，二章固不出乎略無人欲、渾然天理之意。要各隨其頭面，看他意思如何。譬之皆金也，做盞時是一樣，做釵時是一樣。須是隨其意思，見得分明方好。不然，亦只鶻突而已。「發憤忘食」，是發憤便能忘食；「樂以忘憂」，是樂便能忘憂，更無些小係累，無所不用其極，從這頭便默到那頭，但見義理之無窮，不知身世之可憂，歲月之有變也。衆人縱如何發憤，也有些無緊要心在；雖如何樂，終有些係累在乎中。「不怨天，不尤人」，樂天安土，安於所遇，無一毫之私意。「下學上達」，是天人事理，洞然透徹，無一毫之間隔。聖人所謂上達，只是一舉便都在此，非待下學後旋上達也。聖人便是天，人則不能如天。惟天無人許多病敗，故獨能知之。天非真有知識能知，但聖人有此理，天亦有此理，故其妙處獨與之契合。釋氏亦云：「惟佛與佛，乃能知之。」正此意也。伯羽。

對葉公之問，見其事皆造極，脱然無所係累，但見義理無窮，不知歲月之有改。「莫我知」之歎，見其樂天安土，無入而不自得，天人事理，洞然無毫髮之間。苟有一毫之私，則無以窺此境之妙，故曰：「知我者其天乎！」道夫。

「學者做得事不是，須是悔；悔了，便不要做始得。若悔了，第二番又做，是自不能立志，又干別人甚事？」因問：「集注有『未得則發憤忘食』之說。」曰：「聖人未必有未得之事，且如此說。若聖人便有這般事，是他便發憤做將去。學者當悔時，須是學聖人，始得。豈可自道我不似聖人，便休却！」明作。集注。

叔器問：「『發憤忘食，樂以忘憂』，何以便見『全體至極，有非聖人不能及者』？」曰：「這樣處也難說，可以意曉。但是見得聖人事事透徹，事事做到那極致處。」叔器問：「看聖賢說話，也須先識聖人是甚麽樣人，賢人是甚麽樣人，方見得他説得淺深。」曰：「夫子説『聖人、君子、善人、有恒』，等級甚分明。要見等級，只是孟子『六謂』之說。如『可欲之謂善』，便是那善人；如『充實之謂美』等，便皆是那賢人事；如『大而化之』以上，方是聖人事。」義剛。

問橫渠「仲尼憤一發而至於聖」之説。曰：「聖人緊要處，自生知了。其積學者，却只是零碎事，如制度文爲之類，其本領不在是。若張子之說，是聖人全靠學也。大抵如所謂『我非生而知之，好古敏以求之』，皆是移向下一等說以教人。亦是聖人看得地步廣闊，自視猶有未十全滿足處，所以其言如此。非全無事實，而但爲此詞也。」必大。集義。

「發憤忘食」章，東坡云：「實言則不讓，貶言則非實，故常略言之，而天下之美莫能加焉。」此説非不好，但如此，則是聖人已先計較，方爲此説，似非聖人之意。聖人言語雖是平易，高深之理即便在這裏。學者就中庸處看，便見得高明處。夔孫。

我非生而知之者章

問：「『我非生而知之者，好古敏以求之者。』聖人之敏求，固止於禮樂名數。然其義理之精熟，亦敏求之乎？」曰：「不然。聖人於義理，合下便恁地。『固天縱之將聖，又多能也。』敏求，則多能之事耳。其義理完具，禮樂等事，便不學，也自有一副當，但力可及，故亦學之。若孟子於此等，也有學得底，也有不曾學得底，然亦自有一副當，但不似聖人學來尤密耳。」仲思問：「何以言之？」曰：「如班爵禄、井田、喪禮之類，只是説得大概。然亦是去古遠，無可考處。但他大綱正，制度雖有不備處，亦不妨。」伯羽。

「好古敏以求之」，聖人是生知而學者。然其所謂學，豈若常人之學也！「聞一知十」，不足以盡之。義剛。

子不語怪力亂神章

問：「『子不語怪、力、亂、神。』集注言：『鬼神之理，難明易惑，而實不外乎人事。』鬼神之理，在人事中如何見得？」曰：「鬼神只是二氣之屈伸往來。就人事中言之，如福善禍淫，便可以見鬼神道理。論語中聖人不曾説此。」寓問：「如動静語默，亦是此理否？」曰：「固是。聖人全不曾説這話與人，這處無形無影，亦自難説。所謂『敬鬼神而遠之』，只恁地説。」集注舊文。寓。

三人行章

聖人之學，異夫常人之學。才略舉其端，這裏便無不昭徹。然畢竟是學。人若以自修爲心，則舉天下萬物，凡有感乎前者，無非足以發吾義理之正。善者固可師，不善者這裏便恐懼修省，恐落在裏面去，是皆吾師也。夔孫。

天生德於予章

讀「天生德於予」一章，曰：「纔做聖人自反無愧説時，便小了聖人。須知道天生德於聖人，桓魋如何害得！故必其不能違天害己也。」時舉。

恭父問：「『必不能違天害己』，不知當時聖人見其事勢不可害己，還以理度其不能害耶？」曰：「若以勢論，則害聖人甚易，唯聖人自知其理有終不能害者。」賀孫。

問：「『天生德於予，桓魋其如予何！』孔子既如此說了，却又微服而過宋者，乃是天理、人事之交盡否？」曰：「然。所謂『知命者不立乎巖牆之下』。若知命者便立乎巖牆之下，也何害！却又不立。而今所謂知命者，只是捨命。」燾。

魏問：「謝氏云：『聖人不敢必其不我害也。使其能爲我害，亦天也。』是如何？」曰：「這說是聖人必其不能害己，如：『匡人其如予何！』皆是斷然害聖人不得。聖人說出，自恁地直截。如說：『道之將行也與？命也；道之將廢也與？命也。公伯寮其如命何！』這是未定之辭。如孟子說：『吾之不遇魯侯，天也。臧氏之子焉能使予不遇哉！』遇不遇，看天如何，亦是未定之辭。」賀孫。

二三子以我爲隱乎章

子善說：「『吾無隱乎爾』。此在弟子自見得如何。如顏子只見得『所立卓爾』，冉子自見得『力不足，中道而廢』。聖人以學者不能自去用力，故以此警之。」曰：「要緊意思，都在『吾無行而不與二三子』處，須去仔細認聖人無不與二三子處在那裏。時舉録云：「須要看聖人如何是『無行不與二三子』處。」凡日用飲食居處之間，認得聖人是如何，自家今當如何。」或問：「鄉黨所得，亦足以見聖人之動靜。」曰：「『與上大夫言，誾誾如也』之類，這亦可見。

但夫子所以與二三子又不止此，須是實認得意思是如何。」賀孫。

夫子嘗言「中人以下，不可以語上也」；而「言性與天道，則不可得而聞」，想是不曾得聞者疑其有隱。不知夫子之坐作語默，無不是這箇道理。「風霆流形，庶物露生，無非教也」。聖人雖教人洒掃應對，這道理也在裏面。義剛。

問：「伊川言：『聖人教人常俯就。若是掠下一著教人，是聖人有隱乎爾。』何也？」曰：「道有大小精粗。大者、精者，固道也；小者、粗者，亦道也。觀中庸言『大哉聖人之道！洋洋乎發育萬物，峻極于天』，此言道之大處；『優優大哉！禮儀三百，威儀三千』，是言道之小處。聖人教人，就其小者近者教人，便是俯就。然所謂大者精者，亦只在此，初無二致。要在學者下學上達，自見得耳，在我則初無所隱也。」銖。

子以四教章

教人之道，自外約入向裏去，故先文後行。而忠信者，又立行之方也。謨。

子善說：「『文行忠信』，恐是教人之序，當先博以文，使之躬行，方教之忠信。」曰：「此是表裏互說在這裏，不是當學文修行時，不教之存忠信。在教人，當從外說入。」又云：「學者初來，須是先與他講說。不然，是行箇甚麽？忠是甚物事？信是甚物事？到得爲忠爲信時，自是説不得。若平日講説到忠信，且只是文。到得盡此忠信二節，全在學者自去做。如講説如何是孝，如何是弟，這都只是文。去行其所謂孝，所謂弟，方始是實事。」賀孫。

「文行忠信」，如説事親是如此，事兄是如此，雖是行之事，也只是説話在。須是自家體此而行之，方是行；藴之於心無一毫不實處，方是忠信。可傳者只是這文。若「行、忠、信」，乃是在人自用力始得。雖然，若不理會得這箇道理，不知是行箇甚麽，忠信箇甚麽，所以文爲先。如「入孝，出弟，謹信，汎愛，親仁」，非謂以前不可讀書。以前亦教他讀書，理會許多道理。但必盡得這箇，恰好讀書。又曰：「到這裏，却好讀書。」

讀「子以四教」，曰：「其初須是講學。講學既明，而後修於行。所行雖善，然更須反之於心，無一毫不實處，乃是忠信。」時舉。

「文行忠信」。教不以文，無由入。説與事理之類，便是文。小學六藝，皆文也。「子以四教」。且如小學，子能食食，教以右手；能言，教之男唯女俞。是先教他做箇伎倆，這都是行底事。而後教他識義理。夔孫。

問：「『文行忠信』，恐是『博文約禮』之意？」曰：「然。忠信只是約禮之實。」燾。

問：「行是就身上説，忠信是就心上説否？」曰：「是。」義剛。

問：「『文行爲先，忠信爲次』之説如何？」曰：「世上也自有初間難曉底人，便把忠信與説，又教如何理會！也須且教讀書，漸漸壓伏這箇身心教定，方可與説。」問：「『行有餘力，則以學文』，是如何？」曰：「讀書最不要如此比並。如上説怕人卒急難理會，須先將文開發他，如詩書禮樂，射御書數，都是文，這自與説務本意不同。」賀孫。

先生因或者講「子以四教」，問何以有四者之序。或者既對，先生曰：「文便是窮理，豈可不見之於行？然既行矣，又恐行之有未誠實，故又教之以忠信也。所以伊川言以忠信爲本，蓋非忠信，則所行不成故耳。」因問：「『行有餘力，則以學文』，何也？」曰：「彼將教子弟，而使之知大概也，此則教學者深切用工也。」問：「然則彼正合小學之事歟？」曰：「然。」壯祖。

或問：「此章是先文而後行。『行有餘力，則以學文』，是先行而後文。何以不同？」曰：「『文行忠信』，是從外做向内；『則以學文』，是從内做向外。聖人言此類者，多要人逐處自識得。」銖因問：「中庸末章自『衣錦』説至『無聲無臭』，是從外做向内；首章自『天命之性』説至『萬物育』，是從内做向外。」曰：「不特此也。『惟天下聰明睿知』，説到『溥博淵泉』，是從内説向外；『惟天下至誠，經綸天下之大經』，至『肫肫其仁』，『聰明聖智達天德』，是從外説向内。聖人發明内外本末，小大巨細，無不周徧，學者當隨事用力也。」銖。

聖人吾不得而見之章

聖人也只是這箇道理。但是他理會得爛熟後，似較聖樣，其實只是這道理。君子是事事做得去，所謂「君子不器」。善人則又不及君子，只是知得有善有惡，肯爲善而不肯爲惡耳。有常者又不及善人，只是較依本分。義剛。

問：「善人是資質大故粹美，其心常在於善道，所以自不至於有惡。有常者，則是箇確實底人否？」曰：「是。有常底也不到事事做得是；只是有志於善，而不肯爲惡耳。善人則從來恁地好，事事依本分。但人多等級。善人雖是資質好，雖是無惡，然『不踐迹，亦不入於室』。緣不甚曉得道理，不可以到聖人，只是恁地便住了。」義剛。

善人是資質自好底人，要做好事，而自然無惡者也。有恒，則只是把捉得定，又未到善人自然好處在。善人，正如上文所謂聖人；有恒，正如所謂君子。然而善人、有恒者，皆未知學問者也。僩。

問善人、有恒者之別。曰：「善人已無惡，但不入道。有恒者惟守恒分而已。論語中此等皆汎問，非切於日用之急者。此等皆置之後面，前面自有緊切處。若緊切處通，餘處自理會得。」賀孫。

竇問：「『善人有恒』一章，有恒者之去聖人，高下固懸絶矣。然未有不自有恒而能至於聖人者。天下事大概既是有恒，方做得成。嘗觀分水嶺之水，其初甚微；行一兩日，流漸大；至到建陽，遂成大溪。看來爲學亦是有恒方可至於聖人。」曰：「最是古人斷機，譬喻最切。緣是斷時易，接時難，一斷了，便不可接。」泳。

吴伯英解「亡而爲有」章。曰：「正謂此皆虛夸之事，不可以久，是以不能常，非謂此便是無常也。」壯祖。

問：「『亡而爲有』等，與『難乎有恒矣』不相似。」曰：「蓋如此則不實矣。只是外面虛張做，安能有常乎！」寓。

「亡而爲有，虛而爲盈，約而爲泰」，此是説無恒以前事。若是以亡爲有，以虛爲盈，以約爲泰，則不能常。謂如我窮約，却欲作富底舉止，縱然時暫做得，將來無時又做不要，如此便是無常。亡對有而言，是全無。虛是有，但少。約是就用度上説。義剛。

問「難乎有恒矣」。曰：「這不是説他無常。只是這人恁地有頭無尾了，是難乎有常矣，是不會有常。卓録云：「此等人不可謂有常之人矣。」言此三病皆受於無常之前。」又曰：「如説『居上不寬，爲禮不敬，臨喪不哀，吾何以觀之哉』！不是不去觀他，又不是不足觀。只爲他根源都不是了，更把甚麽去觀他！重在『以』字上。」又云：「將甚底物事去看他居上寬，爲禮敬，臨喪哀？就裏面方可看他箇深淺過不及。卓録云：「如有其寬，有其敬，有其哀時，即觀其深淺當否如何。今既無此，則吾復以何者而觀之！言更不可觀之矣。」他都無這箇了，更將何以觀之！如考試一般，若文字平平，尚可就中看好惡。若文理紕繆，更將甚麽去考得。論語如此處多。今人都只粗淺滚説過，也自説得，只是聖人本意不如此。只是看得熟了，少間自分別得出。」賀孫。卓録少異。

蓋有不知而作之者章

楊問：「『不知而作』，作是述作？或只是凡所作事？」曰：「只是作事。」又問：「『多聞，擇其善者而從之，多見而識之』，不知可以作『多聞而識之，多見，擇其善者而從之』，得否？」曰：「聞、見大略争不多。較所聞畢竟多。聞須别識善惡而從。見則見得此爲是，彼爲非，則當識之，他日行去不差也。」寓。

或問此章之義。曰：「聞是聞前言往行，見是見目今所爲。聞之，須要擇其善者而從之，必有得於己。不是聞詳見略，亦不是聞淺見深，不須如此分『聞、見』字。」蓋卿。

問多聞多見之别。曰：「聞，是都聞得好説話了。從之，是又擇其尤善者而從之。見，只是汎汎見得，雖未必便都從他，然也著記他終始首尾得失。」燾。

多聞，已聞得好話了，故從中又揀擇。多見，只是平日見底事，都且記放這裏。|燾。

「多見而識之」。見，又較切實。

多見，姑且識之。如没要緊底語言文字，謾與他識在，不識也没要緊。要緊却在「多聞，擇善而從之」。如今人却只要多識，却無擇善一著。|賀孫。因坐客雜記而言。

讀「多聞擇其善者而從之」章，云：「聞、見亦是互相發明。」此下見「干祿」章。|時舉。

問「多聞」。曰：「聞，只是聞人説底，己亦未理會得。」問：「知，有聞見之知否？」曰：「知，只是一樣知，但有真不真，爭這些子，不是後來又別有一項知。所知亦只是這箇事，如君止於仁、臣止於敬之類。人都知得此，只後來便是真知。」|淳。

問：「『擇善而從之』，是已知否？」曰：「未擇時則未辨善惡，擇了則善惡別矣。譬如一般物，好惡來〔一〕雜在此，須是擇出那好底，擇去那惡底。擇來擇去，則自見得好惡矣。」|燾。

「知之次也」，知以心言。得於聞見者次之。|謨。

問：「多聞多見，不同如何？」曰：「聞是耳聞，見是目見。」問：「『多聞，擇其善者而從

〔一〕「來」，各本同，似當作「夾」。

之』，多見如何不擇？」呂氏說『聞愈於見，從愈於識，知愈於從』，如何？」曰：「多聞，便有所當行，故擇而行之。多見雖切，然未必當行，姑識在。」賀孫。

仁遠乎哉章

人之爲學也是難。若不從文字上做工夫，又茫然不知下手處。若是字字而求，句句而論，而不於身心上著切體認，則又無所益。且如說：「我欲仁，斯仁至矣！」何故孔門許多弟子，聖人竟不曾以仁許之？雖以顔子之賢，而尚或違於三月之後，而聖人乃曰：「我欲斯至！」盍亦於日用體驗我若欲仁，其心如何？仁之至，其意又如何？又如說非禮勿視聽言動，盍亦每事省察，何者爲禮？何者爲非禮？而吾又何以能勿視勿聽？若每日如此讀書，庶幾看得道理自我心而得，不爲徒言也。壯祖。

或問「我欲仁，斯仁至矣」。曰：「凡人讀書，只去究一兩字，學所以不進。若要除却這箇道理，又空讀書。須把自身來體取，做得去，方是無疑。若做不去，須要講論。且如欲仁斯仁至，如何恁地易？至於顔子『三月不違仁』，又如何其餘更不及此？又怎生得恁地難？論語似此有三四處。讀論語，須是恁地看，方得。」銖。

吳伯英講「我欲仁，斯仁至矣」。因引「有能一日用其力於仁矣乎」以證之。且曰：

「如先生固嘗注曰：『仁本固有，欲之則至。志之所至，氣亦至焉。』」先生曰：「固是。但是解『一日用力』而引此言，則是説進數步。今公言『欲仁仁至』，而引前言，則是放退數步地也。」以此觀先生説經，大率如此。

因正淳説「我欲仁，斯仁至矣」。曰：「今人非不知利禄之不可求，求之必不可得，及至得底，皆是非用力所至。然而有至終身求之而不止者。如何得人皆欲仁！所以後來聖賢不出，盡是庸凡，便是無肯欲仁者。如何得箇道理，使人皆好仁？所以孔子謂：『吾未見好仁者。』所謂『好德如好色』，須是真箇好德如好色時方可。如今須是自於這裏著意思量道：『如何不欲仁，却欲利禄？如何不好德，却只好色？』於此猛省，恐有箇道理。」𧶘。

問「我欲仁」。曰：「才欲，便是仁在這裏。胡子知言上或問『放心如何求』，胡子説一大段，某説都不消恁地。如孟子以雞犬知求爲喻，固是。但雞犬有時出去，被人打殺煮喫了，也求不得。又其求時，也須遣人去求。這箇心，則所係至大，而不可不求，求之易得，而又必得。蓋人心只是有箇出入，不出則入，出乎此則入乎彼。只是出去時，人都不知不覺。才覺得此心放，便是歸在這裏了。如戒慎恐懼，才恁地，便是心在這裏了。」又問：「程子『以心使心』，如何？」曰：「只是一箇心，被他説得來却似有兩箇。子細看來，只是這一箇心。」夔孫。

陳司敗問昭公章

問：「昭公娶同姓之事，若天王舉法，則如何斷？」曰：「此非昭公故爲之也。當時吴盛强，中國無伯主。以齊景公，猶云：『既不能令，又不受命！』『涕出而女於吴。』若昭公亦是藉其勢，不得已之故，非貪其色而然也。天子舉法，則罪固不免，亦須原情自有處置。況不曰『孟姬』，而曰『吴孟子』，則昭公亦已自知其非矣。」

子與人歌而善章

「子與人歌而善，必使反之，而後和之」。今世間人與那人説話，那人正説得好，自家便從中截斷，如云已自理會得，不消説之類。以此類看，聖人是甚氣象！與人歌，且教他自歌一終了，方令再歌而後和之。不於其初歌便和，恐混雜他，不盡其意。此見聖人與人爲善。賀孫。

若不待其反而後和，則他有善亦不得而知。今必使之反之而後和之，便是聖人不掩人善處。義剛。

集注説「子與人歌」，「不掩人善」，蓋他歌既善，使他復歌，聖人未遽和以攙雜之。如今人見人説得一話好，未待人了，便將話來攙他底，則是掩善。植。

問：「伊川云：『歌必全章，與「割不正不食」同意。』如何？」曰：「是直候歌者徹章，然後再從頭和之，不是半中間便和。恐是此意。」醬。

文莫吾猶人也章

「文，莫吾猶人也」。莫是疑辭，猶今人云：「莫是如此否？」言文則吾與人一般，如云「聽訟，吾猶人也」。若「躬行君子，則吾未之有得」，此與「君子之道四，丘未能一焉」之意同。謨。

若聖與仁章

夫子固多謙辭，到得説「抑爲之不厭，誨人不倦」，公西華便識得。所以有「正唯弟子不能學也」之説，便説道聖人有不讓處。泳。

其他人爲之，誨人不能無厭倦時；惟聖人則不厭、不倦。「正唯弟子不能學也」，言正是弟子不能學處。這若不是公西華親曾去做來，親見是恁地，如何解恁地説！義剛。

「爲之不厭，誨人不倦」，他也不曾説是仁聖。但爲之，畢竟是爲箇甚麽？誨人，畢竟是以甚麽物事誨人？這便知得是：爲之是爲仁聖之道，誨之是以仁聖之道誨人。義剛。

仁之與聖所以異者：「大而化之之謂聖」；若大而未化之，只可謂之仁。此其所以異。明作。

子疾病章

讀此章，曰：「在臣子則可，在我則不可。聖人也知有此理，故但言我不用禱，而亦不責子路之非也。」時舉。

「『子路請禱。子曰：「有諸？」』要知子路所以請禱之意是如何，審一審，看他意思著落，再説來，却轉動不得，方好説與他。」或問：「有禱之理否？」曰：「子路説『禱爾於上下神祇』，便是有此理。子路若要禱，但在我不用禱耳。」

或問子路請禱處。曰：「子路若不當請，聖人何不直拒之，乃問『有諸』，何也？」立之對云：「聖人不直拒子路，故必問之，而後以爲無所事禱。」曰：「不然。蓋夫子疑子路禱之非正，故以『有諸』叩之。及子路舉誄，聖人知非淫祀，乃云我無所事禱。」時舉。

「子路請禱。子曰：『有諸？』」聖人不直截截他，待子路説了，然後從容和緩答他。

今人才到請禱處便截了，聖人皆不如此。「必使反之，而後和之」，亦然。病而禱，古亦有此理，但子路不當請之於夫子。其曰：「丘之禱久矣！」注云：「孔子素行合於神明。」是也。伊川云：「無過可悔，無善可遷。」此是解「素行合於神明」一句。謨。

叔器問：「『子路請禱』，注下是兩箇意思模樣。」曰：「是。但士喪禮那意却只是箇小意思。」良久，云：「聖人便是仔細。若其他人，便須叫喚罵詈，聖人却問『有諸』，待他更說，却云是『禱久矣』。這如『與人歌而善，必反之而後和之』樣。却不是他心裏要恁仔細，聖人自是恁地仔細，不恁地失枝落節，大步跳過去說。」義剛。

問：「疾病而禱，古人固行之矣。然自典禮之亡，世既莫知所當致禱之所，緇黃巫覡始以其說誣民惑衆，而淫祀日繁。今欲一切屏絶，則於君父之疾，無所用力之際，不一致禱，在臣子之心必有慊然不足者。欲姑隨世俗而勉焉爲之，然吾心既不以爲然，亦必不能於此自致其誠，況於以所賤事君親歟！然則如之何而可？」曰：「今自是無所可禱。如儀禮五祀，今人尋常皆不曾祀。又尋常動是越祭，於小小神物，必以爲祭之無益。某向爲郡禱旱時，如舊例醮祭之類，皆嘗至誠爲之。但才見張天師，心下便不信了。」必大。

奢則不孫章

或問「奢則不孫」。曰：「才奢，便是不孫，他自是不戢斂也。公且看奢底人意思，儉底人意思。那奢底人便有驕敖底意思，須必至於過度僭上而後已。然却又是一節在。」燾。

問：「奢非止謂僭禮犯上之事，只是有夸張侈大之意，便是否？」曰：「是。」義剛。

君子坦蕩蕩章

「君子坦蕩蕩」，只是意誠，「心廣體胖」耳。

子温而厲章

「『子温而厲，威而不猛，恭而安』。須看厲，便自有威底意思；不猛，便自有温底意思。大抵曰『温』，曰『威』，曰『恭』，三字是主；曰『厲』，曰『不猛』，曰『安』，是帶說。上下二句易理會。諸公且看聖人威底氣象是如何。」久之，云：「聖人德盛，自然尊嚴。」又云：「謝氏以此說夷惠過處，頗是。」賀孫。

叔器說「子温而厲」章。曰：「此雖是說聖人之德容自然如此，然學者也當如此舉偏而補弊。蓋自舜之命夔已如此，而皋陶陳九德亦然，不可不知。」義剛。

問：「『子温而厲』一章，是總言聖人容貌，鄉黨是逐事上説否？」曰：「然。此是就大體上看聖人。」燾。

問：「張子云：『十五年學箇「恭而安」不成。』」曰：「『恭而安』，如何學得成？安便不恭，恭便不安，這箇使力不得，是聖人養成底事。顔子若是延得幾年，便是聖人。不是到此更用著力，只是養底工夫了。顔子工夫至到，只是少養。如煉丹火氣已足，更不添火，只以暖氣養教成就耳。」明作。

魏問：「横渠言：『十五年學「恭而安」不成。』明道曰：『可知是學不成，有多少病在。』莫是如伊川説：『若不知得，只是覷却堯學他行事，無堯許多聰明睿智，怎生得似他動容周旋中禮？』」曰：「也是如此，更有多少病在。」良久，曰：「人便是被氣質局定。變得些子了，又更有些子；變得些子了，又更有些子。」又云：「聖人發憤便忘食，樂便忘憂，直是一刀兩段，千了百當！聖人固不在説。但顔子得聖人説一句，直是傾腸倒肚，便都了，更無許多廉纖纏擾，絲來綫去。」問：「横渠只是硬把捉，故不安否？」曰：「他只是學箇恭，自驗見不曾熟。不是學箇恭，又學箇安。」賀孫。

朱子語類卷第三十五

論語十七

泰伯篇

泰伯其可謂至德章

泰伯得稱「至德」，爲人所不能爲。可學。

問「泰伯可謂至德」。曰：「這是於『民無得而稱焉』處見，人都不去看這一句。如此，則夫子只說『至德』一句便了，何必更下此六箇字？公更仔細去看這一句，煞有意思。」義剛言：「夫子稱泰伯以至德，稱文王亦以至德，稱武王則曰未盡善。若以文王比武王，則文王爲至德；若以泰伯比文王，則泰伯爲至德。文王『三分天下有其二』，比泰伯已是不得全這一心了。」曰：「是如此。」義剛又言：「泰伯若居武王時，牧野之師也自不容已。蓋天命人心，到這裏無轉側處了。」曰：「却怕泰伯不肯恁地做。聖人之制行不同：『或遠或近，或去或不去。』雖是説他心只是一般，然也有做得不同處。」范益之問：「文王如何？」曰：「似文王也自不肯恁地做了。縱使文王做時，也須做得較詳緩。武王做得大，故粗暴。當時紂既投火了，武王又却親自去斫他頭來梟起。若文王，恐不肯恁地。這也難説。武王當時做得也有未盡處，所以東坡説他不是聖人，雖説得太過，然畢竟是有未盡處。」義剛曰：「武王既殺了紂，有微子賢，可立，何不立之？而必自立，何也？」先生不答，但蹙眉，再言：「這事也難説！」義剛。

陳仲亨説「至德」，引義剛前所論者爲疑。曰：「也不是不做這事，但他做得較雍容和緩，不似武王樣暴。泰伯則是不做底，若是泰伯當紂時，他也只是爲諸侯。太王翦商，自是他周人恁地説。若無此事，他豈肯自誣其祖！左氏分明説『泰伯不從』，不知不從甚麼事。東坡言：『「三分天下有其二」，文王只是不管他。』此説也好。但文王不是無思量，觀他戡黎、伐崇之類時，也顯然是在經營。」又曰：「公劉時得一上做得盛，到太王被狄人苦楚時，又衰了。太王又旋來那岐山下做起家計。但岐山下却亦是商經理不到處，亦是空地。當時邠也只是一片荒涼之地，所以他去那裏輯理起來。」義剛。

問：「泰伯之讓，知文王將有天下而讓之乎，抑知太王欲傳之季歷而讓之乎？」曰：

「泰伯之意，却不是如此。只見太王有翦商之志，自是不合他意；且度見自家做不得此事，便掉了去。左傳謂『泰伯不從，是以不嗣』，不從，即是不從太王翦商事耳。泰伯既去，其勢只傳之季歷，而季歷傳之文王。泰伯初來思量，正是相反；至周得天下，又都是相成就處。看周内有泰伯、虞仲，外有伯夷、叔齊，皆是一般所見，不欲去圖商。」寓。

問：「泰伯知太王有取天下之志，而王季又有聖子，故讓去。」曰：「泰伯惟是不要太王有天下。」或問：「太王有翦商之志，果如此否？」曰：「詩裏分明説『實始翦商』。」又問：「恐詩是推本得天下之由如此。」曰：「若推本説，不應下『實始翦商』。看左氏云『泰伯不從，是以不嗣』，這甚分明。這事也難説。他無所據，只是將孔子稱『泰伯可謂至德也已矣』，是與稱文王一般。泰伯、文王、伯夷、叔齊是『行一不義，殺一不辜，而得天下不爲』底道理。太王、湯、武是弔民伐罪，爲天下除殘賊底道理。常也是道理合如此，變也是道理合如此，其實只是一般。」又問：「堯之讓舜，禹之傳子，湯放桀，武王伐紂，周公誅管蔡，何故聖人所遇都如此？」先生笑曰：「後世將聖人做模範，却都如此差異，信如公問。然所遇之變如此，到聖人處之皆恁地，所以爲聖人，故曰『遭變事而不失其常』。孔子曰：『可與適道，未可與立；可與立，未可與權。』公且就平平正正處看。」賀孫。

吴伯英問：「泰伯知太王欲傳位季歷，故斷髮文身，逃之荆蠻，示不復用，固足以遂其所志，其如父子之情何？」曰：「到此却顧恤不得。父子君臣，一也。太王見商政日衰，知其不久，是以有翦商之意，亦至公之心也。至於泰伯，則惟知君臣之義，截然不可犯也，是以不從。二者各行其心之所安，聖人未嘗説一邊不是，亦可見矣。或曰：『斷髮文身，乃仲雍也，泰伯則端委以治吴。』然吴之子孫，皆仲雍之後，泰伯蓋無後也。」壯祖。

問泰伯事。曰：「這事便是難。若論有德者興，無德者亡，則天命已去，人心已離，便當有革命之事。畢竟人之大倫，聖人且要守得這箇。看聖人反覆歎咏泰伯及文王事，而於武又曰『未盡善』，皆是微意。」夔孫。

因説泰伯讓，曰：「今人纔有些子讓，便惟恐人之不知。」

伯豐問：「集注云：『太王因有翦商之志。』恐魯頌之説，只是推本之辭，今遂據以爲説，可否？」曰：「詩中分明如此説。」又問：「如此則太王爲有心於圖商也。」曰：「此是難説。書亦云：『太王肇基王迹。』」又問：「太王方爲狄人所侵，不得已而遷岐，當時國勢甚弱，如何便有意於取天下？」曰：「觀其初遷底規模，便自不同。規模才立，便張大。如文王伐崇，伐密，氣象亦可見。然文王猶服事商，所以爲至德。」畱。集注。

「泰伯」章所引「其心即夷齊之心，而事之難處有甚焉者」，不是説遜國事。自是説夷齊諫武王，不信便休，無甚利害。若泰伯不從翦商之志，却是一家内事，與諫武王不同，所以謂之難處，非説遜國事也。集注説亦未分曉耳。明作。

「泰伯之心，即伯夷叩馬之心；太王之心，即武王孟津之心，二者『道並行而不相悖』。然聖人稱泰伯爲至德，謂武爲未盡善，亦自有抑揚。蓋泰伯、夷、齊之事，天地之常經，而太王、武王之事，古今之通義，但其間不無些子高下。若如蘇氏用三五百字罵武王非聖人，則非矣。於此二者中，須見得『道並行而不悖』處，乃善。」因問：「泰伯與夷齊心同，而謂『事之難處有甚焉者』，何也？」曰：「夷齊處君臣間，道不合則去。泰伯處父子之際，又不可露形迹，只得不分不明且去。某書謂太王有疾，泰伯採藥不返，疑此時去也。」銖。

問：「泰伯讓天下，與伯夷、叔齊讓國，其事相類。何故夫子一許其得仁，一許其至德，二者豈有優劣耶？」曰：「亦不必如此。泰伯初未嘗無仁，夷齊初未嘗無德。」壯祖。

問：「『三以天下讓』，程言：『不立，一也；逃之，二也；文身，三也。』不知是否？」曰：「據前輩説，亦難考。他當時或有此三節，亦未可知。但古人辭，必至再三，想此只是固讓。」寓。集注。

恭而無禮章

禮，只是理，只是看合當恁地。若不合恭後，却必要去恭，則必勞。若合當謹後，謹則不葸；若合當勇後，勇則不亂。若不當直後，却須要直，如證羊之類，便是絞。義剛。

問：「『故舊不遺，則民不偷』，蓋人皆有此仁義之心。篤於親，是仁之所發，故我篤於親，則民興仁；篤故舊，是義之發，故不遺故舊，則民興義。是如此否？」曰：「看『不偷』字，則又似仁，大概皆是厚底意思。不遺故舊固是厚，這不偷也是厚，却難把做義說。」義剛。

問：「『君子篤於親』，與恭、謹、勇、直處意自別。橫渠說如何？」曰：「橫渠這說，且與存在，某未敢決以爲定。若做一章說，就橫渠說得似好。他就大處理會，便知得品節如此。」問：「橫渠說『知所先後』，先處是『篤於親』與『故舊不遺』。」曰：「然。」問：「他却將恭慎等處，入在後段說，是如何？」曰：「就他說，人能篤於親與不遺故舊，他大處自能篤厚如此，節文處必不至大段有失。他合當恭而恭，必不至於勞；謹慎，必不至於畏縮；勇直處，亦不至於失節。若不知先後，要做便做，更不問有六親眷屬，便是證父攘羊之事。」㝢。

集注。

鄭齊卿問集注舉橫渠說之意。曰：「他要合下面意，所以如此說。蓋有禮與篤親、不遺故舊在先，則不葸、不勞、不亂、不絞，與興仁、不偷之效在後耳。要之，合分爲二章。」又問：「直而無禮則絞。」曰：「絞如繩兩頭絞得緊，都不寬舒，則有證父攘羊之事矣。」木之。

張子之說，謂先且篤於親，不遺故舊，此其大者，則恭、慎、勇、直不至難用力。此說固好，但不若吴氏分作兩邊說爲是。明作。

問：「横渠『知所先後』之說，其有所節文之謂否？」曰：「横渠意是如此：『篤於親』，『不遺故舊』，是當先者；恭慎之類却是後。」必大。

曾子有疾謂門弟子章

正卿問「曾子啓手足」章。曰：「曾子奉持遺體，無時不戒慎恐懼，直至啓手足之時，方得自免。這箇身己，直是頃刻不可不戒慎恐懼。如所謂孝，非止是尋常奉事而已。當念慮之微有毫髪差錯，便是悖理傷道，便是不孝。只看一日之間，内而思慮，外而應接事物，是多多少少！這箇心略不點檢，便差失了。看世間是多少事，至危者無如人之心。所以曾子常常恁地『戰戰兢兢，如臨深淵，如履薄冰』。」賀孫。

問曾子戰兢。曰：「此只是戒慎恐懼，常恐失之。君子未死之前，此心常恐保不得，便見得人心至危。且說世間甚物事似人心危！且如一日之間，内而思慮，外而應接，千變萬化，劄眼中便走失了！劄眼中便有千里萬里之遠！所謂『人心惟危，道心惟微』。只理會這箇道理分曉，自不危。『惟精惟一』，便是守在這裏；『允執厥中』，便是行將去。」恪。

曾子曰：「戰戰兢兢，如臨深淵，如履薄冰。」此乃敬之法。此心不存，則常昏矣。今人有昏睡者，遇身有痛癢，則蹶然而醒。蓋心所不能已，則自不至於忘。中庸戒慎恐懼，皆敬之意。洽。

時舉讀問目。曰：「依舊有過高傷巧之病，切須放令平實。曾子啓手足是如此說，固好。但就他保身上面看，自極有意思也。」時舉。

曾子有疾孟敬子問之章

問：「『正顏色，斯近信矣。』此其形見於顏色者如此之正，則其中之不妄可知，亦可謂信實矣，而只曰近信，何故？」曰：「聖賢説話也寬，也怕有未便恁地底。」義剛。

問：「『正顏色，斯近信。』如何是近於信？」曰：「近，是其中有這信，與行處不違背。多有人見於顏色自恁地，而中却不恁地者。如『色厲而内荏』，『色取仁而行違』，皆是外面有許多模様，所存却不然，便與信遠了。只將不好底對看，便見。」寓。

「出辭氣，斯遠鄙倍」，是「修辭立其誠」意思。賀孫。

「出辭氣」，人人如此，工夫却在下面。如「非禮勿視，非禮勿聽」，人人皆然，工夫却在

「勿」字上。泳。

毅父問「遠暴慢」章。曰：「此章『暴慢、鄙倍』等字，須要與他看。暴，是粗厲；慢，是放肆。蓋人之容貌少得和平，不暴則慢。暴是剛者之過，慢是寬柔者之過。鄙是凡淺，倍是背理。今人之議論有見得雖無甚差錯，只是淺近者，此是鄙。又有説得甚高，而實背於理者，此是倍。不可不辨也。」時舉。

仲蔚説「動容貌」章。曰：「暴慢底是大故粗。『斯近信矣』，這須是裏面正後，顔色自恁地正，方是近信。若是『色取仁而行違』，則不是信了。倍，只是倍於理。出辭氣時，須要看得道理如何後方出，則不倍於理。」問：「三者也似只一般樣。」曰：「是各就那事上説。」又問：「要恁地，不知如何做工夫？」曰：「只是自去持守。」池録作「只是隨事去持守」。義剛。

「君子所貴乎道者三」一章，是成就處。升卿。以下總論。

「君子所貴乎道者三」，此三句説得太快，大概是養成意思較多。賜。

陳寅伯問「君子所貴乎道者三」。曰：「且只看那『所貴』二字。莫非道也。如籩豆之事，亦是道，但非所貴。君子所貴，只在此三者。『動容貌，斯遠暴慢矣』，『斯』字來得甚緊。動容貌，便須遠暴慢；正顔色，便須近信；出辭氣，便須遠鄙倍。人之容貌，只有一箇暴慢，雖淺深不同，暴慢則一。如人很戾，固是暴；稍不温恭，亦是暴。如人倨肆，固是慢；稍或怠緩，亦是慢。正顏色而不近信，却是色莊。信，實也。正顏色，便須近實。鄙，便是説一樣卑底説話。倍，是逆理。辭氣只有此二病。」因曰：「不易。孟敬子當時焉得如此好！」或云：「想曾子病亟，門人多在傍者。」曰：「恐是如此。」因説：「看文字，須是熟後，到自然脱落處方是。某初看此，都安排不成。按得東頭西頭起，按得前面後面起。到熟後，全不費力。要緊處却在那『斯』字、『矣』字這般閑字上。此一段，程門只有尹和靖看得出。孔子曰：『學而時習之，不亦説乎！』若熟後，真箇使人説！今之學者，只是不深好後不得其味，只是不得其味後不深好。」文蔚。

敬之問此章。曰：「『君子所貴乎道者三』，是題目一句。下面要得動容貌，便能遠暴慢；要得正顏色，便近信；出辭氣，便遠鄙倍。要此，須是從前做工夫。」植。

問「君子所貴乎道者三」。曰：「此言君子存養之至，然後能如此。一出辭氣，便自能遠鄙倍；一動容貌，便自能遠暴慢；正顏色，便自能近信，所以爲貴。若學者，則雖未能如此，當思所以如此。然此亦只是説效驗。若作工夫，則在此句之外。」雉。

楊問：「『君子所貴乎道者三』，若未至此，如何用工？」曰：「只是就容貌辭色之間用工，更無別法。但上面臨時可做，下面臨時做不得，須是熟後能如此。初間未熟時，雖蜀本淳録作「須」字。是動容貌，到熟後自然遠暴慢；雖是正顏色，到熟後自然近信；雖是出辭氣，到熟後自然遠鄙倍。」寓。淳録此下云：「辭是言語，氣是聲音，出是從這裏出去，三者是我身上事要得如此。籩豆雖是末，亦道之所在，不可不謹。然此則有司之事，我亦只理會身上事。」

「『動容貌，斯遠暴慢；正顔色，斯近信；出辭氣，斯遠鄙倍。』須要會理如何得動容貌，便會遠暴慢；正顔色，便會近信；出辭氣，便會遠鄙倍。須知得曾子如此説，不是到動容貌，正顔色，出辭氣時，方自會恁地。須知得工夫在未動容貌、未正顔色、未出辭氣之前。」又云：「正顔色，若要相似説，合當著得箇遠虚僞矣。動、出都説自然，惟正字，却似方整頓底意思。蓋緣是正顔色亦有假做恁地，内實不然者。若容貌之動，辭氣之出，却容僞不得。」賀孫。

問「君子所貴乎道者三」。曰：「看來三者只有『非禮勿視，非禮勿聽，非禮勿言，非禮勿動』。」又問：「要之，三者以涵養爲主。」曰：「涵養便是。只這三者，便是涵養地頭。但動容貌、遠暴慢便是，不遠暴慢，便不是；顔色近信便是，不近信，便不是。」燾。

「君子所貴乎道者三」。或云：「須是工夫持久，方能得如此否？」曰：「不得。人之資禀各不同，資質好者，纔知得便把得定，不改變；資質遲慢者，須大段著力做工夫，方得。」因舉徐仲車從胡安定學。一日，頭容少偏，安定忽厲聲云：「頭容直！」徐因思，不獨頭容直，心亦要直，自此不敢有邪心。又舉小南和尚偶靠倚而坐，其師見之，厲聲叱之曰：「恁地無脊梁骨！」小南聞之聳然，自此終身不靠倚坐。「這樣人，都是資質美，所以一撥便轉，終身不爲。」僩。

問：「所謂暴慢、鄙倍，皆是指在我者言否？」曰：「然。」曰：「所以動容貌而暴慢自遠者，工夫皆在先歟？」曰：「此只大綱言人合如此。固是要平日曾下工夫，然即今亦須隨事省察，不令間斷。」廣。

叔京來問「所貴乎道者三」。因云：「正、動、出時也要整齊，平時也要整齊。」方云：「乃是敬貫動静。」曰：「恁頭底人，言語無不貫動静者。」方。

或問：「遠與近意義如何？」曰：「曾子臨終，何嘗又安排下這字如此？但聖賢言語自如此耳。不須推尋不要緊處。」

「動容貌，斯遠暴慢」，是爲得人好；「正顔色，斯近信」，是顔色實；「出辭氣，斯遠鄙倍」，是出得言語是。動、正、出三字，皆是輕説過。君子所貴於此者，皆平日功夫所至，非臨事所能捏合。籩豆之事，雖亦莫非道之所在，然須先擇切己者爲之。如有關睢、麟趾之意，便可行周官法度；又如盡得「皇極」之五事，便有庶徵之應。以「籩豆之事」告孟敬子，必其所爲有以煩碎爲務者。謨。

「君子所貴乎道者三」，言道之所貴者，有此三事，便對了。道之所賤者，籩豆之事，非不是道，乃道之末耳。如「動容貌，正顔色，出辭氣」，須是平日先有此等工夫，方如此效驗。「動容貌，斯遠暴慢矣」，須只做一句讀。「斯」字，只是自然意思。楊龜山解此一句，引曾子修容閽人避之事，却是他人恭慢，全説不著。人傑。

問「君子所貴乎道者三」至「籩豆之事則有司存」。曰：「以道言之，則不可謂此爲道，彼爲非道。然而所貴在此，則所賤在彼矣；其本在此，則其末在彼矣。」人傑。

「君子所貴乎道者三」，乃是切於身者。若籩豆之事，特有司所職掌耳。今人於制度文爲一一致察，未爲不是；然却於大體上欠闕，則是棄本而求末也。人傑。

問「君子所貴乎道者三」。曰：「學者觀此一段，須看他兩節，先看所貴乎道者是如何，這箇是所貴所重者；至於一籩一豆，皆是理，但這箇事自有人管，我且理會箇大者。且如今人講明制度名器，皆是當然，非不是學，但是於自己身上大處却不曾理會，何貴於學！」先生因言：「近來學者多務高遠，不自近處著工夫。」有對者曰：「近來學者誠有好高之弊。有問伊川：『如何是道？』伊川曰：『行處是。』又問明道：『如何是道？』明道令於父子君臣兄弟上求。諸先生言如此，初不曾有高遠之説。」曰：「明道之説固如此。然父子兄弟君臣之間，各有一箇當然之理，是道也。」謙之。

義剛説「君子所貴乎道者三」一章畢，因曰：「道雖無所不在，而君子所重則止此三事而已。這也見得窮理則不當有小大之分，行己則不能無緩急先後之序。」先生曰：「這樣處也難說。聖賢也只大概說在這裏。而今說不可無先後之序，固是；但只揀得幾件去做，那小底都不照管，也不得。」義剛因言：「義剛便是也疑，以爲古人事事致謹，如所謂『克勤小物』，豈是盡視爲小而不管？」曰：「這但是說此三事爲最重耳。若是其他，也不是不管。只是說人於身己上事都不照管，却只去理會那籩豆等小事，便不得。言這箇有有司在，但責之有司便得。若全不理會，將見以籩爲豆，以豆爲籩，都無理會了。田子方謂魏文侯曰：『君明樂官，不明樂音。』此說固好。但某思之，人君若不曉得那樂，却如何知得那人可任不可任！這也須曉得，方解去任那人，方不被他謾。如籩豆之類，若不曉，如何解任那有司！若籩裏盛有汁底物事，豆裏盛乾底物事，自是不得，也須著曉始得，但所重者是上面三事耳。」義剛。

舜功問「君子所貴乎道者三」。曰：「動容貌，則能遠暴慢；正顔色，則能近信；出辭氣，則能遠鄙倍。所貴者在此。至於籩豆之事，雖亦道之所寓，然自有人管了，君子只修身而已。蓋常人容貌不暴則多慢，顔色易得近色莊，言語易得鄙而倍理。前人愛説動字、出字、正字上有工夫，看得來不消如此。」璘。

正卿問：「正顔色之正字，獨重於動與出字，何如？」曰：「前輩多就動、正、出三字上説，一向都將三字重了。若從今説，便三字都輕，却不可於中自分兩樣。某所以不以彼説爲然者，緣看文勢不恁地。『君子所貴乎道者三』，是指夫道之所以可貴者爲説，故云道之所以可貴者有三事焉，故下數其所以可貴之實如此。若禮文器數，自有官守，非在所當先而可貴者。舊説所以未安者，且看世上人雖有動容貌者，而便辟足恭，不能遠暴慢；雖有正顔色者，而『色取仁而行違』，多是虚僞不能近信；雖有出辭氣者，而巧言飾辭，不能遠鄙倍，這便未見得道之所以可貴矣。道之所以可貴者，惟是動容貌，自然便會遠暴慢；正顔色，自然便會近信；出辭氣，自然便會遠鄙倍，此所以貴乎道者此也。」又云：「三句最是『正顔色，斯近信』見得分明。」賀孫。

或問：「『君子所貴乎道者三』，如何？」曰：「『動容貌，正顔色，出辭氣』，前輩不合將做用工處，此只是涵養已成效驗處。『暴慢、鄙倍、近信』，皆是自己分内事。惟近信不好理會。蓋君子才正顔色，自有箇誠實底道理，異乎『色取仁而行違』者也。所謂『君子所貴乎道者三』，道雖無乎不在，然此三者乃修身之效，爲政之本，故可貴。容貌，是舉一身而言；顔色，乃見於面顔者而言。」又問：「三者固是效驗處，然不知於何處用工？」曰：「只平日涵養便是。」去僞。

某病中思量，曾子當初告孟敬子「人之將死，其言也善」，只説出三事。曾子當時有多少好話，到急處都説不辨，只撮出三項如此。這三項是最緊要底。若説這三事上更做得工夫，上面又大段長進。便不長進，也做得箇聖賢坯模，雖不中不遠矣。恪。

「所貴乎道者三」。禮亦是道。但道中所貴此三者在身上。李先生云：「曾子臨死，空洞中只餘此念。」方。

或講「所貴乎道者三」。曰：「不必如此説得巧。曾子臨死時話説，必不暇如此委曲安排。」必大。

「注云：『暴，粗厲也。』何謂粗厲？」曰：「粗，不精細也。」節。集注。

問：「先生舊解，以三者爲『修身之驗，爲政之本，非其平日莊敬誠實存省之功積之有素，則不能也』，專是做效驗説。如此，則『動、正、出』三字，只是閑字。後來改本以『驗』爲『要』，『非其』以下，改爲『學者所當操存省察，而不可有造次頃刻之違者也』。如此，則工夫却在『動、正、出』三字上，如上蔡之説，而不可以效驗言矣。某疑『動、正、出』三字，不可以爲做工夫字。『正』字尚可説。『動』字、『出』字，豈可以爲工夫耶？」曰：「這三字雖不是做工夫底字，然便是做工夫處。正如著衣喫飯，其著其喫，雖不是做工夫，然便是做工夫處。此意所争，只是絲髮之間，要人自認得。舊來解以爲效驗，語似有病，故改從今説。蓋若專以爲平日莊敬持養，方能如此，則不成未莊敬持養底人，便不要『遠暴慢，近信，遠鄙倍』！便是舊説『效驗』字太深，有病。」僩。

「『君子所貴乎道者三』以下三節，是要得恁地，須是平日莊敬工夫到此，方能恁地。若臨時做工夫，也不解恁地。」植因問：「明道『動容周旋中禮，正顏色則不妄，出辭氣，正由中出』，又仍是以三句上半截是工夫，下半截是功效。」曰：「不是。所以恁地，也是平日莊敬工夫。」植。

問：「動也，正也，出也，不知是心要得如此？還是自然發見氣象？」曰：「上蔡諸人皆道此是做工夫處。看來只當作成效説，涵養莊敬得如此。工夫已在前了，此是效驗。動容貌，若非涵養有素，安能便免暴慢！正顏色，非莊敬有素，安能便近信！信是信實，表裏如一。色，有『色厲而内荏』者，色莊也，『色取仁而行違』者。苟不近實，安能表裏如一乎！」問：「正者，是著力之辭否？」曰：「亦著力不得。若不到近實處，正其顏色，但見作僞而已。」問：「『遠』之字義如何？」曰：「遠，便是無復有這氣象。」問：「正顏色既是功效到此，則宜自然而信，却言『近信』，何也？」曰：「這也是對上『遠』字説。」寓。集義。

問：「『君子道者三』章，謝氏就『正、動、出』上用工。竊謂此三句，其要緊處皆是『斯』字上。蓋斯者，便自然如此也。才動容貌，便自然遠暴慢；非平昔涵養之熟，何以至此！此三句乃以效言，非指用功地步也。」曰：「是如此。」柄。

舜功問：「『動容貌』，如何『遠暴慢』？」曰：「人之容貌，非暴則慢，得中者極難，須是遠此，方可。此一段，上蔡説亦多有未是處。」問：「『其言也善』，何必曾子？天下自有一等人臨死言善。」通老云：「『聖賢臨死不亂。』」曰：「聖賢豈可以不亂言？曾子到此愈極分明，易簀事可見。然此三句，亦是由中以出，不是向外鬬撰成得。」可學。

「動容貌，出辭氣。」先生云：「只伊川語解平平説，未有如此張筋努力意思。」謂上蔡語。方。

曾子以能問於不能章

陳仲亨説「以能問於不能」章。曰：「想是顔子自覺得有未能處，但不比常人十事曉得九事，那一事便不肯問人。觀顔子『無伐善，無施勞』，看他也是把此一件做工夫。」又問：「『君子人與』，是才德出衆之君子？」曰：「『託六尺之孤，寄百里之命』，才者能之；『臨大節而不可奪』，則非有德者不能也。」義剛。

舉問「犯而不校」。曰：「不是著意去容他，亦不是因他犯而遂去自反。蓋其所存者廣大，故人有小小觸犯處，自不覺得，何暇與之校耶！」時舉。

「不校」，是不與人比校强弱勝負，道我勝你負，我强你弱。如上言「以能問於不能」之類，皆是不與人校也。燾。

子善問：「『犯而不校』，恐是且點檢自家，不暇問他人。」曰：「不是如此。是他力量大，見有犯者，如蚊蟲、蝨子一般，何足與校！如『汪汪萬頃之波，澄之不清，撓之不濁』。」亞夫問：「黄叔度是何様底人？」曰：「當時亦是衆人扛得如此，看來也只是篤厚深遠底人。若是有所見，亦須説出來。且如顔子是一箇不説話底人，有箇孔子説他好。若孟子，無人印證他，他自發出許多言語。豈有自孔孟之後至東漢黄叔度時，已是五六百年，若是有所見，亦須發明出來，安得言論風旨全無聞！」亞夫云：「郭林宗亦主張他。」曰：「林宗何足憑！且如元德秀在唐時也非細。及就文粹上看，他文章乃是説佛。」南升。

「顔子犯而不校」，是成德事。孟子「三自反」，却有著力處。學者莫若且理會自反，却見得自家長短。若遽學不校，却恐儱侗，都無是非曲直，下梢於自己分却恐無益。端蒙。

或問：「『犯而不校。』若常持不校之心，如何？」曰：「此只看一箇公私大小，故伊川云：『有當校者，順理而已。』」方子。

大丈夫當容人，勿爲人所容。「顔子犯而不校」。子蒙。

問：「如此，已是無我了。集注曰『非幾於無我者不能』，何也？」曰：「聖人則全是無我；顔子却但是不以我去壓人，却尚有箇人與我相對在。聖人和人我都無。」義剛。

問：「『幾於無我』，『幾』字，莫只是就『從事』一句可見耶？抑併前五句皆可見耶？『犯而不校』，則亦未能無校，此可見非聖人事矣。」曰：「顏子正在著力、未著力之間，非但此處可見，只就『從事』上看，便分明，不須更説無校也。」

曾子曰可以託六尺之孤章

聖人言語自渾全温厚。曾子便恁地剛，有孟子氣象。如「可以託六尺之孤，可以寄百里之命，臨大節而不可奪」等語，見得曾子直是峻厲！淳。

問：「『可以託六尺之孤』云云，不知可見得伊周事否？」曰：「伊周亦未足道此。只説有才志氣節如此，亦可爲君子之事。」又問：「下此一等，如平勃之入北軍，迎代王，霍將軍之擁昭，立宣，可當此否？」曰：「這也隨人做。聖人做出，是聖人事業；賢人做出，是賢人事業；中人以上，是中人以上事業。這通上下而言。『君子人與？君子人也。』上是疑詞。如平勃當時，這處也未見得。若誅諸吕不成，不知果能死節否？古人這處怕亦是幸然如此。如藥殺許后事，光後來知，却含胡過。似這般所在，解『臨大節而不奪』否，恐未必然。」因言：「今世人多道東漢名節無補於事。某謂三代而下，惟東漢人才，大義根於其心，不顧利害，生死不變其節，自是可保。未説公卿大臣，且如當時郡守懲治宦官之親黨，雖前者既爲所治，而來者復蹈其迹，誅殛竄戮，項背相望，略無所創。今士大夫顧惜畏懼，何望其如此！平居暇日琢磨淬厲，緩急之際，尚不免於退縮，況遊談聚議，習爲軟熟，卒然有警，何以得其仗節死義乎！大抵不顧義理，只計較利害，皆奴婢之態，殊可鄙厭！」又曰：「東坡議論雖不能無偏頗，其氣節直是有高人處。如說孔北海、曹操，使人凜凜有生氣！」又曰：「如前代多有幸而不敗者。如謝安，桓温入朝，已自無策，從其廢立，九錫已成，但故爲延遷以俟其死。不幸而病小甦，則將何以處之！擁重兵上流而下，何以當之！於此看，謝安果可當仗節死義之資乎？」寓曰：「坦之倒持手板，而安從容閑雅，似亦有執者。」曰：「世間自有一般心膽大底人。如廢海西公時，他又不能拒，廢也得，不廢也得，大節在那裏！」寓。砥録略。

正卿問：「『可以託六尺之孤』，至『君子人也』，此本是兼才節説，然緊要處却在節操上。」曰：「不然。三句都是一般説。須是才節兼全，方謂之君子。若無其才而徒有其節，雖死何益。如受人託孤之責，自家雖無欺之之心，却被别人欺了，也是自家不了事，不能受人之託矣。如受人百里之寄，自家雖無竊之之心，却被别人竊了，也是自家不了事，不能受人之寄矣。自家徒能『臨大節而不可奪』，却不能了得他事，雖能死，也只是箇枉死漢！濟得甚事！如晉之荀息是也。所謂君子者，豈是斂手束脚底村人耶！故伊川說：『君子者，才德出衆之名。』孔子曰：『君子不器。』既曰君子，須是事事理會得方可。若但有節而無才，也唤做好人，只是不濟得事。」僩。

正卿問「託六尺之孤」一章。曰：「『百里之命』，只是命令之『命』。『託六尺之孤』，謂輔幼主；『寄百里之命』，謂攝國政。」曰：「如霍光當得此三句否？」曰：「霍光亦當得上面兩句，至如許后之事，則大節已奪了。」曰：「託孤寄命，雖資質高者亦可及；『臨大節而不可奪』，非學問至者恐不能。」曰：「資質高底，也都做得；學問到底，也都做得。大抵是上兩句易，下一句難。譬如說『有猷，有爲，有守』，託孤寄命是有猷、有爲，『臨大節而不可奪』，却是有守。霍光雖有爲、有猷矣，只是無所守。」恪。

「託六尺之孤，寄百里之命」，是才；「臨大節不可奪」，是德。如霍光可謂有才，然其毒許后事，便以愛奪了。燕慕容恪是慕容暐之霍光，其輔幼主也好。然知慕容評當去而不去之，遂以亂國，此也未是。惟孔明能之。賜。夔孫同。

問「君子人與？君子人也」。曰：「所謂君子，這三句都是不可少底。若論文勢，却似『臨大節不可奪』一句爲重。然而須是有上面『託六尺之孤，寄百里之命』，却『臨大節而不可奪』，方足以爲君子。此所以有結語也。」燾。

問：「『可以託六尺之孤，可以寄百里之命』，又能『臨大節而不可奪』，方可謂之君子。

是如此看否？」曰：「固是。」又問：「若徒能『臨大節不可奪』，而才力短淺，做事不得，如荀息之徒，僅能死節而不能止難，要亦不可謂之君子。」曰：「也是不可謂之君子。」義剛。

問：「胡文定以荀息爲『可以託六尺之孤，寄百里之命，臨大節而不可奪』，如何？」曰：「荀息便是不可以託孤寄命了。」問：「聖人書荀息，與孔父、仇牧同辭，何也？」曰：「聖人也且是要存得箇君臣大義。」夔孫。

問「君子才德出衆之名」。曰：「有德而有才，方見於用。如有德而無才，則不能爲用，亦何足爲君子！」「君子人與」章伊川說。燾。

曾子曰士不可以不弘毅章

「『弘毅』二字，『弘』雖是寬廣，却被人只把做度量寬容看了，便不得。且如『執德不弘』之『弘』，便見此『弘』字，謂爲人有許多道理。及至學來，下梢却做得狹窄了，便是不弘。蓋緣只以己爲是，凡他人之言，便做説得天花亂墜，我亦不信，依舊只執己是，可見其狹小，何緣得弘？須是不可先以別人爲不是，凡他人之善，皆有以受之。集衆善之謂弘。」伯豐問：「是『寬以居之』否？」曰：「然。如『人能弘道』，却是以弘爲開廓，『弘』字却是作用。」僩。專論「弘」。

問「弘毅」之「弘」。曰：「弘是寬廣，事事著得：道理也著得，事物也著得；事物逆來也著得，順來也著得；富貴也著得，貧賤也著得。看甚麼物事來，掉在裏面，都不見形影了。」僩。

「弘」字，只將「隘」字看，便見得。如看文字相似，只執一説，見衆説皆不復取，便是不弘。若是弘底人，便包容衆説，又非是於中無所可否。包容之中，又爲判別，此便是弘。植。

弘，有耐意。如有一行之善，便道我善了，更不要進；能些小好事，便以爲只如此足矣，更不向前去，皆是不弘之故。如此其小，安能擔當得重任！淳。

所謂「弘」者，不但是放令公平寬大，容受得人，須是容受得許多衆理。若執著一見，便自以爲是，他説更入不得，便是滯於一隅，如何得弘！須是容受軋捺得衆理，方得。」謙之。

恭甫問：「弘是心之體，毅是心之力。」曰：「心體是多少大！大而天地之理，纔要思量，便都在這裏。若是世上淺心弘己底人，有一兩件事，便著不得。」賀孫。

問：「如何是弘？」曰：「計較小小利害，小小得失，褊隘，如公欲執兩事終身行之，皆是不弘。説道自家不敢承當，説道且據自己所見，皆是不弘。」節。

「士不可以不弘毅」。這曾子一箇人，只恁地，他肚裏却著得無限。今人微有所得，欣然自以爲得。祖道。

毅，是立脚處堅忍强厲，擔負得去底意。升卿。以下兼論「毅」。

敬之問：「弘，是容受得衆理；毅，是勝得箇重任。」曰：「弘乃能勝得重任，毅便是能擔得遠去。弘而不毅，雖勝得任，却恐去前面倒了。」時舉。

問：「弘是寬容之義否？」曰：「固是。但不是寬容人，乃寬容得義理耳。弘字，曾子以任重言之。人之狹隘者，只守得一義一理，便自足。既滯一隅，却如何能任重。必能容納吞受得衆理，方是弘也。」必大。

仲蔚問「弘毅」。曰：「弘，不只是有度量、能容物之謂，正是『執德不弘』之『弘』。是無所不容，心裏無足時，不説我德已如此便住。如無底之谷，擲一物於中，無有窮盡。若有滿足之心，便不是弘。毅，是忍耐持守，著力去做。」義剛。

問「弘毅」。曰：「弘是寬廣耐事，事事都著得：道理也著得多，人物也著得多。若著得這一箇，著不得那一箇，便不是弘。且如有兩人相争，須是寬著心都容得，始得。若便分别一人是，一人非，便不得。或兩人都是，或兩人都非，或是者非，非者是，皆不可知。道理自是箇大底物事，無所不備，無所不包。若小著心，如何承載得起。弘了却要毅。弘則都包得在裏面了，不成只恁地寬廣。裏面又要分別是非，有規矩，始得。若只恁地弘，便没倒斷了。『任重』，是擔子重，非如任天下之『任』。」又曰：「若纔小著這心，便容兩箇不得。心裏只著得一箇，這兩箇便相挂礙在這裏，道理也只著得一説，事事都只著得一邊。」僩。

問：「曾子弘毅處，不知爲學工夫久，方會恁地，或合下工夫便著恁地？」曰：「便要恁地。若不弘不毅，難爲立脚。」問：「人之資禀偏駁，如何便要得恁地？」曰：「既知不弘不毅，便警醒令弘毅，如何討道理教他莫恁地！弘毅處固未見得，若不弘不毅處，亦易見。不弘，便急迫狹隘，不容物，只安於卑陋。不毅，便傾東倒西，既知此道理當恁地，既不能行，又不能守；知得道理不當恁地，却又不能割捨。除却不弘，便是弘；除了不毅，便是毅。這處亦須是見得道理分曉，磊磊落落。這箇都由我處置，要弘便弘，要毅便毅。如多財善賈，須多蓄得在這裏，看我要買也得，要賣也得。若只有十文錢在這裏，如何處置得去！」又曰：「聖人言語自渾全温厚，曾子便有圭角。如『士不可以不弘毅』，如『可以託六尺之孤』云云，見得曾子直是恁地剛硬！孟子氣象大抵如此。」寓。淳録云：「徐問：『弘毅是爲學工夫久方能如此？抑合下便當如此？』曰：『便要弘毅，皆不可一日無。』曰：『人之資禀有偏，何以便能如此？』曰：『只知得如此，便警覺那不如此，更那裏別尋討方法去醫治他！弘毅處亦難見，不弘不毅却易見。不弘，便淺迫，便窄狹，不容物，便安於卑陋。不毅，便倒東墜西，見道理合當如此，又不能行，不能守；見道理不當如此，又不能捨，不能去。只除了不弘，便是弘；除了不毅，便是毅，非别討一弘毅來。然亦須是見道理極分曉，磊磊落落在這裏，無遁惰病痛來；便都由自家處置，要弘便弘，要毅便毅。如多財善賈，都蓄在這裏，要買便買，要賣便賣。若止有十文錢在此，則如何處置得！」砥録云：「居父問：『士不可不弘毅。學者合下當便弘毅，將德盛業成而後至此？』曰：『合下便當弘毅，不可一日無也。』又問：『如何得弘毅？』曰：『但只去其不弘不毅，便自然弘毅。弘毅雖難見，自家不弘不毅處却易見，常要檢點。若卑狹淺隘，不能容物，安於固陋，便是不弘。不毅處病痛更多。知理所當爲而不爲，知不善之不可爲而不去，便是不毅。』又曰：『孔子所言，自渾全温厚，如曾子所言，便有孟子氣象。』」

問「士不可以不弘毅」。曰：「弘是事事著得，如進學者要弘，接物也要弘，事事要弘。若不弘，只是見得這一邊，不見那一邊，便是不弘。只得些了便自足，便不弘。毅却是發處勇猛，行得來强忍，是他發用處。」問：「後面只説『仁以爲己任』，是只成就這箇仁否？」曰：「然。許多道理也只是這箇仁，人也只要成就這箇仁，須是擔當得去。」又問：「『死而後已』，是不休歇否？」曰：「然。若不毅，則未死已前，便有時倒了。直到死方住。」又曰：「古人下字各不同。如『剛、毅、勇、猛』等字，雖是相似，其義訓各微不同，如適間説『推』與『充』相似。」僩。

「仁以爲己任，不亦重乎！死而後已，不亦遠乎！」須是認得箇仁，又將身體驗之，方真箇知得這擔子重，真箇是難。世間有兩種：有一種全不知者，固全無摸索處；又有一種知得仁之道如此大，而不肯以身任之者。今自家全不曾擔著，如何知得他重與不重？所以學不貴徒説，須要實去驗而行之，方知。僩。

「士不可以不弘毅」，毅者，有守之意。又云：「曾子之學，大抵如孟子之勇。觀此弘毅之説，與夫『臨大節不可奪』，與孟子『彼以其富，我以吾仁』之説，則其勇可知。若不勇，如何主張得聖道住！如論語載曾子之言先一章云『以能問於不能』，則見曾子弘處；又言『臨大節不可奪』，則見他毅處。若孟子只得他剛處，却少弘大底氣象。」謨。

弘而不毅，如近世龜山之學者，其流與世之常人無以異。毅而不弘，如胡氏門人，都恁地撑腸拄肚，少間都没頓著處。賀孫。

弘，寬廣也，是事要得寬闊。毅，强忍也，如云「擾而毅」，是馴擾而却毅，强而有守底意思。「弘」字，如今講學，須大著箇心，是者從之，不是者也且寬心去究。而今人才得一善，便説道自家底是了，别人底都不是，便是以先入爲主了；雖有至善，無由見得。如「執德不弘」，須是自家要弘，始得。若容民蓄衆底事，也是弘，但是外面事。而今人説「弘」字，多做容字説了，則這「弘」字裏面無用工處。可以此意推之。又云：「弘是開闊周徧。」夔孫。集注。

程子説「弘」字曰「寬廣」，最説得好。毅是儘耐得，工夫不急迫。如做一件，今日做未得，又且耐明日做。夔孫。

問：「毅訓『强忍』。粗而言之，是硬擔當著做將去否？楊氏作力行説，正此意，但説得不猛厲明白，若不足以形容『毅』字氣象。至程子所謂『弘而無毅，則無規矩而難立』，其説固不可易。第恐『毅』字訓義，非可以有規矩言之，如何？」曰：「毅有忍耐意思。程子所云無規矩，是説目今；難立，是説後來。」必大。

「士不可以不弘毅」。先生舉程先生語曰：「重擔子，須是硬著脊梁骨，方擔荷得去！」燾。

興於詩章

或問「興於詩，立於禮，成於樂」。曰：「『興於詩』，便是箇小底；『立於禮，成於樂』，便是箇大底。『興於詩』，初間只是因他感發興起得來，到成處，却是自然後恁地。」又曰：「古人自小時習樂，誦詩，學舞，不是到後來方始學詩，學禮，學樂。如云『興於詩，立於禮，成於樂』，非是初學有許多次第，乃是到後來方能如此；不是説用工夫次第，乃是得效次第如此。」又曰：「到得『成於樂』，是甚次第，幾與理爲一。看有甚放僻邪侈，一齊都滌盪得盡，不留些子。『興於詩』，是初感發這些善端起來；到『成於樂』，是刮來刮去，凡有毫髮不善，都盪滌得盡了，這是甚氣象！」又曰：「後世去古既遠，禮樂蕩然，所謂『成於樂』者，固不可得。然看得來只是讀書理會道理，只管將來涵泳，到浹洽貫通熟處，亦有此意思。」致道云：「讀孟子熟，儘有此意。」曰：「也是。只是孟子較感發得粗，其他書都是如此。」賀孫因云：「如大學傳『知止』章及『齊家』章引許多詩語，涵泳得熟，誠有不自已處。」賀孫。

亞夫問此章。曰：「詩、禮、樂，初學時都已學了。至得力時，却有次第。樂者，能動盪人之血氣，使人有些小不善之意都著不得，便純是天理，此所謂『成於樂』。譬如人之服藥，初時一向服了，服之既久，則耳聰目明，各自得力。此興詩、立禮、成樂所以有先後也。」時舉。

古人學樂，只是收斂身心，令入規矩，使心細而不粗，久久自然養得和樂出來。又曰：「詩、禮、樂，古人學時，本一齊去學了，到成就得力處，却有先後。然『成於樂』，又見無所用其力。」升卿。

「興於詩，立於禮，成於樂。」聖人做出這一件物事來，使學者聞之，自然懽喜，情願上這一條路去，四方八面擸掇他去這路上行。廣。

敬之問：「『興於詩，立於禮，成於樂』，覺得和悅之意多。」曰：「先王教人之法，以樂官爲學校之長，便是教人之本末都在這裏。」時舉。

正卿說「興於詩，立於禮，成於樂」。曰：「到得『成於樂』，自不消恁地淺說。『成於樂』是大段極至。」賀孫。

只是這一心，更無他說。「興於詩」，興此心也；「立於禮」，立此心也；「成於樂」，成此心也。今公讀詩，是興起得箇甚麼？僩。

或問「成於樂」。曰：「樂有五音六律，能通暢人心。今之樂雖與古異，若無此音律，則不得以爲樂矣。」力行因舉樂記云：「耳目聰明，血氣和平。」曰：「須看所以聰明、和平如何，不可只如此說過。」力行。

「成於樂」。曰：「而今作俗樂聒人，也聒得人動。況先王之樂中正平和，想得足以感動人！」燾。

問：「『立於禮』，禮尚可依禮經服行。詩、樂皆廢，不知興詩成樂，何以致之？」曰：「豈特詩、樂無！禮也無。今只有義理在，且就義理上講究。如分別得那是非邪正，到感慨處，必能興起其善心，懲創其惡志，便是『興於詩』之功。涵養德性，無斯須不和不樂，直恁地和平，便是『成於樂』之功。如禮，古人這身都只在禮之中，都不由得自家。今既無之，只得硬做些規矩，自恁地收拾。如詩，須待人去歌誦。至禮與樂，自稱定在那裏，只得自去做。荀子言：『禮樂法而不說。』更無可説，只得就他法之而已。荀子此語甚好。」又問：「『志於道，據於德，依於仁』，與此相表裏否？」曰：「也不争多，此却有游藝一脚子。」寓。淳録云：「徐問：『「立於禮」，猶可用力。詩今難曉，樂又無，何以興成乎？』曰：『今既無此家具，只有理義在，只得就理義上講究。如分别是非到感慨處，有以興起其善心，懲創其惡志，便是「興於詩」之功也。涵養和順，無斯須不和不樂，恁地和平，便是「成於樂」之功也。如禮，今亦無，只是便做些規矩，自恁地收斂。古人此身終日都在禮之中，不由自家。古人「興於詩」，猶有言語以諷誦。禮，全無説話，只是恁地做去。樂，更無説話，只是聲音節奏，使人聞之自然和平。故荀子曰：「禮樂法而不説。」』曰：『此章與「志於道」相表裏否？』曰：『彼是言德性道理，此是言事業功夫。此却是「游於藝」脚子。』」道夫録云：「居父問：『「立於禮」猶可用力。詩、樂既廢，不知今何由興成之？』曰：『既無此家具，也只得以義理養其心。若精别義理，使有以感發其善心，懲創其惡志，便是「興於詩」。涵養從容，無斯須不和不樂，便是「成於樂」。今禮亦不似古人完具，且只得自存箇規矩，收斂身心。古人終日只在禮中，欲少自由，亦不可得。』又曰：『詩猶有言語可諷誦。至於禮，只得夾定做去。樂，只是使他聲音節奏自然和平，更無説話。荀子又云：「禮樂法而不説。」只有法，更無説也。』或問：『此章與「志道、據德、依仁、游藝」如何？』曰：『不然。彼就德性上説，此就工夫上説，只是游藝一脚意思。』」

「興於詩」，此三句上一字，謂成功而言也，非如「志於道」四句上一字，以用功而言也。椿。

仲蔚問：「『興於詩』與『游於藝』，先後不同，如何？」曰：「『興、立、成』，是言其成；

『志、據、依、游』，是言其用功處。夔孫録云：「『志、據、依』，是用力處；『興、立、成』，是成效處。」但詩較感發人，故在先。禮則難執守，這須常常執守始得。樂則如太史公所謂『動盪血氣，流通精神』者，所以涵養前所得也。」問：「『消融渣滓』如何？」曰：「渣滓是他勉强用力，不出於自然，而不安於爲之之意，聞樂則可以融化了。然樂，今却不可得而聞矣。」義剛。

子壽言：「論語所謂『興於詩』。又云：『詩，可以興。』蓋詩者，古人所以詠歌情性，當時人一歌咏其言，便能了其義，故善心可以興起。今人須加訓詁，方理會得，又失其歌詠之律，如何一去看著，便能興起善意？以今觀之，不若熟理會論語，方能興起善意也。」大雅。

問：「注言『樂有五聲十二律』云云，『以至於義精仁熟，而自和順於道德』，不知聲音節奏之末，如何便能使『義精仁熟，和順於道德』？」曰：「人以五聲十二律爲樂之末，淳録云：「不可謂樂之末。」若不是五聲十二律，如何見得這樂？便是無樂了。淳録云：「周旋揖遜，不可謂禮之末。若不是周旋揖遜，則爲無禮矣，何以見得禮？」五聲十二律，皆有自然之和氣。古樂不可見，要之聲律今亦難見。然今之歌曲，亦有所謂五聲十二律，方做得曲，亦似古樂一般。如彈琴亦然。只他底是邪，古樂是正，所以不同。」又問：「五聲十二律，作者非一人，不知如何能和順道德？」曰：「如金石絲竹，匏土革木，雖是有許多，却打成一片。清濁高下，長短大小，更唱迭和，皆相應，渾成一片，有自然底和氣，淳録云：「所以聽之自能『義精仁熟，和順於道德』。樂於歌舞，不是各自爲節奏。樂只是此一節奏，歌亦是此一節奏，舞亦是此一節奏。」不是各自爲節奏。歌者，歌此而已；舞者，舞此而已。所以聽之可以和順道德者，須是先有興詩、立禮工夫，然後用樂以成之。」問：「古者『十有三年學樂誦詩，二十而冠，始學禮』，與這處不同，如何？」曰：「這處是大學終身之所得。如十歲學幼儀，十三學樂、誦詩，從小時皆學一番了，做箇骨子在這裏。到後來方得他力。禮，小時所學，只是學事親事長之節，乃禮之小者。年到二十，所學乃是朝廷、宗廟之禮，乃禮之大者。到『立於禮』，始得禮之力。樂，小時亦學了。到『成於樂』時，始得樂之力。不是大時方去學。詩，却是初間便得力，説善説惡却易曉，可以勸，可以戒。禮只捉住在這裏，樂便難精。淳録云：「直是工夫至到，方能有成。」詩有言語可讀，禮有節文可守。樂是他人作，與我有甚相關？如人唱曲好底，凡有聞者，人人皆道好。樂雖作於彼，而聽者自然竦動感發，故能義精仁熟而和順道德。舜命夔典樂，『教胄子：直而温，寬而栗，剛而無虐，簡而無傲』，定要教他恁地。至其教之之具，又却在於『詩言志，歌永言，聲依永，律和聲』處。五聲十二律不可謂樂之末，猶揖遜周旋，不可謂禮之末。若不揖遜周旋，又如何見得禮在那裏！」又問：「成於樂處，古人之學有可證者否？」曰：「不必恁地支離。這處只理會如何是『興於詩』，如何是『立於禮』，如何是『成於樂』。

律吕雖有十二，用時只用七箇，自黄鍾下生至姑洗，便住了。若更要插一箇，便拗了。如今之作樂，亦只用七箇。如邊頭寫不成字者，即是古之聲律。若更添一聲，便不成樂。」寓。集注。

問：「注云『樂有五聲十二律，更唱迭和』，恐是迭爲賓主否？」曰：「書所謂『聲依永，律和聲』，蓋人聲自有高下，聖人制五聲以括之。宫聲洪濁，其次爲商；羽聲輕清，其次爲徵；清濁洪纖之中爲角，此五聲之别，以括人聲之高下。聖人又制十二律以節五聲，故五聲中又各有高下，每聲又分十二等。謂如以黄鍾爲宫，則是太簇爲商，姑洗爲角，林鍾爲徵，南吕爲羽。還至無射爲宫，便是黄鍾爲商，太簇爲角，中吕爲徵，林鍾爲羽。然而無射之律只長四寸六七分，而黄鍾長九寸，太簇長八寸，林鍾長六寸，則宫聲概下面商角羽三聲不過。故有所謂四清聲，夾鍾、大吕、黄鍾、太簇是也。蓋用其半數，謂如黄鍾九寸只用四寸半，餘三律亦然。如此，則宫聲可以概之，其聲和矣。不然，則其聲不得其和。看來十二律皆有清聲，只説四者，意其取數之甚多者言之，餘少者尚庶幾焉。某人取其半數爲子聲，謂宫律之短，餘則用子聲。某人又破其説曰：『子聲非古有也。』然而不用子聲，則如何得其和？畢竟須著用子聲。想古人亦然，但無可考耳。而今俗樂多用夾鍾爲黄鍾之宫，蓋向上去聲愈清故也。」又云：「今之琴，第六七弦是清聲。如第一二弦以黄鍾爲宫，太簇爲商，則第六七弦即是黄鍾、太簇之清，蓋只用兩清聲故也。」燾。

正淳問：「謝氏謂『樂則存養其善心，使義精仁熟，自和順於道德，遺其音而專論其意』，如何？」曰：「『樂』字内自括五音六律了。若無五音六律，以何爲樂？」必大。集義。

民可使由之章

問「民可使由之」。曰：「所謂『雖是他自有底，却是聖人使之由』。如『道之以德，齊之以禮』，『教以人倫：父子有親，君臣有義，夫婦有别，長幼有序，朋友有信』，豈不是『使之由』！」問「不可使知之」。曰：「不是愚黔首，是不可得而使之知也。吕氏謂『知之未至，適所以啓機心而生惑志』，説得是。」問：「此不知與『百姓日用不知』同否？」曰：「彼是自不知，此是不能使之知。」淳。

植云：「民可使之仰事俯育，而不可使之知其父子之道爲天性；可使之奔走服役，而不可使之知其君臣之義爲當然。」及諸友舉畢，先生云：「今晚五人看得都無甚走作。」植。

或問「民可使由之，不可使知之」。曰：「聖人只使得人孝，足矣，使得人弟，足矣，却無緣又上門逐箇與他解説所以當孝者是如何，所以當弟者是如何，自是無緣得如此。頃年張子韶之論，以爲：『當事親，便當體認取那事親者是何物，方識所謂仁；當事兄，便當體認取那事兄者是何物，方識所謂義。』某說，若如此，則前面方推這心去事親，隨手又便去背後尋摸取這箇仁；前面方推此心去事兄，隨手又便著一心去尋摸取這箇義，是二心矣。禪家便是如此，其爲說曰：『立地便要你究得，恁地便要你究得。』他所以撑眉努眼，使棒使喝，都是立地便拶教你承當識認取，所以謂之禪機。若必欲使民知之，少間便有這般病。某嘗舉子韶之說以問李先生曰：『當事親，便要體認取箇仁；當事兄，便要體認取箇義。如此，則事親事兄却是没緊要底事，且姑借此來體認取箇仁義耳。』李先生笑曰：『不易，公看得好。』」或問：「上蔡愛説箇『覺』字，便是有此病了。」曰：「然。張子韶初間便是上蔡之説，只是後來又展上蔡之説，説得來放肆無收殺了。」或曰：「南軒初間也有以覺訓仁之病。」曰：「大概都是自上蔡處來。」又曰：「呂氏解『民可使由之，不可使知之』，云：『「不可使知」，非以愚民，蓋知之不至，適以起機心而生惑志也。』此説亦自好。所謂機心，便是張子韶與禪機之説。方纔做這事，便又使此心去體認，少間便啓人機心。只是聖人説此語時，却未有此意在。向姑舉之或問，不欲附集注。」或曰：「王介甫以爲『不可使知』，盡聖人愚民之意。」曰：「申韓莊老之説，便是此意，以爲聖人置這許多仁義禮樂，都是殃考人。淮南子有一段説，武王問太公曰：『寡人伐紂，天下謂臣殺主，下伐上。吾恐用兵不休，争鬭不已，爲之奈何？』太公善王之問，教之以繁文滋禮，以持天下，如爲三年之喪，令類不蓄，厚葬久喪，以亶音丹。其家。其意大概説，使人行三年之喪，庶幾生子少，免得人多爲亂之意；厚葬久喪，可以破産，免得人富以啓亂之意。都是這般無稽之語！」僩。

「民可使由之」一章，舊取楊氏説，亦未精審。此章之義，自與盤、誥之意不同。商盤只説遷都，周誥只言代商，此不可不與百姓説令分曉。況只是就事上説，聞者亦易曉解。若義理之精微，則如何説得他曉！必大。

好勇疾貧章

「好勇疾貧」，固是作亂。不仁之人，不能容之，亦必致亂，如東漢之黨錮。泳。

如有周公之才之美章

「周公之才之美」，此是爲有才而無德者言。但此一段曲折，自有數般意思，驕者必有吝，吝者必有驕。非只是吝於財，凡吝於事，吝於爲善，皆是。且以吝財言之，人之所以要吝者，只緣我散與人，使他人富與我一般，則無可矜誇於人，所以吝。某嘗見兩人，只是無緊要閑事，也抵死不肯説與人。只緣他要説自會，以是驕誇人，故如此。因曾親見人如此，遂曉得這「驕吝」兩字，只是相匹配得在，故相靠得在。池録作：「相比配，相靠在這裏。」義剛。

驕吝，是挾其所有，以誇其所無。挾其所有，是吝；誇其所無，是驕。而今有一樣人，會得底不肯與人説，又却將來驕人。僩。

正卿問：「驕如何生於吝？」曰：「驕却是枝葉發露處，吝却是根本藏蓄處。且以淺近易見者言之：如説道理，這自是世上公共底物事，合當大家説出來。世上自有一般人，自恁地吝惜，不肯説與人。這意思是如何？他只怕人都識了，却没詫異，所以吝惜在此。獨有自家會，别人都不會，自家便驕得他，便欺得他。如貨財也是公共底物事，合使便著使。若只恁地吝惜，合使不使，只怕自家無了，别人却有，無可强得人，所以吝惜在此。獨是自家有，别人無，自家便做大，便欺得他。」又云：「爲是要驕人，所以吝。」賀孫。

或問「驕吝」。曰：「驕是傲於外，吝是靳惜於中。驕者，吝之所發；吝者，驕之所藏。」祖道。

某昨見一箇人，學得些子道理，便都不肯向人説。其初只是吝，積蓄得這箇物事在肚裏無柰何，只見我做大，便要陵人，只此是驕。恪。

聖人只是平説云，如有周公之才美而有驕吝，也連得才美功業壞了，况無周公之才美而驕吝者乎！甚言驕吝之不可也。至於程子云「有周公之德，則自無驕吝」，與某所説驕吝相爲根本枝葉，此又是發餘意。解者先説得正意分曉，然後却説此，方得。賀孫。

先生云：「一學者來問：『伊川云：「驕是氣盈，吝是氣歉。」歉則不盈，盈則不歉，如何却云「使驕且吝」？』試商量看。」伯豐對曰：「盈是加於人處，歉是存於己者。粗而喻之，如勇於爲非，則怯所遷善；明於責人，則暗於恕己，同是一箇病根。」先生曰：「如人曉些文義，吝惜不肯與人説，便是要去驕人。非驕，無所用其吝；非吝，則無以爲驕。」㽦。

問：「『驕氣盈，吝氣歉。』氣之盈歉如何？」曰：「驕與吝是一般病，只隔一膜。驕是放出底吝，吝是不放出底驕。正如人病寒熱，攻注上則頭目痛，攻注下則腰腹痛。熱發出外似驕，寒包縮在内似吝。」因舉顯道克己詩：「試於清夜深思省，剖破藩籬即大家！」問：「當如何去此病？」曰：「此有甚法？只莫驕莫吝，便是剖破藩籬也。覺其爲非，從源頭處正。我要不行，便不行；要坐，便還我坐，莫非由我，更求甚方法！」寓。

集注云：「驕吝雖不同，而其勢常相因。」先生云：「孔子之意未必如此。某見近來有一種人如此，其説又有所爲也。」炎。

「驕者，吝之枝葉；吝者，驕之根本。」某嘗見人吝一件物，便有驕意，見得這兩字如此。

「吝者，驕之根本；驕者，吝之枝葉」，是吝爲主。蓋吝其在我，則謂我有你無，便是驕人也。燾。

讀「驕吝」一段，云：「亦是相爲先後。」時舉。

三年學章

問：「『不至於穀』，欲以『至』爲『及』字説，謂不暇及於禄，免改爲『志』，得否？」曰：「某亦只是疑作『志』，不敢必其然。蓋此處解不行，作『志』則略通。不可又就上面撰，便越不好了。」或又引程子説。曰：「説不行，不如莫解；解便不好，如解白爲黑一般。」

問：「『三年學而不至於穀，是無所爲而爲學否？」曰：「然。」燾。

篤信好學章

學者須以篤信爲先。劉子澄説。端蒙。

篤信，故能好學；守死，故能善道。惟善道，故能守死；惟好學，故能篤信。每推夫子之言，多如此。德明。

惟篤信，故能好學；惟守死，故能善道。善，如「善吾生，善吾死」之「善」，不壞了道也。然守死生於篤信，善道由於好學。徒篤信而不好學，則所信者或非所信；徒守死而不能推以善其道，則雖死無補。升卿。

篤信，須是好學；但要好學，也須是篤信。善道，須是守死，而今若是不能守死，臨利害又變了，則亦不能善道。但守死須是善道，若不善道，便知守死也無益，所以人貴乎有學。篤信，方能守死；好學，方能善道。義剛。恪録云：「此兩句相關，自是四事。惟篤信，故能守死；惟好學，故能善道。」

「危邦不入」，是未仕在外，則不入；「亂邦不居」，是已仕在內，見其紀綱亂，不能從吾之諫，則當去之。淳。

「危邦不入」，舊説謂已在官者，便無可去之義。若是小官，恐亦可去；當責任者，則不容去也。必大。

或問：「危邦固是不可入，但或有見居其國，則當與之同患難，豈復可去？」曰：「然。到此，無可去之理矣。然其失，則在於不能早去。當及其方亂未危之時去之，可也。」僩。

天下無道，譬如天之將夜，雖未甚暗，然此自只向暗去。知其後來必不可支持，故亦須見幾而作，可也。時舉。

不在其位章

馬莊甫問「不在其位，不謀其政」。曰：「此各有分限。田野之人，不得謀朝廷之政。身在此間，只得守此。如縣尉，豈可謀他主薄事！纔不守分限，便是犯他疆界。」馬曰：「如縣尉，可與他縣中事否？」曰：「尉，佐官也。既以佐名官，有繁難，只得伴他謀，但不可侵他事權。」大雅。

師摯之始章

徐問：「『關雎之亂』，何謂『樂之卒章』？」曰：「自『關關雎鳩』至『鍾鼓樂之』，皆是亂。想其初必是已作樂，只無此詞。到此處便是亂。」淳。

或問：「『關雎之亂』，亂何以訓終？」曰：「既『奏以文』，又『亂以武』。」節。

「亂曰」者，亂乃樂終之雜聲也。亂出國語、史記。又曰：「關雎恐是亂聲，前面者恐有聲而無辭。」揚。

狂而不直章

狂，是好高大，便要做聖賢，宜直；侗，是愚模樣，不解一事底人，宜謹愿；悾悾，是拙模樣，無能爲底人，宜信。有是德，則有是病；有是病，必有是德。有是病而無是德，則天下之棄才也！泳。

問：「『狂而不直』之『狂』，恐不可以進取之『狂』當之。欲目之以輕率，可否？」曰：「此『狂』字固卑下，然亦有進取意思。敢爲大言，下梢却無收拾，是也。」必大。

問：「侗者，同也，於物同然一律，無所識別之謂。悾者，空也，空而又空，無一長之實之謂。」先生以爲，此亦因舊説，而以字義音訓推之，恐或然爾。此類只合大概看，不須苦推究也。

學如不及章

「學如不及，猶恐失之」，如今學者却恁地慢了。譬如捉賊相似，須是著起氣力精神，千方百計去趕捉他，如此猶恐不獲。今却只在此安坐熟視他，不管他，如何柰得他何！只恢時起來行得三兩步，懶時又坐，恁地如何做得事成！

巍巍乎章

看「巍巍乎舜禹之有天下」至「禹，吾無間然」四章。先生云：「舜禹與天下不相關，如不曾有這天下相似，都不曾把一毫來奉己。如今人纔富貴，便被他勾惹。此乃爲物所役，是自卑了。若舜禹，直是高！首出庶物，高出萬物之表，故夫子稱其『巍巍』。」又曰：「堯與天爲一處，民無能名。所能名者，事業禮樂法度而已。」

正卿問：「舜禹有天下而不與，莫是物各付物，順天之道否？」曰：「據本文說，只是崇高富貴不入其心，雖有天下而不與耳。巍巍，是至高底意思。大凡人有得些小物事，便覺累其心。今富有天下，一似不曾有相似，豈不是高！」恪。

不與，只是不相干之義。言天下自是天下，我事自是我事，不被那天下來移著。義剛。

正淳論：「『不以位爲樂』，恐不特舜禹爲然。」曰：「不必如此說。如孟子論禹湯一段，不成武王不執中，湯却泄邇、忘遠！此章之旨，與後章禹無間然之意同，是各舉他身上一件切底事言之。」必大。

因論「舜禹有天下而不與」之義，曰：「此等處，且玩味本文，看他語意所重落向何處。明道說得義理甚閎闊，集注却說得小。然觀經文語意落處，却恐集注得之。」必大。

大哉堯之爲君章

「惟天爲大，惟堯則之」，只是尊堯之詞。不必謂獨堯能如此，而他聖人不與也。淳。

「惟堯則之」一章。曰：「雖蕩蕩無能名，也亦有巍巍之成功可見，又有焕乎之文章可覩。」謨。

「大哉堯之爲君！」炎謂：「吴才老書解説驩兜、共工輩在堯朝，堯却能容得他，舜便容他不得，可見堯之大處，舜終是不若堯之大。」曰：「吴解亦自有説得好處。舜自側微而興，以至即帝位，此三四人終是有不服底意，舜只得行遣。故曰：『四罪而天下咸服。』」炎。

舜有臣五人章

魏問：「集注云『惟唐虞之際乃盈於此』，此恐將『舜有臣五人』一句閑了。」曰：「寧可將上一句存在這裏。若從元注説，則是『亂臣十人』，却多於前，於今爲盛。却是舜臣五人，不得如後來盛！」賀孫。

李問「至德」。曰：「『三分天下有其二』，天命人心歸之，自可見其德之盛了。然如此而猶且不取，乃見其至處。」雉。

問：「『三分天下有其二，以服事商』，使文王更在十三四年，將終事紂乎，抑爲武王牧野之舉乎？」曰：「看文王亦不是安坐不做事底人。如詩中言：『文王受命，有此武功。既伐于崇，作邑于豐，文王烝哉！』武功皆是文王做來。詩載武王武功却少，但卒其伐功耳。觀文王一時氣勢如此，度必不終竟休了。一似果實，文王待他十分黄熟自落下來，武王却是生拍破一般。」寓。

或問以爲：「文王之時，天下已二分服其化。使文王不死，數年天下必盡服。不俟武王征伐，而天下自歸之矣。」曰：「自家心如何測度得聖人心！孟子曰：『取之而燕民不悦，則勿取，古之人有行之者，文王是也。』聖人已説底話尚未理會得，何況聖人未做底事，如何測度得！」後再有問者，先生乃曰：「若紂之惡極，文王未死，也只得征伐救民。」僩。

問：「文王受命是如何？」曰：「只是天下歸之。」問：「太王翦商，是有此事否？」曰：「此不可考矣。但據詩云：『至于太王，實始翦商。』左傳云：『泰伯不從，是以不嗣。』要之，周自日前積累以來，其勢日大；又當商家無道之時，天下趨周，其勢自爾。至文王三分有二，以服事殷，孔子乃稱其『至德』。若非文王，亦須取了。孔子稱『至德』只二人，皆可爲而不爲者也。周子曰：『天下，勢而已矣。勢，輕重也。』周家基業日大，其勢已重，民又日趨之，其勢愈重。此重則彼自輕，勢也。」璘。

因説文王事商，曰：「文王但是做得從容不迫，不便去伐商太猛耳。東坡説，文王只是依本分做，諸侯自歸之。」或問：「此有所據否？」曰：「這也見未得在。但是文王伐崇、戡黎等事，又自顯然。書説『王季勤勞王家』，詩云太王翦商，都是他子孫自説，不成他子孫誣其父祖！春秋分明説『泰伯不從』，是不從甚底事？若泰伯居武王之世，也只是爲諸侯。但時措之宜，聖人又有不得已處。横渠云：『商之中世，都棄了西方之地，不管他，所以戎狄復進入中國，太王所以遷於岐。』然岐下也只是箇荒涼之地，太王自去立箇家計如此。」夔孫。

問：「文王『三分天下有其二』一段，據本意，只是説文王。或問中載胡氏説，又兼武王而言，以爲武王之間以服事商，如何？」曰：「也不消如此説，某也謾載放那裏，這箇難説。而今都回互箇聖人，説得忒好，也不得。如東坡駡武王不是聖人，又也無禮。只是孔子便説得來平，如『武未盡善』。此等處未消理會，且存放那裏。」僩。

禹吾無間然章

范益之問：「五峰説『禹無間然矣』章，云是『禹以鯀遭殛死，而不忍享天下之奉』，此説如何？」曰：「聖人自是薄於奉己，而重於宗廟朝廷之事。若只恁地説，則較狹了。後來著知言，也不曾如此説。」義剛。

韍，蔽膝也，以韋爲之。韋，熟皮也。有虞氏以革，夏后氏以山，「殷火，周龍章」。祭服謂之韍，朝服謂之韠。左氏：「帶裳韠舄。」泳。

朱子語類卷第三十六

論語十八

子罕篇上

子罕言利章

行夫問「子罕言利，與命，與仁」。曰：「罕言者，不是不言，又不可多言，特罕言之耳。罕言利者，蓋凡做事只循這道理做去，利自在其中矣。如『利涉大川』，『利用行師』，聖人豈不言利？但所以罕言者，正恐人求之則害義矣。罕言命者，凡吉凶禍福皆是命。若儘言命，恐人皆委之於命，而人事廢矣，所以罕言。罕言仁者，恐人輕易看了，不知切己上做工夫。然聖人若不言，則人又理會不得如何是利，如何是命，如何是仁，故不可不言。但雖不言利，而所言者無非利；雖不言命，而所言者無非命；雖不言仁，而所言者無非仁。」恪。

問「子罕言利，與命，與仁」。曰：「這『利』字是箇監平聲。界鏖糟的物事。若説全不要利，又不成特地去利而就害。若纔説著利，少間便使人生計較，又不成模樣。所以孔子於易，只説『利者義之和』，又曰『利物足以和義』，只説到這裏住。」又曰：「只認義和處便是利，不去利上求利了。孟子只説箇仁義，『未有仁而遺其親，未有義而後其君』。只説到箇『義』字時，早是掉了那『利』字不説了。緣他是箇裏外牽連底物事，纔牽著這一邊，便動那一邊，所以這字難説。『命』字亦是如此，也是箇監界物事。孔子亦非不説，如云『不知命』之類。只是都不説著，便又使人都不知箇限量；若只説著時，便又使人百事都放倒了，不去做。只管説仁之弊，於近世胡氏父子見之。踢著脚指頭便是仁，少間都使人不去窮其理是如何，只是口裏説箇『仁』字，便有此等病出來。」僩。

「子罕言利，與命，與仁。」非不言，罕言之爾。利，誰不要？才專説，便一向向利上去。命，不可專恃；若專恃命，則一向胡做去。仁，學者所求，非不説，但不常常把來口裏説。泳。

問「子罕言利」。曰：「利最難言。利不是不好。但聖人方要言，恐人一向去趨利；方不言，不應是教人去就害，故但罕言之耳。蓋『利者義之和』，義之和處便利。老蘇嘗以爲義剛而不和，惟有利在其中，故和。此不成議論，蓋義之和即是利，却不是因義之不和，而遂用些小利以和之。後來東坡解易亦用此説，更不成議論也。」時舉。

問：「『子罕言利』，孔子自不曾説及利，豈但罕言而已？」曰：「大易一書所言多矣。利，只是這箇利。若只管説與人，未必曉得『以義爲利』之意，却一向只管營營貪得計較。孟子曰：『未有仁而遺其親，未有義而後其君。』這箇是説利，但人不可先計其利。惟知行吾仁，非爲不遺其親而行仁；惟知行吾義，不爲不後其君而行義。」賀孫。

文振問「子罕言利，與命，與仁」。曰：「命只是一箇命，有以理言者，有以氣言者。天之所以賦與人者，是理也；人之所以壽夭窮通者，是氣也。理精微而難言，氣數又不可盡委之而至於廢人事，故聖人罕言之也。仁之理至大，數言之，不惟使人躐等，亦使人有玩之之心。蓋舉口便説仁，人便自不把當事了。」時舉。

「命有二：『天命』之『命』固難説。只貴賤得喪委之於命，亦不可。仁在學者力行。利亦不是不好底物事，才專説利，便廢義。」泳。

問：「子罕言仁，論語何以説仁亦多？」曰：「聖人也不容易説與人，只説與幾箇向上底。」淳。

問：「子所罕言之命，恐只是指夫人之窮通者言之。今范、楊、尹氏皆以『盡性』、『知性」爲言，不求之過否？」曰：「命，只是窮通之命。」必大。集義。

問：「或曰：『「罕言利」，是何等利？』楊氏曰『一般』云云。竊謂夫子罕言者，乃『放於利而行』之『利』。若『利用出入』，乃義之所安處，却不可以爲一般。」曰：「『利用出入』之『利』，亦不可去尋討。尋討著，便是『放於利』之『利』。如言『利物足以和義』，只去利物，不言自利。」又曰：「只『元亨利貞』之『利』，亦不可計較，計較著即害義。爲義之人，只知有義而已，不知利之爲利。」必大。

或問：「龜山『都一般』之説似可疑。」曰：「易所言『利』字，謂當做底。若『放於利而行』之『利』，夫子誠罕言。二『利』字豈可做一般！」㽦。

正淳問尹氏子罕一章。曰：「尹氏『命』字之説誤。此只是『不知命無以爲君子』之『命』。故曰『計利則害義，言命則廢事』也。」必大。

麻冕禮也章

麻冕，緇布冠也，以三十升布爲之。升八十縷，則其經二千四百縷矣。八十縷，四十抄也。泳。

「純，儉」，絲也。不如用絲之省約。泳。

子絶四章

「絶四」是徹上徹下。

這「意」字，正是計較底私意。僩。

問：「意如何毋得？」曰：「凡事順理，則意自正。『毋意』者，主理而言。不順理，則只是自家私意。」可學。

必，在事先；固，在事後。固，只是滯不化。德明。

必，在事先；固，在事後。如做一件事不是了，只管固執，道我做得是。植。

意，私意之發。必，在事先；固，在事後。我，私意成就。四者相因如循環。閎祖。

徐問「意、必、固、我」。曰：「意，是要如此。聖人只看理當爲便爲，不當爲便不爲，不曾道我要做，我不要做。只容一箇『我』，便是意了。」曰：「必、固之私輕，意、我之私重否？」曰：「意、必、固、我，只一套去。意是初創如此，有私意，便到那必處；必，便到固滯不通處；固，便到有我之私處。意，是我之發端；我，是意之成就。」曰：「我，是有人己之私否？」曰：「人自是人，己自是己，不必把人對説。我，只是任己私去做，便於我者則做，不便於我者則不做。只管就己上計較利害，與人何相關。人多要人我合一，人我如何合得！呂銘曰：『立己與物，私爲町畦。』他們都說人己合一。克己，只是克去己私，如何便說到人己爲一處！物我自有一等差。只是仁者做得在這裏了，要得人也如此，便推去及人。所以『親親而仁民，仁民而愛物』。人我只是理一，分自不同。」淳。寓同。

余國秀問「毋意、必、固、我」。曰：「意，是發意要如此；必，是先事而期必；固，是事過而執滯；到我，但知有我，不知有人。必之時淺，固之時長。譬如士人赴試，須要必得，到揭榜後，便已必不得了。但得則喜，喜不能得化；不得則慍，慍亦不能得化，以此知固時久也。意是始，我是終，必、固在中間，亦是一節重似一節也。」又云：「『言必信，行必果。』言自合著信，行自合著果，何待安排。才有心去必他，便是不活，便不能久矣。」又云：「意是絲毫，我是成一山嶽也。」時。

「意、必、固、我」，亦自有先後。凡起意作一事，便用必期之望。所期之事或未至，或已過，又執滯而留於心，故有有我之患。意是爲惡先鋒，我是爲惡成就。正如四德，貞是好底成就處，我是惡底成就處。人傑。

意者，有我之端；我，則意之效。先立是意，要如此而爲之，然後有必，有固，而一向要每事皆己出也。聖人作事，初無私意。或爲，或不爲，不在己意，而惟理之是從，又何固、必、有我哉！力行。

問：「『意，私意也。我，私己也。』看得來私己是箇病根，有我則有意。」曰：「意是初發底意思，我則結撮成箇物事矣。有我則又起意，展轉不已。此四事一似那『元、亨、利、貞』，但『元、亨、利、貞』是好事，此是不好事。」廣。

吴仁父問「意、必、固、我」。曰：「須知四者之相生：凡人做事，必先起意，不問理之是非，必期欲事成而已。事既成，是非得失已定，又復執滯不化，是之謂固。三者只成就得一箇我。及至我之根源愈大，少間三者又從這裏生出。我生意，意又生必，必又生固，又歸宿於我。正如『元、亨、利、貞』，元了亨，亨了又利，利了又貞，循環不已。」僩。

吴伯英問「意、必、固、我」。曰：「四者始於我，而終於我。人惟有我，故任私意；既任私意，百病俱生。做事未至，而有期必之心；事既有過，則有固滯之患。凡若此者，又只是成就一箇我耳。」壯祖。

「絶四」。先生曰：「此四者亦是相因底始於有私意。有私意，定是有期必；既期必，又生固滯，却結裹做箇有我出來。」炎。

無「意、必、固、我」而凝然中立者，中也。端蒙。

必，在事先；固，在事後。有意、必、固三者，乃成一箇我。如道是我恁地做，蓋固滯而不化，便成一箇我。横渠曰：「四者有一焉，則與天地不相似。」植。集注。

問：「橫渠謂：『四者有一焉，則與天地不相似。』略有可疑。」曰：「人之爲事，亦有其初未必出於私意，而後來不能化去者。若曰絶私意則四者皆無，則曰『子絶一』便得，何用更言『絶四』？以此知四者又各是一病也。」時舉。

問：「意、必、固、我，有無次第？」曰：「意，是私意始萌，既起此意。必，是期要必行。固，是既行之後，滯而不化。我，是緣此後便只知有我。此四者似有終始次序。必者，迎之於前；固者，滯之於後。此四者正與『元、亨、利、貞』四者相類。『元者，善之長』，貞是箇善底成就處。意是造作始萌，我是箇惡底成就處。」又問：「『敬則無己可克。』若學之始，則須從絶四去，如何？」曰：「敬是成己之敬，可知無己可克。此四者，須是始學亦須便要絶去之。」又問「復於喜、怒、哀、樂未發之前」。曰：「此語，尹子已辨之，疑記録有差處。」又問：「『意、必、固、我既亡之後，學者所宜盡心』，如何？」曰：「所謂『學者所宜盡心』，於此事而學之，非謂意、必、固、我既亡之後始盡心耳。」又問：「橫渠云：『四者既亡，則「以直養而無害」。』」曰：「此『直』字説得重了。觀孟子所説處，説得觕。直，只是『自反而縮』。後人求之太深，説得忒夾細了。」㽦。集義。

問：「『君子之學，在於意、必、固、我既亡之後，而復於喜、怒、哀、樂未發之前』，如何？」曰：「不然。尹和靖一段好。意、必、固、我是要得無。未發之前，衆人俱有，却是要發而中節，與此不相類。」又問：「若自學者而言，欲絶意、必、固、我。到聖人地位，無此四者，則復於未發之前。復於未發之前，蓋全其天理耳。」曰：「固是如此。但發時豈不要全？」因命敬之取和靖語録來檢看。又云：「他意亦好，却説不好。」可學。

「『君子之學，在意、必、固、我既亡之後，而復於喜、怒、哀、樂未發之前』，何也？」曰：「『意、必、固、我既亡之後』，盡心於學，所言是也。喜、怒、哀、樂自有發時，有未發時。各隨處做工夫，如何强復之於未發？尹氏語録中辨此甚詳。」必大。

「『求之於喜、怒、哀、樂未發之前，而體之於意、必、固、我既亡之後。』如此説著，便害義理。此二句不可相對説。喜、怒、哀、樂未發之前，固無可求；及其既發，亦有中節、不中節之異。發若中節者，有何不可！至如意、必、固、我，則斷不可有，二者焉得而對語哉！横渠謂『意、必、固、我，自始學至成德，竭兩端之教』者，謂夫子教人絶此四者，故皆以『毋』字爲禁止之辭。」或謂「意、必、固、我既亡之後，必有事焉」者。曰：「意、必、固、我既亡，便是天理流行，鳶飛魚躍，何必更任私意也！」謨。

問：「『意、必、固、我既亡之後，必有事焉』，所謂『有事』者如何？」曰：「横渠亦有此説。若既無此，天理流出，亦須省著。」可學。

問：「意、必、固、我，伊川以『發而當者，理也；發而不當者，私意也』。此語是否？」

曰：「不是如此。所謂『毋意』者，是不任己意，只看道理如何。見得道理是合當如此做，便順理做將去，自家更無些子私心，所以謂之『毋意』。若才有些安排布置底心，便是任私意。若元不見得道理，只是任自家意思做將去，便是私意。縱使發而偶然當理，也只是私意，未說到當理在。伊川之語，想是被門人錯記了，不可知。」僩。張子曰：「意，有思也。」未安。意却是箇有爲底意思。爲此一事，故起此一意也。必大。

「我，有方也。」方，所也，猶言有限隔也。端蒙。

守約問：「橫渠說：『絶四之外，心可存處，必有事焉，聖不可知也。』」曰：「這句難理會。舊見橫渠理窟，見他裏面說有這樣大意。說無是四者了，便當自有箇所嚮，所謂『聖不可知』，只是道這意思難說。橫渠儘會做文章，如西銘及應用之文，如百椀燈詩，甚敏。到說話，却如此難曉，怕是關西人語言自是如此。」賀孫。

問：「張子曰云云。或問謂此條『語意簡奥，若不可曉』。竊以張子下數條語考之，似以『必有事焉』爲理義之精微處。其意大抵謂善不可以有心爲，雖夷清惠和，猶爲偏倚，未得謂之精義。故謂『絶四』之外，下頭有一不犯手勢自然底道理，方真是義。孟子之言，蓋謂下頭必有此道理，乃『聖而不可知』處。此說於孟子本意殊不合，然未審張子之說是如此否？」曰：「橫渠此説，又拽退孟子數重，自説得深。古聖賢無此等議論。若如此説，將使讀者終身理會不得，其流必有弊。」必大。

橫渠之意，以「絶」爲禁止之辭。是言聖人將這四者使學者禁絶而勿爲。「毋」字亦是禁止之意。故曰：「自始學至成德，竭兩端之教也。」必，是事之未來處；固，是事之已過處。道夫。

伯豐問：「張子曰：『毋意、必、固、我，然後能範圍天地之化。』」曰：「固是如此。四者未除，如何能範圍天地！但如此説話，終是稍寬耳。」㽦。

子畏於匡章

「文不在茲乎！」言「在茲」，便是「天未喪斯文」。淳。

「後死者」，夫子自謂也。「死」字對「没」字。泳。

問：「『天之將喪斯文』，『未喪斯文』，文即是道否？」曰：「既是道，安得有喪、未喪！文亦先王之禮文。聖人於此，極是留意。蓋古之聖人既竭心思焉，將行之萬世而無弊者也，故常恐其喪失而不可考。」大雅。

「後死者」是對上文「文王」言之。如曰「未亡人」之類，此孔子自謂也。與「天生德於予」意思一般。斯文既在孔子，孔子便做著天在。孔子此語，亦是被匡人圍得緊後，方說出來。又問：「孔子萬一不能免匡人之難時，如何？」曰：「孔子自見得了。」𥲤。

「『子畏於匡』一節，看來夫子平日不曾如此說，往往多謙抑，與此不同。」先生笑云：「此却是真箇事急了，不覺說將出來。」炎。

敬之問：「明道：『「舍我其誰」，是有所受命之辭。「匡人其如予何」，是聖人自做著天裏。孟子是論世之盛衰，己之去就，故聽之於天。孔子言道之盛衰，自應以己任之。』未審此說如何？」曰：「不消如此看。明道這說話，固是說未盡。如孔子云『天之將喪斯文』，『天之未喪斯文』，看此語也只看天如何。只是要緊不在此處。要緊是看聖賢所以出處大節。」賀孫。

問：「程子云：『夫子免於匡人之圍，亦苟脫也。』此言何謂？」曰：「謂當時或爲匡人所殺，亦無十成。」某云：「夫子自言『匡人其如予何』，程子謂『知其必不能違天害己』，何故却復有此說？」曰：「理固如是，事則不可知。」必大。

問：「呂氏曰：『文者，前後聖之所修，道則出乎天而已。故孔子以道之廢興付之命，以文之得喪任諸己。』」曰：「道只是有廢興，却喪不得。文如三代禮樂制度，若喪，便掃地。」𥲤。

太宰問於子貢章

先生曰：「太宰云：『夫子聖者歟！何其多能也？』是以多能爲聖也。子貢對以夫子『固天縱之將聖，又多能也』。是以多能爲聖人餘事也。子曰：『吾少也賤，故多能鄙事。君子多乎哉？不多也。』是以聖爲不在於多能也。三者之説不同，諸君且道誰説得聖人地位著？」諸生多主夫子之言。先生曰：「太宰以多能爲聖，固不是。若要形容聖人地位，則子貢之言爲盡。蓋聖主於德，固不在多能，然聖人未有不多能者。夫子以多能不可以律人，故言君子不多，尚德而不尚藝之意，其實聖人未嘗不多能也。」柄。

問：「太宰初以多能爲夫子之聖。子貢所答方正説得聖人體段。夫子聞之數語，却是謙辭，及有多能非所以率人之意。」曰：「固是子貢説得聖人本分底。聖人所説乃謙辭。」植。

「太宰知我乎」以下，煞有曲折意思。聖人不直謂太宰不足以知我，只説太宰也知我，這便見聖人待人恁地温厚。又曰：「聖人自是多能。今若只去學多能，則只是一箇雜骨董底人，所以説：『君子多乎哉？不多也。』」義剛。

問：「夫子多材多藝，何故能爾？」曰：「聖人本領大，故雖是材藝，他做得自別。只如禮，聖人動容周旋，俯仰升降，自是與它人不同。如射亦然。天生聖人，氣禀清明，自是與他人不同。列子嘗言聖人力能拓關，雖未可信，然要之，聖人本領大後，事事做得出來自別。」銖。

問「吾不試，故藝」。曰：「想見聖人事事會，但不見用，所以人只見它小小技藝。若使其得用，便做出大功業來，不復有小小技藝之可見矣。」問：「此亦是聖人賢於堯舜處否？」曰：「也不須如此說。聖人賢於堯舜處，却在於收拾累代聖人之典章、禮樂、制度、義理，以垂於世，不在此等小小處。此等處，非所以論聖人之優劣也。横渠便是如此說，以爲孔子窮而在下，故做得許多事。如舜三十便徵庸了，想見舜於小事，也煞有不會處。雖是如此，也如此説不得。舜少年耕稼陶漁，也事事去做來，所以人無緣及得聖人。聖人事事從手頭更歷過來，所以都曉得。而今人事事都不會。最急者是禮樂，樂固不識了，只是日用常行吉凶之禮，也都不曾講得！」僩。

問：「『天縱之將聖。』『縱，猶肆也，言不爲限量』，何如？」曰：「天放縱聖人做得恁地，不去限量它。」問：「如此，愚不肖是天限量之乎？」曰：「看氣象，亦似天限量它一般。如這道理，聖人知得盡得，愚不肖要增進一分不得，硬拘定在這裏。」寓。集注。

「將聖」，殆也。殆，庶幾也，如而今說「將次」。「將」字訓大處多。詩中「亦孔之將」之類，多訓「大」。詩裏多叶韻，所以要如此等字使。若論語中，只是平說。泳。

吾有知乎哉章

問：「『吾有知乎哉』與『吾無隱乎爾』意一般否？」曰：「那箇說得闊，這箇主答問而言。」或曰：「那箇兼動静語默説了。」曰：「然。」燾。

林恭甫問此章。曰：「這『空空』是指鄙夫言。聖人不以其無所有而略之，故下句更用『我』字喚起。」義剛。

問：「竭兩端處，疑與『不憤不啓』一段相反。『不憤不啓』，聖人待人自理會，方啓發他。空空鄙夫，必著竭兩端告之，如何？」曰：「兩端，就一事而言。説這淺近道理，那箇深遠道理也便在這裏。如舉一隅，以四角言。這桌子舉起一角，便有三角在。兩端，以兩頭言之。凡言語，便有兩端。文字不可類看，這處與那處説又别，須是看他語脈。論這主意，在『吾有知乎哉？無知也』。此聖人謙辭，言我無所知，空空鄙夫來問，我又盡情説與他。凡聖人謙辭，未有無因而發者。這上面必有説話，門人想記不全，須求這意始得。如達巷黨人稱譽聖人『博學而無所成名』，聖人乃曰：『吾執御矣。』皆是因人譽己，聖人方承之以謙。此處想必是人稱道聖人無所不知，誨人不倦，有這般意思。聖人方道是我無知識，亦不是誨人不倦，但鄙夫來問，我則盡情向他説。若不如此，聖人何故自恁地謙？自今觀之，人無故説謙話，便似要人知模樣。」寓。

問：「伊川謂：『聖人之言必降而自卑，不如此則人不親；賢人之言必引而自高，不如此則道不尊。』此是形容聖人氣象不同邪？抑據其地位合當如此？」曰：「聖人極其高大，人自難企及，若更不俯就，則人愈畏憚而不敢進。賢人有未熟處，人未甚信服，若不引而自高，則人必以爲淺近不足爲。孟子，人皆以爲迂闊，把做無用。使孟子亦道我底誠迂闊無用，則何以起人慕心！所以與他争辨，不是要人尊己，直使人知斯道之大，庶幾竦動，著力去做。孔子嘗言：『如有用我者，期月而已可也。』又言：『吾其爲東周乎！』只作平常閑説。孟子言：『如欲平治天下，當今之世，舍我其誰！』便説得廣，是勢不得不如此。」又問：「如程子説話，亦引而自高否？」曰：「不必如此又生枝節。且就此本文上看一段，須反覆看來看去，要爛熟，方見意味快樂，令人都不欲看别段，始得。」淳。寓録云：「『程子曰：「聖人之言，必降而自卑，不如此則人不親；賢人之言，則引而自高，不如此則道不尊。」不審這處形容聖、賢氣象不同，或據其地位合著如此耶？』曰：『地位當如此。聖人極其高大，人皆疑之，以爲非我所能及；若更不恁地俯就，則人愈畏憚而不敢進。孟子於道雖已見到至處，然做處畢竟不似聖人熟，人不能不疑其所未至，若不引而自高，則人必以爲淺近而不足爲。孟子，人皆以爲迂闊，把他無用了。若孟子也道是我底誠迂闊無用，如何使得？所以與人辨，與人争，亦不是要人尊己，只要人知得斯道之大，庶幾使人竦動警覺。夫子常言：『如有用我者，期月而已可。』又言：『吾其爲東周乎！』只平常如此説。孟子便道：『如欲平治天下，當今之世，舍我其誰也！』便説得恁地奢遮，其勢不得不如此。這話，從來無人會如此説。非他程先生見得透，如何敢鑿空恁地説出來！」

正淳問：「『執兩端』與『竭兩端』，如何？」曰：「兩端也只一般，猶言頭尾也。執兩端，方識得一箇中；竭兩端，言徹頭徹尾都盡也。」問：「只此是一言而盡這道理，如何？」曰：「有一言而盡者，有數言而盡者。如樊遲問仁，曰：『愛人。』問知，曰：『知人。』此雖一言而盡，推而遠之，亦無不盡。如子路正名之論，直説到『無所措手足』。如子路問政，哀公問政，皆累言而盡。但只聖人之言，上下本末，始終小大，無不兼舉。」端蒙。

鳳鳥不至章

「鳳鳥不至。」聖人尋常多有謙詞，有時亦自諱不得。泳。

子見齊衰者章

康叔臨問：「作與趨者，敬之貌也，何爲施之於齊衰與瞽者？」曰：「作與趨固是敬，然敬心之所由發則不同：見冕衣裳者，敬心生焉，而因用其敬；見齊衰者、瞽者，則哀矜之心動於中，而自加敬也。呂刑所謂『哀敬折獄』，正此意也。」蓋卿。震録疑聞同。

叔臨問：「『雖少必作，過之必趨』，欲以『作』字、『趨』字說做敬，不知如何？」曰：「固是敬，須是看這敬心所從發處。如見齊衰，是敬心生於哀；見瞽者，是敬心生於閔。」震。

問：「作與趨，如何見得聖人哀矜之心？」曰：「只見之，過之，而變容動色，便是哀矜之，豈真涕泣而後謂之哀矜也！」燾。

顏淵喟然嘆章

學者說「顏子喟然嘆曰」一章。曰：「公只消理會：顏子因何見得到這裏？是見箇甚麼物事？」衆無應者。先生遂曰：「要緊只在『夫子循循然善誘人，博我以文，約我以禮』三句上。須看夫子『循循然善誘』底意思是如何。聖人教人，要緊只在『格物、致知』，『克己、復禮』。這箇窮理，是開天聰明，是甚次第！」賀孫。

夫子教顏子，只是博文、約禮兩事。自堯舜以來，便自如此說。「惟精」便是博文，「惟一」便是約禮。義剛。

「博我以文，約我以禮」，聖門教人，只此兩事，須是互相發明。約禮底工夫深，則博文底工夫愈明；博文底工夫至，則約禮底工夫愈密。廣。

「博我以文，約我以禮」，聖人教人，只此兩事。博文工夫固多，約禮只是這些子。如此是天理，如此是人欲。不入人欲，則是天理。「禮者，天理之節文」。節謂等差，文謂文采。等差不同，必有文以行之。鄉黨一篇，乃聖人動容周旋皆中禮處。與上大夫言，自然誾誾；與下大夫言，自然侃侃。若與上大夫言却侃侃，與下大夫言却誾誾，便不是。聖人在這地位，知這則樣，莫不中節。今人應事，此心不熟，便解忘了。又云：「聖賢於節文處描畫出這樣子，令人依本子去學。譬如小兒學書，其始如何便寫得好。須是一筆一畫都依他底，久久自然好去。」又云：「天理、人欲，只要認得分明。便喫一盞茶時，亦要知其孰爲天理，孰爲人欲。」人傑。

安卿問：「博文是求之於外，約禮是求之於内否？」曰：「何者爲外？博文也是自内裏做出來。我本來有此道理，只是要去求。知須是致，物須是格。雖是説博，然求來求去，終歸於一理，乃所以約禮也。易所謂：『尺蠖之屈，以求伸也；龍蛇之蟄，以存身也；精義入神，以致用也；利用安身，以崇德也。』而今尺蠖蟲子屈得一寸，便能伸得一寸來許；他之屈，乃所以爲伸。龍蛇於冬若不蟄，則凍殺了；其蟄也，乃所以存身也。『精義入神』，乃所以致用也；『利用安身』，乃所以崇德也。『欲罷不能』，如人行步，左脚起了，不由得右脚不起。所謂『過此以往，未之或知也』。若是到那『窮神知化』，則須是『德之盛也』方能。顏子其初見得聖人之道尚未甚定，所以説『彌高，彌堅，在前，在後』。及博文、約禮工夫既到，則見得『如有所立，卓爾』。但到此却用力不得了，只待他熟後，自到那田地。」義剛。

國秀問：「所以博文、約禮，格物、致知，是教顏子就事物上理會。『克己復禮』，却是顏子有諸己。」曰：「格那物，致吾之知也，便是會有諸己。」賀孫。

因論「博我以文」，曰：「固是要就書册上理會。然書册上所載者是許多，書册載不盡底又是多少，都要理會。」僩。

正淳問「顏淵喟然歎曰」一段。曰：「吾人未到他地位，畢竟未識説箇甚麽。」再問，乃曰：「『瞻之在前，忽然在後』，是没捉摸處，是他顏子見得恁地。『如有所立，卓爾』，是聖人已到顏子未到處。」𠷎。以下總論。

顏淵喟然歎處，是顏子見得未定，只見得一箇大物事，没奈他何。節。

顏子「仰之彌高，鑽之彌堅，瞻之在前，忽然在後」，不是別有箇物事。只是做來做去，只管不到聖人處。若做得緊，又太過了；若放慢做，又不及。聖人則動容周旋，都是這道理。義剛。

或問顏子鑽仰。曰：「顏子鑽仰前後，只得摸索不著意思。及至盡力以求之，則有所謂卓然矣。見聖人氣象，大概如此。然到此時工夫細密，從前篤學力行底粗工夫，全無所用。蓋當此時只有些子未安樂，但須涵養將去，自然到聖人地位也。」力行。

仰高鑽堅，瞻前忽後，此猶是見得未親切在。「如有所立，卓爾」，方始親切。「雖欲從之，末由也已」，只是脚步未到，蓋不能得似聖人從容中道也。閎祖。

「瞻之在前，忽然在後」，是猶見得未定。及「所立卓爾」，則已見得定，但未到爾。只是天理自然底，不待安排。所以著力不得時，蓋爲安排著便不自然，便與他底不相似。這箇「卓爾」，事事有在裏面，亦如「一以貫之」相似。佐。

或問「瞻前忽後」章。曰：「此是顏子當初尋討不著時節，瞻之却似在前，及到著力趕上，又却在後；及鑽得一重了，又却有一重；及仰之，又却煞高；及至上得一層了，又有一層。到夫子教人者，又却『循循善誘』，既博之以文，又約之以禮。博之以文，是事事物物皆窮究；約之以禮，是使之復禮，却只如此教我循循然去下工夫，久而後見道體卓爾立在這裏，此已見得親切處。然『雖欲從之』，却又『末由也已』，此是顏子未達一間時，此是顏子說己當初捉摸不著時事。」祖道問：「顏子此說亦是立一箇則例與學者求道用力處，故程子以爲學者須學顏子，有可依據，孟子才大難學者也。」曰：「然。」祖道。

周元興問：「顏子當鑽仰瞻忽時，果何所見？」曰：「顏子初見聖人之道廣大如此，欲向前求之，轉覺無下手處；退而求之，則見聖人所以循循然善誘之者，不過博文約禮。於是就此處竭力求之，而所見始親切的當，如有所立卓爾在前，而歎其峻絶著力不得也。」又問：「顏子合下何不便做博文、約禮工夫？」曰：「顏子氣禀高明，合下見得聖人道大如此，未肯便向下學中求。及其用力之久，而後知其真不外此，故只於此處著力爾。」銖。

問：「顏子瞻忽事，爲其見得如此，所以『欲罷不能』？」曰：「只爲夫子博之以文，約之以禮，所以『欲罷不能』。」問：「瞻忽前後，是初見時事；仰高鑽堅，乃其所用力處。」曰：「只是初見得些小，未能無礙，奈何他不得。夫子又只告以博文、約禮，顏子便服膺拳拳弗失。緊要是博文、約禮。」問：「顏子後來用力，見得『如有所立卓爾』，何故又曰『雖欲從之，末由也已』？」曰：「到此亦無所用力。只是博文、約禮，積久自然見得。」德明。

問：「顏子喟然歎處，莫正是未達一間之意？夫顏子無形顯之過，夫子稱其『三月不違仁』。所謂違仁，莫是有纖毫私欲發見否？」曰：「易傳中説得好，云：『既未能「不勉而中」，「所欲不踰矩」，是有過也。』瞻前忽後，是顏子見聖人不可及，無捉摸處。『如有所立卓爾』，却是真箇見得分明。」又曰：「顏子纔有不順意處，有要著力處，便是過。」人傑。

夫子之教顏子，只是博文、約禮二事。至於「欲罷不能，既竭吾才，如有所立卓爾」處，只欠箇熟。所謂「過此以往，未之或知也。窮神知化，德之盛也」。人傑。

問「顔淵喟然歎」章。曰：「『仰鑽瞻忽』四句是一箇關。『如有所立卓爾』處又是一箇關。不是夫子循循善誘，博文、約禮，便雖見得高堅前後，亦無下手處。惟其如此，所以過得這一關。『欲罷不能』，非止是約禮一節；博文一節處，亦是『欲罷不能』。博文了，又約禮；約禮了，又博文。恁地做去，所以『欲罷不能』。至於『如有所立』去處，見得大段親切了。那『末由也已』一節，却自著力不得。著力得處，顔子自著力了；博文、約禮，是著力得處也。」又曰：「顔子爲是先見得這箇物事了，自高堅前後做得那卓爾處，一節親切如一節了。如今學者元不曾識那箇高堅前後底是甚物事，更怎望他卓爾底！」植。

問「瞻之在前」四句。曰：「此段有兩重關。此處顔子非是都不曾見得。顔子已是到這裏了，比他人都不曾到。」問：「聖人教人先博文而後約禮，横渠先以禮教人，何也？」曰：「學禮中也有博文。如講明制度文爲，這都是文；那行處方是約禮也。」夔孫。

「欲罷不能」，是住不得處。惟「欲罷不能」，故「竭吾才」。不惟見得顔子善學聖人，亦見聖人曲盡誘掖之道，使他歡喜，不知不覺得到氣力盡處。如人飲酒，飲得一盃好，只管飲去，不覺醉郎當了。夔孫。

大率看文字，且看從實處住。如「喟然歎」一章，且看到那欲罷不能處。如後面，只自家工夫到那田地，自見得，都不必如此去贊詠想像籠罩。燾。

問：「『如有所立卓爾』，只是説夫子之道高明如此，或是似有一物卓然可見之意否？」曰：「亦須有箇模樣。」問：「此是聖人不思不勉，從容自中之地。顔子鑽仰瞻忽，既竭其才，歎不能到。」曰：「顔子鑽仰瞻忽，初是捉摸不著。夫子不就此啓發顔子，只博之以文，約之以禮，令有用功處。顔子做這工夫，漸見得分曉，至於『欲罷不能』，已是住不得。及夫既竭吾才，如此精專，方見得夫子動容周旋無不中處，皆是天理之流行，卓然如此分曉。到這裏，只有箇生熟了。顔子些小未能渾化如夫子，故曰『雖欲從之，末由也已』。」德明。

問：「『如有所立卓爾』，是聖人不思不勉，從容自中處。顔子必思而後得，勉而後中，所以未至其地。」曰：「顔子竭才，便過之。」問：「如何過？」曰：「才是思勉，便過；不思勉，又不及。顔子勉而後中，便有些小不肯底意；心知其不可，故勉强擺回。此等意義，懸空逆料不得，須是親到那地位方自知。」問：「集注解『瞻之在前，忽然在後』，作『無方體』。」曰：「大概亦是如此。」德明。

恭父問：「顔子平日深潛沉粹，觸處從容，只於喟然之歎見得他煞苦切處。揚子云『顔苦孔之卓』，恐也是如此。到這裏，見得聖人直是峻極，要進這一步不得，便覺有懇切處。」曰：「顔子到這裏，也不是大段著力。只他自覺得要著力，自無所容其力。」賀孫。　恪録云：「恭父問：『顔子平日深潛純粹，到此似覺有苦心極力之象。只緣他工夫到後，視聖人地位，卓然只在目前，只這一步峻絶，直是難進。故其一時勇猛奮發，不得不如此。觀揚子雲言「顔苦孔之卓」，似乎下得箇「苦」字亦甚親切。但顔子只這一時勇猛如此，却不見迫切。到「末由也已」，亦只得放下。』曰：『看他别自有一箇道理。然玆苦也，玆其所以爲樂也。』」

程子曰：「到此地位工夫尤難，直是峻絶，又大段著力不得。」所以著力不得，緣聖人「不勉而中，不思而得」了。賢者若著力要不勉不思，便是思勉了，此所以説「大段著力不得」。今日勉之，明日勉之，勉而至於不勉；今日思之，明日思之，思而至於不思。自生而至熟，正如寫字一般。會寫底，固是會；不會寫底，須學他寫。今日寫，明日寫，自生而至熟，自然寫得。泳。集注。

問：「程子曰『到此地位』，至『著力不得』，何謂也？」曰：「未到這處，須是用力。到這處，自要用力不得。如孔子『六十而耳順，七十而從心』，這處如何用力得！只熟了，自然恁地去。横渠曰：『大可爲也，化不可爲也，在熟之而已。「過此以往，未之或知也。窮神知化，德之盛也」。』」淳。寓録同。洽録云：「到這裏直待他自熟。且如熟，還可著力否？」

問：「『顔淵喟然歎』一段，高堅前後，可形容否？」曰：「只是説難學，要學聖人之道，都摸索不著。要如此學不得，要如彼學又不得，方取他前，又見在後。這處皆是譬喻如此。其初恁地難，到『循循善誘』，方略有箇近傍處。」吴氏以爲卓爾亦不出乎日用行事之間。問：「如何見得？」曰：「是他見得恁地定，見得聖人定體規模。此處除是顔子方見得。」問：「程子言『到此大段著力不得』，胡氏又曰『不怠所從，必欲至乎卓立之地』，何也？」曰：「『末由也已』，不是到此便休了不用力。但工夫用得細，不似初間用許多粗氣力，如『博學、審問、慎思、明辯、篤行』之類。這處也只是循循地養將去。顔子與聖人大抵争些子，只有些子不自在。聖人便『不勉而中，不思而得』，這處如何大段著力得！才著力，又成思勉去也。只恁地養熟了，便忽然落在那窠窟裏。明道謂：『賢毋謂我不用力，我更著力！』淳録云：「明道謂：『賢看顥如此，顥煞用工夫！』」人見明道是從容。然明道却自有著力處，但細膩了，人見不得。」寓。

正淳問集注「顔子喟然而歎」一章，不用程子而用張子之説。曰：「此章經文自有次第。若不如張子説，須移『如有所立卓爾』向前，始得。」必大。

蜚卿問：「博約之説，程子或以爲知要，或以爲約束，如何？」曰：「『博我以文，約我以禮』與『博學於文，約之以禮』一般。但『博學於文，約之以禮』，孔子是汎言人能博文而又能約禮，可以弗畔夫道，而顔子則更深於此耳。侯氏謂博文是『致知、格物』，約禮是『克己復禮』，極分曉。而程子却作兩樣説，便是某有時曉他老先生説話不得。孟子曰『博學而詳説之，將以反説約也』，這却是知要。蓋天下之理，都理會透，到無可理會處，便約。蓋博而詳，所以方能説到要約處。約與要同。」道夫曰：「漢書『要求』字讀如『約束』。」曰：「然。」頃之，復曰：「『知崇禮卑』，聖人這箇『禮』字，如何説到那地位？」道夫曰：「知崇便是博，禮卑便是約否？」曰：「博然後崇，約然後卑。物理窮盡，卓然於事物之表，眼前都欄自家不住，如此則所謂崇。戒慎恐懼，一舉一動，一言一行，無不著力，如此則是卑。」問「卑法地」。曰：「只是極其卑爾。」又問：「知崇如天，禮卑如地，而後人之理行乎？」曰：「知禮成性，而天理行乎其間矣。」道夫。集義。

問：「橫渠説顏子三段，却似説顏子未到中處。」曰：「可知是未到從容中道。如『瞻之在前，忽焉在後』，便是橫渠指此做未能及中。蓋到這裏，又著力不得，才緊著便過了，稍自放慢便遠了。到此不争分毫間，只是做得到了，却只涵養。『既竭吾才，如有所立卓爾』，便是未到『不思而得』處；『雖欲從之，末由也已』，便是未到『不勉而中』處。」甾。

問橫渠説顏子發歎處。曰：「『高明不可窮』，是説『仰之彌高』；『博厚不可極』，是説『鑽之彌堅』；『中道不可識』，則『瞻之在前，忽然在後』。至其『欲罷不能，既竭吾才』，則方見『如有所立卓爾』。謂之『如』，則是於聖人中道所争不多。才著力些，便過；才放慢些，便不及，直是不容著力。」人傑。

「所謂『瞻之在前，忽然在後』，這只是箇『中庸不可能』。蓋聖人之道，是箇恰好底道理，所以不可及。自家纔著意要去做，不知不覺又蹉過了。且如『恭而安』，這是聖人不可及處。到得自家纔著意去學時，便恭而不安了，此其所以不可能。只是難得到恰好處，不著意又失了，纔著意又過了，所以難。横渠曰：『高明不可窮，博厚不可極，則中道不可識，蓋顔子之歎也。』雖説得拘，然亦自説得好。」或曰：「伊川過、不及之説，亦是此意否？」曰：「然。蓋方見聖人之道在前，自家要去趕著他，不知不覺地蹉過了，那聖人之道又却在自家後了。所謂『忽然在後』，也只是箇『中庸不可能』。『夫子循循然善誘人』，非特以博文、約禮分先後次序，博文中亦自有次序，約禮中亦自有次序，有箇先後淺深。『欲罷不能』，便只是就這博文、約禮中做工夫。合下做時，便是下這十分工夫去做。到得這歎時，便是『欲罷不能』之效。衆人與此異者，只是争這箇『欲罷不能』。做來做去，不知不覺地又住了。顔子則雖罷而自有所不能，不是勉强如此，此其所以異於人也。」又曰：「顔子工夫到此，已是七八分了。到得此，是滔滔地做將去，所以『欲罷不能』。如人過得箇關了，便平地行將去。」僩。

伯豐問：「顔子求『龍德正中』，而未見是『庸言之信，庸行之謹，閑邪存其誠』，聖人從容中道地位否？」曰：「然。」又問：「『極其大而後中可求』，如何？」曰：「此言『執其兩端，用其中於民』，正如程子室中、廳中、國中之説。不極其大，則不得其中也。」又問：「『止其中而後大可有』，如何？」曰：「在中間，便盡得四邊。若偏向這一邊，即照管那一邊不得。張子此語甚好。若云『未見其止』，却使得不是。『未見其止』，只是不息，非『得其所止』之『止』。」僩。

子疾病章

問：「『久矣哉，由之行詐！』是不特指那一事言也。」曰：「是指從來而言。」問：「人苟知未至，意未誠，則此等意慮時復發露而不自覺。」曰：「然。」廣。

問：「『由之行詐』，如何？」曰：「見子路要尊聖人，恥於無臣而爲之，一時不能循道理，子路本心亦不知其爲詐。然而子路尋常亦是有不明處，如死孔悝之難，是致死有見不到。只有一毫不誠，便是詐也。」饒本作：「子路平日强其所不知以爲知，故不以出公爲非。」僩。

問「子路使門人爲臣」一章。曰：「世間有一種事，分明是不好，人也皆知其不好。謂如子路使門人爲臣，此等事，未有不好，亦未爲欺天。但子路見不透，却把做好事去做了，不知其實却不是了。」燾。

子貢曰有美玉章

子貢只是如此設問，若曰「此物色是只藏之，惟復將出用之」耳，亦未可議其言之是非也。必大。

子欲居九夷章

問：「子欲居九夷，使聖人居之，真有可變之理否？」曰：「然。」或問：「九夷，前輩或以箕子爲證，謂朝鮮之類，是否？」曰：「此亦未見得。古者中國亦有夷、狄，如魯有淮夷，周有伊雒之戎是也。」又問：「此章與『乘桴浮海』，莫是戲言否？」曰：「只是見道不行，偶然發此歎，非戲言也。」因言：「後世只管説當時人君不能用聖人，不知亦用不得。每國有世臣把住了，如何容外人來做！如魯有三桓，齊有田氏，晉有六卿，比比皆然，如何容聖人插手！」雉。

出則事公卿章

「喪事不敢不勉，不爲酒困。」此等處，聖人必有爲而言。燾。

問「不爲酒困，何有於我哉」。曰：「語有兩處如此說，皆不可曉。尋常有三般說話：一以爲上數事我皆無有；一說謂此數事外我皆復何有；一說云於我何有，然皆未安，某今闕之。」去僞。集注今有定說。

正淳問：「『出則事公卿』一段，及范氏以『燕而不亂』爲『不爲酒困』，如何？」曰：「此說本卑，非有甚高之行，然工夫却愈精密，道理却愈無窮。故曰『知崇、禮卑』，又曰『崇德、廣業』。蓋德知雖高，然踐履却只是卑則愈廣。」又曰：「『德言盛，禮言恭，謙也者，致恭以存其位者也。』此章之義，似說得極低，然其實則說得極重。范氏似以『不爲酒困』爲不足道，故以燕飲不亂當之，過於深矣。」必大。

子在川上章

問「逝者如斯」。曰：「『逝』只訓往。『斯』字方指川流處。」植。

或問：「子在川上曰：『逝者如斯夫，不舍晝夜！』」曰：「古說是見川流，因歎。大抵過去底物不息，猶天運流行不息如此，亦警學者要當如此不息。蓋聖人之心『純亦不已』，所以能見之。」去僞。

問：「注云：『天地之化，往者過，來者續，無一息之停，乃道體之本然也。其可指而易見者，莫如川流，故於此發以示人。』其反而求之身心，固生生而不息，氣亦流通而不息。二者皆得之於天，與天地爲一體者也。然人之不能不息者有二：一是不知後行不得，二是役於欲後行不得。人須是下窮理工夫，使無一理之不明；下克己工夫，使無一私之或作。然此兩段工夫皆歸在敬上，故明道云：『其要只在慎獨。』」曰：「固是。若不慎獨，便去隱微處間斷了。能慎獨，然後無間斷。若或作或輟，如何得與天地相似！」廣。士毅録云：「此只要常常相續，不間斷了。」集注。

或問：「『天地之化，往者過，來者續，此道體之本然也。』如何？」曰：「程子言之矣，『天運而不已，日往則月來』云云，『皆與道爲體』。『與道爲體』，此句極好。某常記得舊作觀瀾記兩句云：『觀湍流之不息，悟有本之無窮。』」人傑。祖道録別出。

或問「子在川上」。曰：「此是形容道體。伊川所謂『與道爲體』，此一句最妙。某嘗爲人作觀瀾詞，其中有二句云：『觀川流之不息兮，悟有本之無窮。』」又問：「明道曰：『其要只在慎獨。』如何？」曰：「能慎獨，則無間斷，而其理不窮。若不慎獨，便有欲來參入裏面，便間斷了也，如何却會如川流底意！」又問：「明道云『自漢以來，諸儒皆不識此』，如何？」曰：「是他不識，如何却要道他識？此事除了孔孟，猶是佛老見得些形象。譬如畫人一般，佛老畫得些模樣。後來儒者於此全無相著，如何教他兩箇不做大！」祖道曰：

「只爲佛老從心上起工夫，其學雖不是，然却有本。儒者只從言語文字上做，有知此事是合理會者，亦只做一場話説過了，所以輸與他。」曰：「彼所謂心上工夫本不是，然却勝似儒者多。公此説却是。」祖道。

問：「注云：『此道體之本然也。』後又曰：『皆與道爲體。』向見先生説：『道無形體，却是這物事盛，載那道出來，故可見。「與道爲體」，言與之爲體也。這「體」字較粗。』如此，則與本然之體微不同。」曰：「也便在裏面。只是前面『體』字説得來較闊，連本末精粗都包在裏面；後面『與道爲體』之『體』，又説出那道之親切底骨子。恐人説物自物，道自道，所以指物以見道。其實這許多物事湊合來，便都是道之體，便在這許多物上，只是水上較親切易見。」僩。

公晦問：「『子在川上』注，『體』字是『體用』之『體』否？」曰：「只是這箇『體道』之『體』，只是道之骨子。」節。

問：「如何是『與道爲體』？」曰：「與那道爲形體。這體字却粗，只是形體。」問：「猶云『性者道之形體』否？」曰：「然。」僩。

問：「注云：『此道體也。』下面云：『是皆與道爲體。』『與』字，其義如何？」曰：「此等處要緊。『與道爲體』，是與那道爲體。道不可見，因從那上流出來。若無許多物事，又如何見得道？便是許多物事與那道爲體。水之流而不息，最易見者。如水之流而不息，便見得道體之自然。此等處，閑時好玩味。」炎。

「與道爲體」，此四字甚精。蓋物生水流，非道之體，乃與道爲體也。學蒙。

先生舉程子「與道爲體」之語示過，言：「道無形體可見。只看日往月來，寒往暑來，水流不息，物生不窮，顯顯者乃是『與道爲體』。」過。

問：「伊川曰『此道體也。天運而不已』，至『皆與道爲體』，如何？」曰：「『形而上者謂之道，形而下者謂之器』，道本無體。此四者，非道之體也，但因此則可以見道之體耳。那『無聲無臭』便是道。但尋從那『無聲無臭』處去，如何見得道？因有此四者，方見得那『無聲無臭』底，所以說『與道爲體』。」劉用之曰：「如炭與火相似。」曰：「也略是如此。」義剛。

徐問：「程子曰『日往則月來』，至『皆與道爲體』，何謂也？」曰：「日月寒暑等不是道。寓録云：「日往月來，寒往暑來，水流不息，物生不窮不是道。」然無這道，便也無這箇了。惟有這道，方始有這箇。既有這箇，則就上面便可見得道。這箇是與道做骨子。」問：「張思叔說：『此便是無窮。』伊川曰：『一箇「無窮」，如何便了得！』何也？」曰：「固是無窮，然須看因甚恁地無窮。須見得所以無窮處，始得。若說天只是高，地只是厚，便也無說了。須看所以如此者是如何。」淳。寓同。

周元興問「與道爲體」。曰：「天地日月，陰陽寒暑，皆『與道爲體』。」又問：「此『體』字如何？」曰：「是體質。道之本然之體不可見，觀此則可見無體之體，如陰陽五行爲太極之體。」又問：「太極是體，二五是用。」曰：「此是無體之體。」叔重曰：「如『其體則謂之易』否？」曰：「然。」又問：「有天德便可語王道。」曰：「有天德，則便是天理，便做得王道；無天德，則做王道不成。」又曰：「無天德，則是私意，是計較。後人多無天德，所以做王道不成。」節。

伊川說：「水流而不息，物生而不窮，皆與道爲體。」這箇「體」字，似那形體相似。道是虛底道理，因這箇物事上面方看見。如曆家說二十八宿爲天之體。天高遠，又更運轉不齊，不記這幾箇經星，如何見得他？「經禮三百，曲禮三千」，無一事之非仁。經禮、曲禮，便是與仁爲體。高。

至之問：「『逝者如斯夫，不舍晝夜！』便是『純亦不已』意思否？」曰：「固是。然此句在吾輩作如何使？」楊曰：「學者當體之以自强不息。」曰：「只是要得莫間斷。程子謂：『此天德也。有天德，便可語王道，其要只在慎獨。』慎獨與這裏何相關？只少有不慎，便斷了。」寓。

又曰：「天理流行之妙，若少有私欲以間之，便如水被些障塞，不得恁滔滔地流去。」

問：「程子謂：『自漢以來，儒者皆不識此義。』」曰：「是不曾識得。佛氏却略曾窺得上面些箇影子。」僩用。

問注中「有天德而後可以語王道」。先生云：「只是無些子私意。」「子在川上」一段注：「此道體之本然也。欲學者時時省察，而無毫髮之間斷。」才不省察，便間斷，此所以「其要只在慎獨」。人多於獨處間斷。泳。

因說此章，問曰：「今不知吾之心與天地之化是兩箇物事，是一箇物事？公且思量。」良久，乃曰：「今諸公讀書，只是去理會得文義，更不去理會得意。聖人言語，只是發明這箇道理。這箇道理，吾身也在裏面，萬物亦在裏面，天地亦在裏面。通同只是一箇物事，無障蔽，無遮礙。吾之心，即天地之心。聖人即川之流，便見得也是此理，無往而非極致。但天命至正，人心便邪；天命至公，人心便私；天命至大，人心便小，所以與天地不相似。而今講學，便要去得與天地不相似處，要與天地相似。」又曰：「虛空中都是這箇道理，聖人便隨事物上做出來。」又曰：「如今識得箇大原了，便見得事事物物都從本根上發出來。如一箇大樹，有箇根株，便有許多芽蘖枝葉，牽一箇則千百箇皆動。」夔孫。

因説「子在川上」章，問：「明道曰：『天地設位，而易行乎其中，只是敬也。敬則無間斷。』也是這意思？」曰：「固是天地與聖人一般，但明道説得寬。」夔孫。

問：「『見大水，必觀焉』，是何意？」曰：「只川上之歎，恐是夫子本語。孟荀之言，或是傳聞之訛。」必大。

我未見好德如好色章

至之問：「『好德如好色』，此即大學『如好好色』之意，要得誠如此。然集注載衛靈公事，與此意不相應，何也？」曰：「書不是恁地讀。除了靈公事，便有何發明？存靈公事在那上，便有何相礙？此皆没緊要。聖人當初只是恁地歎未見好德如那好色者。自家當虚心去看，又要反求思量，自己如何便是好德，如何便是好色，方有益。若只管去校量他，與聖人意思愈見差錯。聖人言語，自家當如奴僕，只去隨他，教住便住，教去便去。今却如與做師友一般，只去與他校，如何得！大學之説，自是大學之意；論語之説，自是論語之意。論語只是説過去，尾重則首輕，這一頭低，那一頭昂。大學只將兩句平頭説去，説得尤力。如何要合兩處意來做一説得！」淳。蜀録作「林一之問」，文少異。

叔重問：「何謂招摇？」曰：「如翱翔。」節。

語之而不惰章

讀「語之而不惰」，曰：「惟於行上見得他不惰。」時舉。

陳仲亨問：「『語之而不惰』，於甚處見得？」曰：「如『得一善，則拳拳服膺，而不失之矣』，『欲罷不能』，皆是其不惰處。」義剛。

問：「如何是不惰處？」曰：「顏子聽得夫子說話，自然住不得。若他人聽過了，半疑半信，若存若亡，安得不惰！」雉。

問：「語之不惰。」曰：「看來『不惰』，只是不說没緊要底話，蓋是那時也没心性說得没緊要底話了。」燾。

子謂顏淵章

問：「未見其止。」曰：「如横渠之說，以爲止是止於中，亦說得，但死而不活。蓋是顏子未到那處，未到那成就結果處。蓋顏子一箇規模許多大，若到那收因結果，必有大段可觀者也。」燾。

苗而不秀章

徐問：「『苗而不秀，秀而不實』，何所喻？」曰：「皆是勉人進學如此。這箇道理難當，只管恁地勉强去。『苗而不秀，秀而不實』，大概只説物有生而不到長養處，有長養而不到成就處。」淳。

苗須是秀，秀須是實，方成。不然，何所用？學不至實，亦何所用？

後生可畏章

「『後生可畏』，是方進者也；『四十五十而無聞』，是中道而止者也。」曰：「然。」

朱子語類卷第三十七

論語十九

子罕篇下

法語之言章

「法語之言」，「巽與之言」，巽，謂巽順。與他説，都是教他做好事，如「有言遜于汝志」。重處在「不改、不繹」。聖人謂如此等人，與他説得也不濟事，故曰：「吾末如之何也已！」端蒙。

植説：「此章集注云：『法語，人所敬憚，故必從。然不改，則面從而已。』如漢武帝見汲黯之直，深所敬憚，至帳中可其奏，可謂從矣。然黯論武帝『内多慾而外施仁義』，豈非面從！集注云：『巽言無所乖忤，故必悦。然不繹，又不足以知其微意之所在。』如孟子論太王好色、好貨，齊王豈不悦。若不知繹，則徒知古人所謂好色，不知其能使『内無怨女，外無曠夫』；徒知古人所謂好貨，不知其能使『居者有積倉，行者有裹糧』。」先生因曰：「集注中舉楊氏説，亦好。」植。

三軍可奪帥章

志若可奪，則如三軍之帥被人奪了。做官奪人志。志執得定，故不可奪；執不牢，也被物欲奪去。志真箇是不可奪！泳。

衣敝緼袍章

「衣敝緼袍」，是裏面夾衣，有綿作胎底。義剛。

「衣敝緼袍」，也有一等人資質自不愛者。然如此人亦難得。泳。

先生曰：「李閎祖云：『忮，是疾人之有；求，是恥己之無。』吕氏之説亦近此意。然此説又分曉。」畬。

問「子路終身誦之」。曰：「是自有一般人，著破衣服在好衣服中，亦不管者。子路自是不把這般當事。」畬問：「子路却是能克治，如『願車馬，衣輕裘，與朋友共，敝之而無憾』。」曰：「子路自是恁地人，有好物事，猶要與衆人共用了。上蔡論語中說管仲器小處一段，極好。」畓。

問：「『子路終身誦之』，此子路所以不及顔淵處。蓋此便是『願車馬，衣輕裘，與朋友共，敝之而無憾』底意思。然他將來自誦，便是無那無伐善、施勞意思。」曰：「所謂『終身誦之』，亦不是他矜伐。只是將這箇做好底事，『終身誦之』，要常如此，便別無長進矣。」又問吕氏「貧與富交，强者必忮，弱者必求」之語。曰：「世間人見富貴底，不是心裏妬嫉他，便羨慕他，只是這般見識爾！」僩。

謝教問：「『子路終身誦之』，夫子何以見得終其身也？」曰：「只是以大勢恁地。這處好，只不合自擔當了，便止於此，便是自畫。大凡十分好底事，纔自擔，便也壞了，所謂『有其善，喪厥善』。」淳。

道怕擔了。「何足以臧！」可學。

知者不惑章

「知者不惑。」真見得分曉，故不惑。泳。

道夫問「仁者不憂」。曰：「仁者通體是理，無一點私心。事之來者雖無窮，而此之應者各得其度。所謂『建諸天地而不悖，質諸鬼神而無疑，百世以俟聖人而不惑』，何憂之有！」驤。

「仁者不憂。」仁者，天下之公。私欲不萌，而天下之公在我，何憂之有！泳。

或問：「『仁者不憂』，但不憂，似亦未是仁。」曰：「今人學問百種，只是要『克己復禮』。若能克去私意，日間純是天理，自無所憂，如何不是仁！」義剛。

陳仲亨說「仁者不憂」，云：「此非仁體，只是說夫子之事。」先生曰：「如何又生出這一項情節！恁地，則那兩句也須恁地添一說，始得。這只是統說。仁者便是不憂。」義剛。

「勇者不懼。」氣足以助道義，故不懼。故孟子說：「配義與道，無是，餒也。」今有見得道理分曉而反懾怯者，氣不足也。泳。

或問「勇者不懼」，舉程子「明理可以治懼」之說。曰：「明理固是能勇，然便接那『不懼』未得，蓋爭一節在，所以聖人曰：『勇者不懼。』」燾。

李閎祖問：「論語所說『勇者不懼』處，作『有主則不懼』。恐『有主』字明『勇』字不出。」曰：「也覺見是如此。多是一時間下字未穩，又且恁地備員去。」因云：「前輩言，解經命字爲難。近人解經，亦間有好處，但是下語親切，說得分曉。若前輩所說，或有不大故分曉處，亦不好。如近來耿氏説易『女子貞不字』。伊川説作『字育』之『字』。耿氏説作『許嫁笄而字』之『字』，言『女子貞不字』者，謂其未許嫁也，却與昏媾之義相通，亦説得有理。」又云：「伊川易亦有不分曉處甚多。如『益之，用凶事』，作凶荒之『凶』，直指刺史、郡守而言。在當時未見有刺史、郡守，豈可以此説？某謂『益之，用凶事』者，言人臣之益君，是責難於君之時，必以危言鯁論恐動其君而益之。雖以中而行，然必用圭以通其信。若不用圭而通，又非忠以益於君也。」卓。

行夫説「仁者不憂」一章。曰：「『勇者不懼』，勇是一箇果勇必行之意，説『不懼』也易見。『知者不惑』，知是一箇分辨不亂之意，説『不惑』也易見。惟是仁如何會不憂？這須思之。」行夫云：「仁者順理，故不憂。」曰：「若只順這道理做去，自是無憂。」曰：「意思也是如此，更須細思之。」久之，行夫復云云。曰：「畢竟也説得粗。仁者所以無憂者，止緣仁者之心便是一箇道理。看是甚麼事來，不問大小，改頭換面來，自家此心各各是一箇道理應副去。不待事來，方始安排，心便是理了。不是方見得道理合如此做，不是方去恁地做。」賀孫。恪録别出。

蔡行夫問「仁者不憂」一章。曰：「知不惑，勇不懼，却易理會。『仁者不憂』，須思量仁者如何會不憂。」蔡云：「莫只是無私否？」方子録云：「或曰：『仁者無私心，故樂天而不憂。』」曰：

「固是無私。然所以不憂者，須看得透，方得。」楊至之云：「是人欲凈盡，自然樂否？」曰：「此亦只是貌説。」洪慶問：「先生説是如何？」曰：「仁者心便是理，看有甚事來，便有道理應他，所以不憂。方子録云：「仁者理即是心，心即是理。有一事來，便有一理以應之，所以無憂。」恪録一作：「仁者心與理一，心純是這道理。看甚麽事來，自有這道理在處置他，自不煩惱。」人所以憂者，只是卒然遇事，未有一箇道理應他，便不免有憂。」恪録一作：「今人有這事，却無這理，便處置不來，所以憂。」從周録云：「人所以有憂者，只是處未得。」恪。

方毅父問：「『知者不惑』，明理便能無私否？」曰：「也有人明理而不能去私慾者。然去私慾，必先明理。無私慾，則不屈於物，故勇。惟聖人自誠而明，可以先言仁，後言知。至於教人，當以知爲先。」銖。時舉少異。

先生説「知者不惑」章：「惟不惑不憂，便生得這勇來。」植。

問「知者不惑」章。曰：「有仁、知而後有勇，然而仁、知又少勇不得。蓋雖曰『仁能守之』，只有這勇方能守得到頭，方能接得去。若無這勇，則雖有仁、知，少間亦恐會放倒了。所以中庸説『仁、知、勇三者』。勇，本是箇没緊要底物事。然仁、知不是勇，則做不到頭，半塗而廢。」燾。

或問：「『仁者不憂，知者不惑，勇者不懼』，何以與前面『知者不惑，仁者不憂，勇者不懼』次序不同？」曰：「成德以仁爲先，進學以知爲先，此誠而明，明而誠也。」「中庸言三德之序如何？」曰：「亦爲學者言也。」問：「何以勇皆在後？」曰：「末後做工夫不退轉，此方是勇。」銖。

或問：「人之所以憂、惑、懼者，只是窮理不盡，故如此。若窮盡天下之理，則何憂何懼之有？因其無所憂，故名之曰仁；因其無所惑，故名之曰知；因其無所懼，故名之曰勇。不知二説孰是？」曰：「仁者隨所寓而安，自是不憂；知者所見明，自是不惑；勇者所守定，自是不懼。夫不憂、不惑、不懼，自有次第。」或曰：「勇於義，是義理之勇。如孟施舍、北宫黝，皆血氣之勇。」人傑録云：「或曰：『勇是勇於義，或是武勇之勇？』曰：『大概統言之，如孟施舍、北宫黝，皆血氣之勇。』」曰：「三者也須窮理克復，方得。只如此説，不濟事。」去僞。

問：「『知者不惑』，集注：『知以知之，仁以守之，勇以終之。』看此三句，恐知是致知、格物，仁是存養，勇是克治之功。」先生首肯，曰：「是。勇是持守堅固。」問：「中庸『力行近乎仁』，又似『勇者不懼』意思。」曰：「交互説，都是。如『或生而知之，或學而知之，或困而知之』，三知都是知；『或安而行之，或利而行之，或勉强而行之』，三行都是仁；『好學近乎知，力行近乎仁，知恥近乎勇』，三近都是勇。」寓。

可與共學章

「可與共學」，有志於此；「可與適道」，已看見路脈；「可與立」，能有所立；「可與權」，遭變事而知其宜，此只是大綱如此説。可學。

問「可與適道」章。曰：「這箇只説世人可與共學底，未必便可與適道；可與適道底，未必便可與立；可與立底，未必便可與權。學時，須便教可適道；適道，便更教立去；立，便須教權去。」植。

或問：「『可與立』，是如『嫂叔不通問』；『可與權』，是『嫂溺援之以手』？」曰：「然。」燾。

問：「權，地位如何？」曰：「大賢已上。」可學。

權，是稱量教子細著。閎祖。

問：「權便是義否？」曰：「權是用那義底。」問：「中便是時措之宜否？」曰：「以義權之，而後得中。義似稱，權是將這稱去稱量，中是物得其平處。」僩。

經自經，權自權。但經有不可行處，而至於用權，此權所以合經也，如湯、武事，伊、周事，嫂溺則援事。常如風和日暖，固好；變如迅雷烈風。若無迅雷烈風，則都旱了，不可以爲常。泳。

蘇宜久問「可與權」。曰：「權與經，不可謂是一件物事，畢竟權自是權，經自是經。但非漢儒所謂權變、權術之説。聖人之權，雖異於經，其權亦是事體到那時，合恁地做，方好。」植。時舉同。

「可與立，未可與權」，亦是甚不得已，方説此話。然須是聖人，方可與權。若以顔子之賢，恐也不敢議此。「磨而不磷，涅而不緇。」而今人才磨便磷，才涅便緇，如何更説權變？所謂「未學行，先學走」也。僩。

先生因説：「『可與立，未可與權』，權處是道理上面更有一重道理。如君子小人，君子固當用，小人固當去。然方當小人進用時，猝乍要用君子，也未得。當其深根固蒂時，便要去他，即爲所害。這裏須斟酌時宜，便知箇緩急深淺，始得。」或言：「本朝人才過於漢唐，而治效不及者，緣漢唐不去攻小人，本朝專要去小人，所以如此。」曰：「如此説，所謂『内君子，外小人』，古人且胡亂恁地説，不知何等議論！永嘉學問專去利害上計較，恐出此。」又曰：「『正其誼不謀其利，明其道不計其功。』正其誼，則利自在；明其道，則功自在。專去計較利害，定未必有利，未必有功。」寓。

叔重問：「程子云：『權者，言稱錘之義也。何物以爲權？義是也。然也只是説到義。義以上更難説，在人自看如何。』此意如何看？」曰：「此如有人犯一罪，性之剛者以爲可誅，性之寬者以爲可恕，概之以義，皆未是合宜。此則全在權量之精審，然後親審不差。欲其權量精審，是他平日涵養本原，此心虛明純一，自然權量精審。伊川常云：『敬以直内，則義以方外；義以爲質，則禮以行之。』」時舉。

問經、權之別。曰：「經與權，須還他中央有箇界分。如程先生説，則無界分矣。程先生『權即經』之説，其意蓋恐人離了經，然一滾來滾去，則經與權都鶻突没理會了。」又問：「權是稱錘也。稱衡是經否？」曰：「這箇以物譬之，難得親切。」久之，曰：「稱得平，不可增加些子，是經；到得物重衡昂，移退是權，依舊得平，便是合道，故反經亦須合道也。」燾。

問經、權。曰：「權者，乃是到這地頭，道理合當恁地做，故雖異於經，而實亦經也。且如冬月便合著綿向火，此是經。忽然一日煖，則亦須使扇，當風坐，此便是權。伊川謂『權只是經』，意亦如此。但説『經』字太重，若偏了。漢儒『反經合道』之説，却説得『經、權』兩字分曉。但他説權，遂謂反了經，一向流於變詐，則非矣。」義剛。

用之問：「『權也者，反經而合於道』，此語亦好。」曰：「若淺説，亦不妨。伊川以爲權便是經。某以爲反經而合於道，乃所以爲經。如征伐視揖遜，放廢視臣事，豈得是常事？

但終是正也。」賀孫。

或問：「伊川云：『權即是經。』漢儒云：『反經合道。』其説如何？」曰：「伊川所説權，是説這處合恁地做，便是正理，須是曉得他意。漢儒語亦未十分有病，但他意却是横説，一向不合道理，胡做了。」又曰：「『男女授受不親』，是常經合恁地。『嫂溺，援之以手』，亦是道理合恁地，但不是每常底道理了。譬如冬月衣裘附火，是常理也。忽然天氣做熱，便須衣夾揮扇，然便不是每常底常理了。公羊就宋人執祭仲處，説得權又怪異了。」又曰：「經是已定之權，權是未定之經。」義剛。

吴伯英問：「伊川言『權即是經』，何也？」曰：「某常謂不必如此説。孟子分明説：『男女授受不親，禮也；嫂溺援之以手者，權也。』權與經豈容無辨！但是伊川見漢儒只管言反經是權，恐後世無忌憚者皆得借權以自飾，因有此論耳。然經畢竟是常，權畢竟是變。」又問：「某欲以『義』字言權，如何？」曰：「義者，宜也。權固是宜，經獨不宜乎？」壯祖。

問：「經、權不同，而程子云：『權即經也。』」曰：「固是不同：經是萬世常行之道，權是不得已而用之，大概不可用時多。」又曰：「權是時中，不中，則無以爲權矣。」賜。

或問：「『反經合道』之説，程先生不取，乃云『不必説權，權即是經』，如何？」曰：「某常以爲程先生不必如此説，是多説了。經者，道之常也；權者，道之變也。道是箇統體，貫乎經與權。如程先生之説，則鶻突了。所謂經，衆人與學者皆能循之；至於權，則非聖賢不能行也。」燾。

或有書來問經、權。先生曰：「程子固曰：『權即經也。』人須著子細看，此項大段要子細。經是萬世常行之道，權是不得已而用之，須是合義也。如湯放桀，武王伐紂，伊尹放太甲，此是權也。若日日時時用之，則成甚世界了！」或云：「權莫是中否？」曰：「是此一時之中。不中，則無以爲權矣。然舜禹之後六七百年方有湯；湯之後又六七百年方有武王。權也是難説。故夫子曰：『可與立，未可與權。』到得可與權時節，也是地位太煞高了也。」祖道。

或問經與權之義。曰：「公羊以『反經合道』爲權，伊川以爲非。若平看，反經亦未爲不是。且如君臣兄弟，是天地之常經，不可易者。湯武之誅桀紂，却是以臣弑君；周公之誅管蔡，却是以弟殺兄，豈不是反經！但時節到這裏，道理當恁地做，雖然反經，却自合道理。但反經而不合道理，則不可。若合道理，亦何害於經乎！」又曰：「合於權，便是經在其中。」正甫謂：「『權、義舉而皇極立』，權、義只相似。」曰：「義可以總括得經、權，不可將來對權。義當守經，則守經；義當用權，則用權，所以謂義可以總括得經、權。若可權、義並言，如以兩字對一字，當云『經、權舉』乃可。伊川曰：『惟義無對。』伊川所謂『權便是經』，亦少分別。須是分別經、權自是兩物；到得合於權，便自與經無異，如此說乃可。」恪。

問：「『可與立』，如何是立？」曰：「立，是見得那正當底道理分明了，不爲事物所遷惑。」又問：「程子謂『權只是經』，先生謂：『以孟子援嫂之事例之，則權與經亦當有辨。』莫是經是一定之理，權則是隨事以取中；既是中，則與經不異否？」曰：「經，是常行道理。權，則是那常理行不得處，不得已而有所通變底道理。權得其中，固是與經不異，畢竟權則可暫而不可常。如堯舜揖遜，湯武征誅，此是權也，豈可常行乎！觀聖人此意，畢竟是未許人用『權』字。學者須當先理會這正底道理。且如朝廷之上，辨別君子小人，君子則進之，小人則去之，此便是正當底道理。今人不去理會此，却說小人亦不可盡去，須放他一路，不爾，反能害人。自古固有以此而濟事者，但終非可常行之理。若是君子小人常常並進，則豈可也？」廣。

亞夫問「可與立，未可與權」。曰：「漢儒謂『反經合道』爲權；伊川說『權是經所不及者』。權與經固是兩義，然論權而全離乎經，則不是。蓋權是不常用底物事。如人之病，熱病者當服涼藥，冷病者當服熱藥，此是常理。然有時有熱病，却用熱藥去發他病者；亦有冷病，却用冷藥去發他病者，此皆是不可常論者。然須是下得是方可。若有毫釐之差，便至於殺人，不是則劇。然若用得是，便是少他不得，便是合用這箇物事。既是合用，此權也，所以爲經也。大抵漢儒説權，是離了箇經説；伊川説權，便道權只在經裏面。且如周公誅管蔡，與唐太宗殺建成、元吉，其推刃於同氣者雖同，而所以殺之者則異。蓋管蔡與商之遺民謀危王室，此是得罪於天下，得罪於宗廟，蓋不得不誅之也。若太宗，則分明是争天下。故周公可以謂之權，而太宗不可謂之權。孟子曰：『有伊尹之志則可，無伊尹之志則篡也。』故在伊尹可以謂之權，而在他人則不可也。權是最難用底物事，故聖人亦罕言之。自非大賢以上，自見得這道理合是恁地，了不得也。」時舉。

因論「經、權」二字，曰：「漢儒謂『權者，反經合道』，却是權與經全然相反；伊川非之，是矣。然却又曰『其實未嘗反經』，權與經又却是一箇，略無分別。恐如此又不得。權固不離於經，看『可與立，未可與權』，及孟子『嫂溺援之以手』事，毫氂之間，亦當有辨。」文蔚曰：「經是常行之理，權是適變處。」曰：「大綱説，固是如此。要就程子説中分别一箇異同，須更精微。」文蔚曰：「權只是經之用。且如稱衡有許多星兩，一定而不可易。權往來稱物，使輕重恰好，此便是經之用。」曰：「亦不相似。大綱都是，只争些子。伊川又云：『權是經所不及者。』此説方盡。經只是一箇大綱，權是那精微曲折處。且如君仁臣忠，父慈子孝，此是經常之道，如何動得！其間有該不盡處，須是用權。權即細密，非見理大段精審，不能識此。『可與立』，便是可與經，却『未可與權』，此見經權毫釐之間分別處。莊子曰：『小變而不失其大常。』」或曰：「莊子意思又別。」曰：「他大概亦是如此，但未知他將甚做大常。」文蔚。僩録別出。

經與權之分，諸人説皆不合。曰：「若説權自權，經自經，不相干涉，固不可。若説事須用權，經須權而行，權只是經，則權與經又全無分別。觀孔子曰『可與立，未可與權』，孟子曰『嫂溺援之以手』，則權與經須有異處。雖有異，而權實不離乎經也。這裏所争只毫釐，只是諸公心粗，看不子細。伊川説『權只是經』，恐也未盡。嘗記龜山云：『權者，經之所不及。』這説却好。蓋經者只是存得箇大法，正當底道理而已。蓋精微曲折處，固非經之所能盡也。所謂權者，於精微曲折處曲盡其宜，以濟經之所不及耳。所以説『中之爲貴者權』，權者即是經之要妙處也。如漢儒説『反經合道』，此語亦未甚病。蓋事也有那反經底時節，只是不可説事事要反經，又不可説全不反經。如君令臣從，父慈子孝，此經也。若君臣父子皆如此，固好。然事有必不得已處，經所行不得處，也只得反經，依舊不離乎經耳，所以貴乎權也。孔子曰：『可與立，未可與權。』立便是經。『可與立』，則能守箇經，有所執立矣，却説『未可與權』。以此觀之，權乃經之要妙微密處。非見道理之精密、透徹、純熟者，不足以語權也。」又曰：「莊子曰『小變而不失其大常』，便是經權之别。」或曰：

「恐莊子意思又別。」曰：「他大概亦是如此，只不知他把甚麽做大常。」又云：「事有緩急，理有小大，這樣處皆須以權稱之。」僩問：「『子莫執中。』程子之解經便是權，則權字又似海說。如云『時措之宜』，事事皆有自然之中，則似事事皆用權。以孟子『嫂溺援之以手』言之，則『權』字須有別。」曰：「『執中無權』，這『權』字稍輕，可以如此說。『嫂溺援之以手』之權，這『權』字却又重，亦有深淺也。」僩。

問：「伊川謂『權只是經』，如何？」曰：「程子說得却不活絡。如漢儒之說權，却自曉然。曉得程子說底，得知權也是常理；曉不得他說底，經權却鶻突了。某之說，非是異程子之說，只是須與他分別，經是經，權是權。且如『冬日則飲湯，夏日則飲水』，此是經也。有時天之氣變，則冬日須著飲水，夏日須著飲湯，此是權也。權是礙著經行不得處，方使用得，然却依前是常理，只是不可數數用。如『舜不告而娶』，豈不是怪差事？以孟子觀之，那時合如此處。然使人人不告而娶，豈不亂大倫？所以不可常用。」賜。夔孫録詳，別出。

問經、權。曰：「『冬日則飲湯，夏日則飲水』，此是經也。有時行不得處，冬日須飲水，夏日則飲湯，此是權也。此又依前是經。但經是可常之理，權是礙著經行不得處，方始用權。然當那時却是常理。如『舜不告而娶』，是箇怪差底事，然以孟子觀之，却也是常理，只是不可常用。如人人不告而娶，大倫都亂了！因推說湯武事。伊川說『權却是經』，却說得死了，不活。如某説，非是異伊川説，即是須爲他分别，經是經，權是權。如漢儒反經之説，却經、權曉然在眼前。伊川説，曉得底却知得權也是常理，曉不得底却鶻突了。如大過卦説：『道無不中，無不常。聖人有小過，無大過。』某謂不須恁地説，聖人既説有大過，直是有此事。但云『大過亦是常理』，則得。」因舉晉州蒲事，云：「某舊不曉文定之意。後以問其孫伯逢。他言此處有意思，但難説出。如左氏分明有稱晉君無道之説。厲公信有罪，但廢之可也。欒書、中行偃直殺之則不是。然畢竟厲公有罪，故難説出。後必有曉此意者。」夔孫。

問：「『可與立，未可與權』，看來『權』字亦有兩様。伊川以權只是經，蓋每日事事物物上稱量箇輕重處置，此權也，權而不離乎經也。若論堯舜禪遜，湯武放伐，此又是大底權，是所謂『反經合道』者也。」曰：「只一般，但有小大之異耳。如堯舜之禪遜是遜，與人遜一盆水也是遜；湯武放伐是争，争一箇彈丸也是争。康節詩所謂『唐虞玉帛烟光紫，湯武干戈草色萋』，大小不同而已矣。『堯夫非是愛吟詩』，正此意也。伊川説『經、權』字，將經做箇大底物事，經却包得那箇權，此説本好。只是據聖人説『可與立，未可與權』，須是還他是兩箇字，經自是經，權自是權。若如伊川説，便用廢了那『權』字始得。只是雖是權，依舊不離那經，權只是經之變。如冬日須向火，忽然一日大熱，須著使扇，這便是反經。今須是曉得孔子説，又曉伊川之説，方得。若相把做一説，如兩脚相併，便行不得。須還他是兩隻脚，雖是兩隻，依舊是脚。」又曰：「若不是大聖賢用權，少間出入，便易得走作。」僩。

恭父問「可與立，未可與權」。曰：「『可與立』者，能處置得常事；『可與權』者，即能處置得變事。雖是處變事，而所謂處置常事，意思只在『井以辨義，巽以行權』。此說義與權自不同。漢儒有反經之說，只緣將論語下文『偏其反而』誤作一章解，故其說相承曼衍。且看集義中諸儒之說，莫不連下文。獨是范純夫不如此說，蘇氏亦不如此說，自以『唐棣之華』爲下截。程子所說漢儒之誤，固是如此。要之，『反經合道』一句，細思之亦通。緣『權』字與『經』字對說。纔說權，便是變却那箇，須謂之反可也。然雖是反那經，却不悖於道；雖與經不同，而其道一也。因知道伊川之說，斷然經自是經，權亦是經，漢儒反經之說不是。此說不可不知。然細與推考，其言亦無害，此說亦不可不知。『義』字大，自包得經與權，自在經與權過接處。如事合當如此區處，是常法如此，固是經；若合當如此，亦是義當守其常。事合當如此區處，却變了常法恁地區處，固是權；若合當恁地，亦是義當通其變。文中子云：『權義舉而皇極立。』若云『經、權舉』，則無害。今云『權、義舉』，則『義』字下不得。何故？却是將義來當權。不知經自是義，權亦是義，『義』字兼經、權而用之。若以義對經，恰似將一箇包兩物之物，對著包一物之物。」行夫云：「經便是權。」曰：「不是說經便是權。經自是經，權自是權。但是雖反經而能合道，却無背於經。如人兩脚相似，左脚自是左脚，右脚自是右脚，行時須一脚先，一脚後，相待而行，方始行得。不可將左脚便唤做右脚，右脚便唤做左脚。繫辭既説『井以辨義』，又説『井居其所而遷』。井是不可動底物事，水却可隨所汲而往。如道之正體却一定於此，而隨事制宜，自莫不當。所以説『井以辨義』，又云：『井居其所而遷。』」賀孫。

唐棣之華章

問「唐棣之華，偏其反而」。曰：「此自是一篇詩，與今常棣之詩别。常，音裳。爾雅：『棣，栘，似白楊，江東呼夫栘。常棣，棣，子如櫻桃可食。』自是兩般物。此逸詩，不知當時詩人思箇甚底。東坡謂『思賢而不得之詩』，看來未必是思賢。但夫子大概止是取下面兩句云：『人但不思，思則何遠之有！』初不與上面説權處是一段。『唐棣之華』而下，自是一段。緣漢儒合上文爲一章，故誤認『偏其反而』爲『反經合道』，所以錯了。晉書於一處引『偏』字作『翩』，『反』作平聲，言其花有翩反飛動之意。今無此詩，不可考據，故不可立爲定説。」去僞。

或問「未之思也，夫何遠之有」一章。時舉因云：「人心放之甚易，然反之亦甚易。」曰：「反之固易，但恐不能得他久存爾。」時舉。

朱子語類卷第三十八

論語二十

鄉黨篇

總論

鄉黨記聖人動容周旋，無不中禮。泳。

如鄉黨説聖人容色處，是以有事觀聖人；如言「燕居申申、夭夭」，是以無事時觀聖人。學者於此，又知得聖人無時無處而不然。燾。

鄉黨一篇，自「天命之謂性」至「道不可須臾離也」，皆在裏面。許多道理，皆自聖人身上迸出來。惟聖人做得甚分曉，故門人見之熟，是以紀之詳也。

問：「看論語，及鄉黨之半。」曰：「覺公看得淺，未甚切己。終了鄉黨篇，更須從頭温一過。許多説話，盡在集注中。」賀孫。

問賀孫：「讀鄉黨已終，覺得意思如何？」曰：「見得段段都是道理合著如此，不如此定不得。纔有些子不如此，心下便不安。」曰：「聖賢一句是一箇道理，要得教人識著，都是要人收拾已放之心。所謂『學問之道無他，求其放心而已』，非是學問只在求放心，非把求放心爲學問工夫，乃是學問皆所以求放心。如『詩三百，一言以蔽之，曰「思無邪」』，大要皆欲使人『思無邪』而已。」賀孫。

第一節 鄉黨、宗廟、朝廷言貌不同。

看鄉黨篇，須以心體之。「孔子於鄉黨，恂恂如也，似不能言者。」如何是「似不能言者」？「宗廟、朝廷，便便言，唯謹。」如何是「便便言唯謹」？「朝，與下大夫言，侃侃如也；與上大夫言，誾誾如也。」如何是「侃侃」？如何是「誾誾」？義剛録云：「看鄉黨一篇，須是想像他恂恂是如何，誾誾是如何，不可一滚看。」

問：「先生解『侃侃、誾誾』四字，不與古注同。古注以侃侃爲和樂，誾誾爲中正。」曰：「『衎』字乃訓和樂，與此『侃』字不同。説文以侃爲剛直。後漢書中亦云『侃然正色』。誾誾是『和説而諍』，此意思甚好。和説則不失事上之恭，諍則又不失自家義理之正。」廣。

或問鄉黨如恂恂、侃侃之類。曰：「如此類，解説則甚易。須是以心體之，真自見箇氣象始得。」士毅。

問：「『孔子於鄉黨，恂恂如也，似不能言者。』或有大是非利害，似不可不説。所謂『似不能言者』，恐但當以卑遜爲主，所以説『似不能言』。」曰：「不是全不説。但較之宗廟、朝廷，爲不敢多説耳。」問：「『其在宗廟、朝廷』，集注云：『宗廟，禮法之所在。』在宗廟則『每事問』，固是禮法之所在，不知聖人還已知之而猶問，還以其名物制度之非古而因訂之？」曰：「便是這處，某嘗道是孔子初仕時如此。若初來問一番了，後番番來，番番問，恐不如此。『孰謂鄹人之子知禮乎？』呼曰『鄹人之子』，是與孔子父相識者有此語，多應是孔子初年。」賀孫。

第二節在朝廷事上、接下不同。

亞夫問「朝，與下大夫言，侃侃如也；與上大夫言，誾誾如也」。曰：「侃侃，是剛直貌。以其位不甚尊，故吾之言可得而直遂。至於上大夫之前，則雖有所諍，必須有含蓄不盡底意思，不如侃侃之發露得盡也。『閔子侍側』一章，義亦如此。」時舉。

問：「注云：『侃侃，剛直。』『誾誾』，是『和悦而諍』。不知諍意思如何？」曰：「説道和悦，終不成一向放倒了。到合辨别處，也須辨别，始得。内不失其事上之禮，而外不至於曲從。如古人用這般字，不是只説字義，須是想像這意思是如此。如『恂恂』，皆是有此意思，方下此字。如史記云：『魯道之衰，洙泗之間齗齗如也。』「齗」、「誾」字同。這正見『和悦而諍』底意思。當道化盛時，斑白者不提挈，不負戴於道路，少壯者代其事。到周衰，少壯者尚欲執其任，而老者自不肯安，争欲自提挈，自負戴，此正是『和悦而諍』。」賀孫。

「『誾誾』，説文云：『和悦而諍。』看得字義是一難底字，緣有争義。漢志『洙泗之間齗齗』，義一同兩齒相齗。」泳。

漢書，諸尚書争一件事，其中有云：「誾誾侃侃，得禮之容。緘默邪心，非朝廷福。」泳。

第三節為君擯相。

問「賓不顧矣」。曰：「古者賓退，主人送出門外，設兩拜，賓更不顧而去。國君於列國之卿大夫亦如此。」燾。

問：「『君召使擯』，擯如其命數之半。如上公九命，則擯者五人，以次傳命。」曰：「古者擯介之儀甚煩。如九命擯五人，介則如命數，是九人。賓主相見，自擯以下列兩行，行末相近。如主人說一句，主人之擯傳許多擯者訖，又交過末介傳中介，直至賓之上介，方聞之賓。」賀孫。

古者相見之禮，主人有擯，賓有介。賓傳命於上介，上介傳之次介，次介傳之末介，末介傳之末擯，末擯傳之次擯，次擯傳之上擯，上擯傳之主人，然後賓主方相見。又曰：「看來古人大故淳樸。人君出命不甚會說話，所以著人代他說話。」燾。

植舉注云：「『揖左人，則左其手；揖右人，則右其手。』揖左人，傳命出也；揖右人，傳命入也。」曰：「然。」植。

集注引晁氏說，謂孔子無使擯執圭之事。正淳曰：「定公十年夾谷之會，孔子相，恐即擯相之相。」曰：「相自是相，擯自是擯。相是相其禮儀，擯是傳道言語，故擯用命數之半，以次傳說。」必大。今集注無。

第四節在朝之容。

「立不中門，行不履閾。」注云「棖闑之間，由闑右，不踐閾」，只是自外入。右邊門中，乃君出入之所。闑，如一木拄門，如今人多用石墩當兩門中。臣傍闑右邊出入〔一〕。此「右」字，自内出而言。賀孫。

棖，如今衮頭相似。闑，當中礙門者，今城門有之。古人常掩左扉。人君多出在門外見人，所以當棖闑之間爲君位。泳。

問：「『立不中門。』或問謂『門之左右扉各有中』，其制可考否？」曰：「門之中有闑，扉之兩旁有棖。棖、闑之間，即中。古人常闔左扉，所謂中門者，謂右扉之中也。」必大。

蕭問：「『過位，色勃如也。』『位，謂門屏之間，人君宁立之處。』」曰：「古今之制不同。今之朝儀，用秦制也。古者朝會，君臣皆立，故史記謂『秦王一旦捐賓客，而不立朝』。君立於門屏之間。屏者，乃門間蕭牆也。今殿門亦設之。三公九卿以下，設位於廷中，故謂之『三槐、九棘』者，廷中有樹處，公卿位當其下也。」雉。

「過位。」注云：「君之虚位，謂門屏之間。」曰：「如今人廳門之内，屏門之外，似周禮所謂『外朝』也。」植。

問「復其位，踧踖如也」。曰：「此是到末梢又結算則箇。若衆人到末梢，便撒了。聖

〔一〕賀疑此條有誤。

人則始乎敬，終乎敬，故到末梢，又整頓則箇。」燾。

第五節 爲君聘。

「上如揖，下如授」，舊説亦好。但此方説升堂時，其容如此。既升堂納圭於君前，即不復執之以下，故説做下堂不得，所以只用平衡之説言之。上下，謂執圭之高低也。必大。

「執圭，上如揖，下如授。」前輩多作上階之「上」，下階之「下」。其實既下則已不用笏，往往授介者。只是高不過於揖，故如揖；下不低於授，故如授。賀孫。

「享禮有容色。」曰：「聘但以圭。至享，則更用圭璧、庭實。」植。

問聘享之禮。曰：「正行聘禮畢，而後行享禮。聘，是以命圭通信。少間，仍舊退還命圭。享，是獻其圭璧琮璜，非命圭也。幣皮輿馬之類，皆拜跪以獻，退而又以物獻其夫人，凡三四次方畢。所獻之物皆受，但少間别有物回之。」又問庭實。曰：「皮幣輿馬，皆陳之於庭實。私覿，是所遣之大夫，既以君命行聘享之禮畢，却行私禮參見他國之君也。」燾。

「『饗禮有容色』，儀禮謂『發氣滿容』，何故如此？」曰：「聘是初見時，故其意極於恭肅。既聘而享，則用圭璧以通信，有庭實以將其意，比聘時漸紓也。」聘禮篇。廣。

「私覿愉愉。」曰：「聘者享禮，乃其君之信。私覿，則聘使亦有私禮物，與所聘之國君及其大臣。」植。

第六節衣服之制。

「君子不以紺緅飾，紅紫不以爲褻服。」今反以紅紫爲朝服。賀孫。

紺是而今深底鴉青色。義剛。

「紺深青揚赤色。」揚，浮也。植。

問：「『緅以飾練服』，緅是絳色。練服是小祥後喪服，如何用絳色以爲飾？」曰：「便是不可曉。此箇制度差異。絳是淺紅色；紺是青赤色，如今之閃青也。」廣。

問：「紅紫『且近於婦人女子之服』。不知古之婦人女子亦多以紅紫爲服否？」曰：「此亦不可知，但據先儒如此說耳。」廣。

蒨纁絳朱，此紅之染數，一入爲蒨，再入爲纁，三入爲絳，四入爲朱。子蒙。

「當暑袗絺綌，必表而出之」，與「蒙彼縐絺」，有兩說。泳。

「裘，乃純用獸皮，而加裏衣，如今之貂裘。」或問狐白裘。曰：「是集衆狐爲之。」植。

第七節 謹齋事。

「明衣」即是箇布衫。「長一身有半」，欲蔽足爾。又曰：「即浴衣也。見玉藻注。」植。

問：「『「變食」，謂不飲酒，不茹葷。』而今之致齋者有酒，何也？」曰：「飲酒非也。但禮中亦有『飲不至醉』之說。」廣。

問「齋必變食」。曰：「葷，是不食五辛。」㽦。

第八節 飲食之制。

一言一語，一動一作，一坐一立，一飲一食，都有是非。是底便是天理，非底便是人欲。如孔子「失飪不食，不時不食，割不正不食，不多食」，無非天理。如口腹之人，不時也食，不正也食，失飪也食，便都是人慾，便都是逆天理。如只喫得許多物事，如不當喫，纔去貪喫不住，都是逆天理。看道理只管進，只管細，便好。只管見上面，只管有一重，方好。如一物相似，剥一重，又剥一重；又有一重，又剥一重；剥到四五重，剥得許多皮殼都盡，方見真實底。今人不是不理會道理，只是不肯子細，只守著自底便了，是是非非，一向都没分別。如詖淫邪遁之辭，也不消得辨；便說道是他自陷，自蔽，自如此，且恁地和同過，也不妨。賀孫。

問：「『割不正不食』，與『席不正不坐』，此是聖人之心純正，故日用間纔有不正處，便與心不相合，心亦不安。」曰：「聖人之心，無毫釐之差。謂如事當恁地做時，便硬要恁地做。且如『不得其醬不食』，這一物合用醬而不得其醬，聖人寧可不喫，蓋皆欲得其當然之則故也。」又問：「注云：『精，鑿也。』」曰：「是插教那米白著。」燾。

「不得其醬不食。」「其」字正緊要。「其醬」，如「魚膾芥醬」之類。閎祖。

「不得其醬」，如今所謂醬。如禮記內則中有數般醬，隨所用而不同。植。

「肉雖多，不使勝食氣。」非特肉也，凡蔬果之類，皆不可勝食氣。泳。

第十節居鄉。

問：「『鄉人儺，朝服而立於阼階。』集注云：『庶其依己而安。』或云，存室神，蓋五祀之屬。子孫之精神，即祖考之精神，故祖考之精神依於己。若門、行、户、竈之屬，吾身朝夕之所出處，則鬼神亦必依己而存。」曰：「然。一家之主，則一家之鬼神屬焉；諸侯守一國，則一國鬼神屬焉；天子有天下，則天下鬼神屬焉。看來爲天子者，這一箇神明是多少大，如何有些子差忒得！若縱欲無度，天上許多星辰，地下許多山川，如何不變怪！」蔡云：

「子陵足加帝腹，便見客星侵帝座。」曰：「『殷之未喪師，克配上帝。』紂未做不好時，便與天相配，是甚細事！」賀孫。

第十一節 與人交之誠意。

蘇寳問「問人於他邦，再拜而送之」。曰：「古人重此禮，遣使者問人於他邦，則主人拜而送之，從背脊後拜。」潘子善因言：「浙中若納婦嫁娶盛禮時，遣人入傳語婚姻之家，亦拜送之。至反命，則不拜也。」植。

問：「『康子饋藥，拜而受之。』看此一事，見聖人應接之間，義理發見，極其周密。」曰：「這般所在，却是龜山看得子細，云：『大夫有賜，拜而受之，禮也；未達不敢嘗，所以慎疾；必告之，直也。直而有禮，故其直不絞。』龜山爲人粘泥，故説之較密。」賀孫。

第十二節 事君之禮。

「君祭先飯」。尋常則主人延客祭，如世俗出生之類〔一〕。今侍食於君，君祭則臣先自

〔一〕「世俗出生」，賀云「不解」。

喫飯，若爲君嘗食然，不敢當客禮也。饍人取那飲食來，請君祭。泳。

問：「『疾，君視之』，方東首。常時首當在那邊？禮記自云寢常當東首矣。平時亦欲受生氣，恐不獨於疾時爲然。」曰：「常時多東首，亦有隨意卧時節。如記云：『請席何向？請衽何趾？』這見得有隨意向時節。然多是東首，故玉藻云『居常當户，寢常東首』也。常寢於北牖下，君問疾，則移南牖下。」賀孫。

問病者居北牖之義。曰：「是就北牖下安牀睡。因君來，故遷之南牖下，使以南面視己耳。」義剛。

第十三節 交朋友之義。

問：「『朋友死，無所歸，曰：「於我殯。」朋友之饋，非祭肉不拜。』朋友之義，固當如此。後世同志者少，而汎然交處者多，只得隨其淺深厚薄，度吾力量爲之，寧可過厚，不可過薄。」曰：「朋友交游固有淺深。若泛然之交，一一要周旋，也不可。於自家情分稍厚，自著如此。須是情文相稱，若汎汎施之，却是曲意徇物。古人於這般所在自分明。如『交友稱其信也，執友稱其仁也』，自有許多樣。又如，於『師，吾哭諸寢；朋友，哭諸寢門之外；所知，哭於野』，恩義自有許多節。」賀孫。

第十四節容貌之變。

問：「記云：『若有疾風、迅雷、甚雨，雖夜必興，衣服冠而坐。』看來不如此，定是不安。但有終日之雷，終夜之雨，如何得常如此？」曰：「固當常如此，但亦主於疾風、迅雷、甚雨。若平平底雷風雨，也不消如此。」問：「當應接之際，無相妨否？」曰：「有事也只得應。」賀孫。

第十五節升車之容。

立之說「車中不內顧」一章。曰：「『立視五巂，式視馬尾。』蓋巂是車輪一轉之地，車輪高六尺，圍三徑一，則闊丈八，五轉則正爲九丈矣。立視雖遠，亦不過此。」時舉。

朱子語類卷第三十九

論語二十一

先進篇上

先進於禮樂章

立之問：「先進、後進，於禮樂文質何以不同？」曰：「禮，只是一箇禮，用得自不同。如升降揖遜，古人只是誠實依許多威儀行將去，後人便自做得一般樣忒好看了。古人只是正容謹節，後人便近於巧言、令色。樂，亦只是一箇樂，亦是用處自不同。古樂不可得而見矣。只如今人彈琴，亦自可見。如誠實底人彈，便雍容平淡，自是好聽。若弄手弄脚，撰出無限不好底聲音，只見繁碎耳。」因論樂：「黄鍾之律最長，應鍾之律最短，長者聲濁，短者聲清。十二律旋相爲宮，宮爲君，商爲臣。樂中最忌臣陵君，故有四清聲。如今響板子有十六箇，十二箇是正律，四箇是四清聲。清聲是減一律之半。如應鍾爲宮，其聲最短而清。或蕤賓爲商，則是商聲高似宮聲，是爲臣陵君，不可用；遂乃用蕤賓律減半爲清聲以應之。雖然減半，然只是此律，故亦自能相應也。此是通典載此一項。徽宗朝作大晟樂，其聲是一聲低似一聲，故其音緩散。太祖英明不可及。當王朴造樂時，聞其聲太急，便令減下一律，其聲遂平。」時舉。

問：「『先進於禮樂』，此禮樂還說宗廟、朝廷以至州、閭、鄉、黨之禮樂？」曰：「也不止是這般禮樂。凡日用之間，一禮一樂，皆是禮樂。只管文勝去，如何合殺！須有箇變轉道理。如今日事，都恁地侈靡。某在南康時，通上位書啓，只把紙封。後來做書盝，如今盡用紫羅背盝，內用真紅。事事都如此，如何合殺！」問：「孔子又云：『吾從周。』只是指周之前輩而言？」曰：「然。聖人窮而在下，所用禮樂，固是從周之前輩。若聖人達而在上，所用禮樂，須更有損益，不止從周之前輩。若答顏子爲邦之問，則告以四代之禮樂。」問：「如孔子所言：『禮，與其奢也寧儉；喪，與其易也寧戚。』又云：『禮云禮云，玉帛云乎哉！樂云樂云，鍾鼓云乎哉！』此皆欲損過就中之意。」曰：「固是。此等語最多。」又云：「觀聖人意思，因見得事事都如此，非獨禮樂。如孟子後面說許多鄉原、狂狷，亦是此意。鄉原直是不好，寧可是狂底、狷底。如今人恁地文理細密，倒未必好，寧可是白直粗疏底人。」賀孫。

夫子於禮樂欲從先進。今觀禮書所載燕饗之禮，品節太繁，恐亦難用。不若只如今人宴集，就中删修，使之合義。如鄉飲酒禮，向來所行，真成殭人，行之何益！所以難久。不若只就今時宴飲之禮中删改行之，情意却須浹洽。必大。

從我於陳蔡章

問「從我於陳、蔡者皆不及門」。曰：「此説當從明道。謂此時適皆不在孔子之門，思其相從於患難，而言其不在此耳。門人記之，因歷數顏子而下十人，并目其所長云耳。」謨。

問：「德行，不知可兼言語、文學、政事否？」曰：「不消如此看，自就逐項上看。如顔子之德行，固可以備；若他人，固有德行而短於才者。」因云：「冉伯牛、閔子之德行，亦不多見。子夏、子游兩人成就自不同。胡五峰説，不知集注中載否。他説子夏是循規守矩，細密底人；子游却高朗，又欠細密工夫。荀子曰：『第作其冠，神譚其辭，禹行而舜趨，是子張氏之賤儒也；正其衣冠，齊其顔色，嗛然而終日不言，是子夏氏之賤儒也；偷儒憚事，無廉恥而嗜飲食，必曰「君子固不用力」，是子游氏之賤儒也。』如學子游之弊，只學得許多放蕩疏闊意思。」賀孫因舉如「喪至乎哀而止」，「事君數，斯辱；朋友數，斯疏」，皆是子游之言。如「小子當洒埽應對進退」等語，皆是子夏之言。又如子游能養而不能敬，子夏能敬而少温潤之色，皆見二子氣象不同處。曰：「然。」賀孫。

問「德行、言語、政事、文學」之别。曰：「德行是箇兼内外、貫本末、全體底物事，那三件，各是一物見於用者也。」

德行，得之於心而見於行事者也。

回也非助我者也章

舊曾問李先生，顏子非助我者處。李先生云：「顏子於聖人根本有默契處，不假枝葉之助也。如子夏，乃枝葉之功。」祖（公）〔道〕〔一〕。

南容三復白圭章

先生令接讀問目「南容三復白圭」。云：「不是一旦讀此，乃是日日讀之，玩味此詩而欲謹於言行也。此事見家語，自分明。」時舉。

〔一〕據陳本改。

顔路請子之車章

鄭問：「顔淵死，孔子既不與之車，若有錢，還亦與之否？」曰：「有錢亦須與之，無害。」

問：「注以爲命車，何以驗之？」曰：「禮記言，大夫賜命車。」節。

門人厚葬章

「門人厚葬」，是顔子之門人。「不得視猶子」，以有二三子故也，歎不得如葬鯉之得宜。此古注説得甚好，又簡徑。明作。

季路問事鬼神章

「事人、事鬼」，以心言；「知生、知死」，以理言。泳。

或問「季路問鬼神」章。曰：「事君親盡誠敬之心，即移此心以事鬼神，則『祭如在，祭神如神在』。人受天所賦許多道理，自然完具無欠闕。須盡得這道理無欠闕，到那死時，乃是生理已盡，安於死而無愧。」時舉。

或問："二氣五行，聚則生，散則死；聚則不能不散，如晝之不能不夜。故知所以生，則知所以死。苟於事人之道未能盡，焉能事鬼哉？"曰："不須論鬼爲已死之物。但事人須是誠敬，事鬼亦要如此。事人，如『出則事公卿，入則事父兄』，事其所當事者。事鬼亦然。苟非其鬼而事之，則諂矣。"去僞。

問："人鬼一理。人能誠敬，則與理爲一，自然能盡事人、事鬼之道。有是理，則有是氣。人氣聚則生，氣散則死，是如此否？"曰："人且從分明處理會去。如誠敬不至，以之事人，則必不能盡其道，況事神乎！不能曉其所以生，則又焉能曉其所以死乎！"

亞夫問"未知生，焉知死"。先生曰："若曰氣聚則生，氣散則死，才説破，則人便都理會得。然須知道人生有多少道理，自禀五常之性以來，所以『父子有親，君臣有義』者，須要一一盡得這生底道理，則死底道理皆可知矣。張子所謂『存吾順事，没吾寧也』，是也。"時舉。

問："天地之化，雖生生不窮，然而有聚必有散，有生必有死。能原始而知其聚而生，則必知其後必散而死。能知其生也，得於氣化之日，初無精神寄寓於太虚之中；則知其死也，無氣而俱散，無復更有形象尚留於冥漠之内。"曰："死便是都散無了。"

或問"季路問鬼神"章。曰："世間無有聚而不散、散而不聚之物。聚時是這模樣，則散時也是這模樣。若道孔子說與子路，又不全與他說；若道不說，又也只是恁地。」義剛。

先生說「未能事人，焉能事鬼」，曾以一時趨平原者言之：「我於人之不當事者，不妄事，則於鬼神亦然。所以程子云：『能盡事人之道，則能盡事鬼之道，一而二，二而一。』」過。

問：「伊川謂『死生人鬼，一而二，二而一』，是兼氣與理言之否？」曰：「有是理，則有是氣；有是氣，則有是理。氣則二，理則一。」賀孫。

徐問：「集注云『鬼神不外人事』，在人事中，何以見？」曰：「鬼神只是二氣屈伸往來。在人事，如福善禍淫，亦可見鬼神道理。論語少說此般話。」曰：「動静語默，亦是此理否？」曰：「亦是。然聖人全不曾說這般話與人，以其無形無影，固亦難說。所謂『敬鬼神而遠之』，只如此說而已。」淳。今集注無。

閔子侍側章

問閔子誾誾，冉有、子貢侃侃，二者氣象。曰：「閔子純粹，冉有、子貢便較粗了。侃侃，便有盡發見在外底氣象。閔子則較近裏些子。」雄。

問：「『冉有、子貢侃侃如也。』這『侃侃』字，只作剛直說，如何？」曰：「也只是剛直。

閔子騫氣象便自深厚。冉有、子貢便都發見在外。「冉有、子貢，侃侃如也。」侃侃，剛直之貌，不必泥事迹，以二子氣象觀之。賜之達，求之藝，皆是有才底人。大凡人有才，便自暴露，便自然有這般氣象。閔子純於孝，自然有誾誾氣象。端蒙。

誾誾，是深沉底；侃侃，是發露圭角底；行行，是發露得粗底。夔孫。

問：「『誾誾、行行、侃侃』，皆是剛正之意。如冉求平日自是個退遜之人，如何也解有此意思？」曰：「三子皆意思大同小異：求賜則微見其意，子路則全體發在外，閔子則又全不外見，然此意思亦自在。三子者，皆有疑必問，有懷必吐，無有遮覆含糊之意。」曰：「豈非以卑承尊，易得入於柔佞卑諂；三子各露其情實如此，故夫子樂之？」曰：「都無那委曲回互底意思。」廣。

問「誾誾、行行、侃侃」。曰：「閔子於和悦中，却有剛正意思。仲由一於剛正。閔子深厚，仲由較表露。」問「子路不得其死然」。曰：「『然』者，未定之辭。聖人雖謂其『不得其死』，使子路能變其氣習，亦必有以處死。」賀孫。

吴伯英講「由也不得其死」處，問曰：「由之死，疑其甚不明於大義。豈有子拒父如是之逆，而可以仕之乎？」曰：「然。仲由之死，也有些没緊要。然誤處不在致死之時，乃在於委質之始。但不知夫子既教之以正名，而不深切言其不可仕於衛，何歟？若冉有、子貢則能問夫子爲衛君與否，蓋不若子路之粗率。」壯祖。

或問：「子路死於孔悝之難，死得是否？」曰：「非是，自是死得獃。出公豈可仕也！」又問：「若仕於孔悝，則其死爲是否？」曰：「未問死孔悝是不是，只合下仕於衛，自不是了。況孔悝亦自是不好底人，何足仕也？子路只見得可仕於大夫，而不知輒之國非可仕之國也。」問：「孔門弟子多仕於列國之大夫者，何故？」曰：「他別無科闕，仕進者只有此一門，舍此則無從可仕，所以顏閔寧不仕耳。」僩。

子路死孔悝之難，未爲不是；只是他當初事孔悝時錯了，到此不得其死。饒本作：「到此只得死。」衛君不正，冉有、子貢便能疑而問之，有思量，便不去事他。若子路粗率，全不信聖人說話。「必也正名」，亦是教子路不要事衛。他更說夫子之迂。「若由也，不得其死！」聖人已見得他錯了，但不如鳴鼓攻之，責得求之深。雖有不得其死及正名之說，然終不分曉痛說與他，使之知不要事孔悝。此事不可曉，不知聖人何故不痛責之。明作。

子路爲人粗，於精微處多未達。其事孔悝，蓋其心不以出公爲非故也。悝即出公之黨。何以見得他如此？如「衛君待子爲政」，夫子欲先正名，他遂以爲迂，可見他不以出公爲非。故其事悝，蓋自以爲善而爲之，而不知其非義也。㽦。

子貢問師與商也章

問：「『師也過，商也不及。』看過與不及處，莫只是二子知見上欠工夫？」曰：「也不獨知見上欠，只二子合下資質是這模樣。子張便常要將大話蓋將去，子夏便規規謹守。看論語中所載子張説話，及夫子告子張處，如『多聞闕疑，多見闕殆』之類。如子張自説：『我之大賢歟，於人何所不容？我之不賢歟，人將拒我，如之何其拒人也？』此説話固是好，只是他地位未説得這般話。這是大賢以上，聖人之事，他便把來蓋人，其疏曠多如此。孔子告子夏，如云『無爲小人儒』；又云『無欲速，無見小利』；如子夏自言『可者與之，其不可者拒之』；『小子當洒埽應對進退』之類，可見。」又問：「『參也，竟以魯得之。』魯，却似有不及之意。然曾參雖魯，而規模志向自大，所以終能傳夫子之道。子夏合下淺狹，而不能窮究道體之大全，所以終於不及。」曰：「魯，自與不及不相似。魯是質樸渾厚意思，只是鈍；不及底恰似一箇物事欠了些子。」賀孫。

問：「伊川謂師商過、不及，其弊爲楊墨。」曰：「不似楊墨。墨氏之學，萌蘖已久，晏子時已有之矣。師商之過、不及，與兼愛、爲我不關事。」必大。

季氏富於周公章

問：「以季氏之富，『而求也爲之聚斂』。」曰：「不問季氏貧富。若季氏雖富，而取於民有制，亦何害。此必有非所當取而取之者，故夫子如此說。」義剛。

問：「冉求聖門高弟，親炙聖人，不可謂無所見。一旦仕於季氏，『爲之聚斂而附益之』。蓋緣他工夫間斷，故不知不覺做到這裏，豈可不時時自點檢！」曰：「固是。只緣箇公私義利界分不明，所以如此。若是常在界分内做，自然不到如此。纔出界分去，則無所不至矣。」廣。

問「季氏富於周公」一章。先生令舉范氏之説，歎美久之。云：「人最怕資質弱。若過於剛，如子路雖不得其死，百世之下，其勇氣英風，尚足以起頑立懦！若冉有之徒，都自扶不起。如云『可使足民』，他豈不知愛民，而反爲季氏聚斂。如范氏云：『其心術不明。』惟是心術不明，到這般所在，都不自知。」又云：「『以仕爲急。』他只緣以仕爲急，故從季氏。見他所爲如此，又拔不出，一向從其惡。」賀孫因云：「若閔子『善爲我辭』之意，便見得煞高。」曰：「然。」因云：「謝氏説閔子處最好。」因令賀孫舉讀全文。曰：「冉求路頭錯處，只在急於仕。人亦有多樣，有一等人合下只是要求進；又有一等人心性自不要如此，見此事自匹似閑；又有一等人雖要求進，度其不可，亦有退步之意。」賀孫。

柴也愚章

「柴也愚。」他是箇謹厚底人，不曾見得道理，故曰愚。明作。

吴伯英問「柴也愚」，因説：「柴嘗避難於衛，不徑不竇。使當時非有室可入，則柴必不免，此還合義否？」曰：「此聖人所以言其愚也。若夫子畏於匡，微服過宋，料須不如此。」壯祖。

用之問高子羔不竇不徑事。曰：「怕聖人須不如此。如不徑不竇，只説安平無事時節。若當有寇賊患難，如何專守此以殘其軀？此柴之所以爲愚。聖人『微服而過宋』。微服，是著那下賤人衣服。觀這意如此，只守不徑不竇之説不得。如途中萬一遇大盜賊，也須走避，那時如何要不由小徑去得！然子羔也是守得定。若更學到變通處，儘好，止緣他學有未盡處。」問：「學到時，便如曾子之易簀？」曰：「易簀也只是平常時節。」又曰：「『子路使子羔爲費宰。子曰：「賊夫人之子！」』不可爲政者，正緣他未能應變，他底却自正。」問：「子路之死，與子羔事如何？」曰：「子路事更難説。」又曰：「如聖節，就祝壽處拜四拜。張忠甫不出仕，嘗曰：『只怕國忌、聖節，去拜佛不得。』這也如不竇不徑相似。」因說：「國家循襲這般禮數，都曉不得。往往拜佛之事，始於梁武帝，以私忌設齋，始思量聖節要寓臣子之意，又未有箇所在奉安。」又曰：「尊號始於唐德宗，後來只管循襲。若不是人主自理會得，如何説？當神宗時，羣臣上尊號，司馬温公密撰不允詔書，勸上不受，神宗便不受。這只是神宗自見得，雖温公也要如此不得。且如三年喪，其廢如此長遠，壽皇要行便行了，也不見有甚不可行處。」賀孫。

「參也魯。」魯，是魯鈍。曾子只緣魯鈍，被他不肯放過，所以做得透。若是放過，只是魯而已。恪。

讀「參也魯」一段，云：「只曾子資質自得便宜了。蓋他以遲鈍之故，見得未透，只得且去理會，終要洞達而後已。若理會不得，便放下了，如何得通透，則是終於魯而已。」時舉。

「參也，竟以魯得之。」曾子魯鈍難曉，只是他不肯放過，直是捱得到透徹了方住；不似別人，只略綽見得些小了便休。今一樣敏底見得容易，又不能堅守；鈍底捱得到略曉得處，便説道理止此，更不深求。惟曾子更不放舍，若這事看未透，真是捱得到盡處，所以竟得之。僴。

明道謂曾子「竟以魯得之」。緣他質鈍，不解便理會得，故著工夫去看，遂看得來透徹，非他人所及。有一等伶俐人見得雖快，然只是從皮膚上略過，所以不如他。且莫說義理，只如人學做文章，非是只恁地讀前人文字了，便會做得似他底；亦須是下工夫，始造其妙。觀韓文公與李翺書，老蘇與歐陽公書，說他學做文章時，工夫甚麽細密！豈是只恁從册子上略過，便做得如此文字也！毅略〔一〕。

「參也，竟以魯得之。」不說須要魯。魯却正是他一般病，但却尚是（商）〔箇〕〔二〕好底病。就他說，却是得這箇魯底力。義剛。

「參也，竟以魯得之。」魯鈍則無造作。賀孫。

曾子以魯得之，只是魯鈍之人，却能守其心專一。明達者每事要入一分，半上落下，多不專一。端蒙。

回也其庶乎章

敬之問：「『回也，其庶乎；屢空。』大意謂顏子不以貧窶動其心，故聖人見其於道庶

〔一〕「毅略」，賀疑有闕誤。
〔二〕據陳本改。

幾。子貢不知貧富之定命，而於貧富之間不能無留情，故聖人見其平日所講論者多出億度而中。」曰：「據文勢也是如此。但顔子於道庶幾，却不在此。聖人謂其如此，益見其好。子貢不受命，也在平日，聖人亦不因其貨殖而言。」賀孫因問：「集注云，顔回，言其樂道，又能安貧。以此意看，若顔子不處貧賤困窮之地，亦不害其爲樂。」曰：「顔子不處貧賤，固自樂；到他處貧賤，只恁地更難，所以聖人於此數數拈掇出來。」賀孫。

顔子屢空，説作「空中」，不是。論語中只有「空空如也」，是説無所得，别不見説虚空處。可學。

問：「『屢空』，前輩及南軒皆作空無説，以爲『無意、必、固、我』之『無』。但顔子屢空，未至於聖人之皆無而純然天理也。及先生所解，却作屢空乏而自樂，何也？」曰：「經意當如此。不然，則連下文子貢作二段事。空無之説，蓋自何晏有此解。晏，老氏清净之學也。因其有此説，後來諸公見其説得新好，遂發明之。若顔子固是意、必、固、我之屢無，只是此經意不然。顔子不以貧乏改其樂而求其富。如此説，下文見得子貢有優劣。」寓。

問：「呂曰：『貨殖之學，聚所聞見以度物，可以屢中，而不能悉中。』嘗記前輩一説曰：『自太史公、班固列子貢於貨殖，下與馬醫、夏畦同科，謂其「所至，諸侯莫不分庭抗禮」，天下後世無不指子貢爲豎賈之事。子貢，孔門高弟，豈有聖人之門，而以賈豎爲先乎！屢空，無我者也，其學則自内而求。貨殖，自外而入，非出於己之所自得也。特其才高，凡接於見聞者莫不解悟，比之屢空者爲有間矣。』」曰：「此説乃觀文、葉公所作，審是集中之語，蓋吕與叔之遺意也。乍看似好，而道理恐不如是。蓋屢空者，『空乏其身』也。貨殖，則對屢空而言，不能不計較者是也。范氏曰：『顔子簞食瓢飲屢絶，而不改其樂，天下之物豈有能動其心者！』此説爲得之。」謨。

子張問善人之道章

問「善人之道」。曰：「『善人之道』，只是箇善人底道理。所謂善人者，是天資渾然一箇好人，他資質至善而無惡，即『可欲之謂善』。他所行底事，自然皆善，不消得按本子，自不至於惡。若是常人，不依本子，便不能盡善流而爲惡。但他既天資之善，故不必循塗守轍，行之皆善。却緣只是如此而無學，故不能入聖人閫室。横渠之解極好。」塗轍，猶言規矩尺度。㽦。

味道問：「善人只是好資質，全未曾學。」曰：「是。」又問「不踐迹」。曰：「是古人所做底事恁地好。雖不曾學古人已做底事，做得來也恁地好。『循塗守徹』，猶言循規守矩云耳。」

「踐迹」，迹是舊迹，前人所做過了底樣子，是成法也。善人雖不曾知得前人所做樣子，效他去做，但所爲亦自與暗合，但未能到聖人深處。」恪。

施問「不踐迹」。曰：「是他資質美，所爲無箇不是；雖不踐成法，却暗合道理。然他也自不能曉會，只暗合而已。又却不曾學問，所以『亦不入於室』。」林問：「不入室，室是神化地位否？」曰：「非也。室只是深奥處。」寓。

問「不踐迹」。曰：「善人質美，雖不學樣子，却做得是。然以其不學，是以不入室，到聖人地位不得。」謙之。

善人乃是天資自然有善者，不待循常迹，而自然能有其善。然而不能加學，則亦不足以入聖人之室。震。

謝教問「不踐迹」。曰：「資質美，只是暗合，不依本子做。横渠説得好。然亦只是終於此而已。」淳。

問：「『不踐迹，亦不入於室』，莫是篤行之而後可以入善之閫奥否？」曰：「若如此言，却是説未爲以前事。今只説善人只是一箇好底資質，不必踐元本子，亦未入於室。須是要學，方入聖賢之域。惟横渠云：『志於仁而無惡。』此句最盡。如樂正子，自『可欲』之善人去，自可到『美、大、聖、神』地位。」去僞。

問：「善人莫是天資好人否？」故雖不必循守舊人塗轍，而自不爲惡。然其不知學問，故亦不能入於聖人之室。此可見美質有限，學問無窮否？」曰：「然。」廣。

問：「尋常解『踐迹』，猶踏故步。『不踐迹』者，亦有所進；『亦不入於室』者，所進不遠也。今集注解『踐迹』，不循樣轍之意，如何？」曰：「善人者以其心善，故不假成法，而其中自能運用，故曰『不踐迹』。據此，止說善人未有進意。」洽。

問：「不踐迹何以爲善人？」曰：「不循習前人已試之法度，而亦可以爲善，如漢文帝是也。」大雅。

魏才仲問「善人之道」一章。曰：「如所謂『雖曰未學，吾必謂之學矣』之類。」又問：「如太史公贊文帝爲善人，意思也是？」曰：「然。只爲他截斷，只到這裏，不能做向上去；所以說道不依樣子，也自不爲惡，只是不能入聖人之室。」又問：「文帝好黃老，亦不免有慘酷處。莫是纔好清淨，便至於法度不立，必至慘酷而後可以服人？」曰：「自清淨至慘酷，中間大有曲折，却如此說不得。唯是自家好清淨，便一付之法。有犯罪者，都不消問自家，但看法何如。只依法行，自家這裏更不與你思量得，此所以流而爲慘酷。」伯謨曰：「黃老之教，本不爲刑名，只要理會自己，亦不說要慘酷，但用之者過耳。」曰：「緣黃老之術，凡事都先退一著做，教人不防他。到得逼近利害，也便不讓別人，寧可我殺了你，定不容你殺了我。他術多是如此，所以文景用之如此。文帝猶善用之，如南越反，則卑詞厚禮以誘之；吳王不朝，賜以几杖等事。這退一著，都是術數。到他教太子，晁錯爲家令。他謂太子亦好學，只欠識術數，故以晁錯傅之。到後來七國之變，弄成一場紛亂。看文景許多慈祥豈弟處，都只是術數。然景帝用得不好，如削之亦反，不削亦反。」賀孫。

子畏於匡章

或問：「『回何敢死』，伊川改『死』爲『先』，是否？」曰：「伊川此話，門人傳之恐誤，其間前後有相背處。今只作『死』字說。其曰『吾以汝爲死矣』者，孔子恐顏回遇害，故有此語。顏子答曰『子在，回何敢死』者，顏子謂孔子既得脱禍，吾可以不死矣。若使孔子遇害，則顏子只得以死救之也。」或問：「顏路在，顏子許人以死，何也？」曰：「事偶至此，只得死。此與不許友以死之意別。不許以死，在未處難以前乃可。如此處已遇難，却如此說不得。」去僞。

朱子語類卷第四十

論語二十二

先進篇下

季子然問仲由冉求章

問：「據賀孫看來，仲由、冉求氣質不同，恐冉求未必可保，仲由終是不屈。」曰：「不要論他氣質。只這君臣大義，他豈不知？聖人也是知他必可保。然死於禍難是易事，死於不可奪之節是難事。才出門去事君，這身己便不是自家底，所謂『事君能致其身』是也。如做一郡太守，一邑之宰，一尉之任，有盜賊之虞，這不成休了！便當以死守之，亦未爲難。惟卒遇君臣大變，利害之際只争些子，這誠是難。今處草茅，説這般事，似未爲切己。看史策所載，篡易之際，直是難處。篡弑之賊，你若不從他，他便殺了你；你從他，便不死。既是貪生惜死，何所不至！」賀孫。

問：「孔門弟子如由求皆仕於季氏，何也？」曰：「只仕，便是病了。儘高底便不肯仕，如閔子、曾子是也。但當時不仕則已，仕則必出於季氏。蓋當時魯君用舍之權，皆歸於季氏也。」又問：「子路未易屈者，當時亦仕於季氏；蓋他雖不能行其道，亦稍知尊敬之。」曰：「說道他尊敬不得。才不當仕時，便教他尊敬，也不當仕。」次日見先生，先生又曰：「夜來說尊敬話，這處認不得，當下便做病。而今說被他敬，去仕他。若是箇賊來尊敬自家，自家還從他不從他！但看義如何耳。」夔孫。

因說：「仕於季氏之門者，仲弓爲季氏宰。亦未是叛臣。只是乘魯之弱，招權聚財歸己而已。然終不敢篡，如曹操。故昭公出許多時，季氏卒不敢取。至於三卿分晉，亦必俟天子之命乃安。只是當時魯君自做不行。弱則常如此，強則爲昭公。若孔子處之，則必有道矣。如墮三都，是乘他要墮而墮之，三都墮而三家之所恃者失矣，故其勢自弱。如羅崇勳殺牙兵，初惡其爲亂，既殺之，又自弱。」璘因言：「三家自不相能，如鬬鷄之事可見。」曰：「三家，急之則合；緩之，又自不相能。」璘。

問：「『以道事君，不可則止』；『忠告而善道之，不可則止』。張子韶解此，謂：『當其微有不可，則隨即止之；無待其事之失，過之形，而後用力以止之也。』」曰：「子韶之說不通，與上下文義不相貫。近世學者多取此說，愛其新奇，而不察其不當於理。此甚害事，不可不知也。」謨。

子路使子羔爲費宰章

問「何必讀書，然後爲學」。曰：「子路當初使子羔爲費宰，意不知如何。本不是如此，只大言來答，故孔子惡其佞。」問：「此恐失之偏否？」曰：「亦須是講學，方可如此做。左傳子産說『學而後從政，未聞以政學』一段，說得好。如子路，却是以政學者也。」淳。

子路曾晳冉有公西華侍坐章

讀「曾晳言志」一章，曰：「此處正要理會。如子路說：『比及三年，可使有勇。』冉有云：『可使足民。』不知如何施設得便如此。曾晳意思固是高遠，須是看他如何得如此。若子細體認得這意思分明，令人消得無限利禄鄙吝之心。須如此看，方有意味。」時舉。

冉求、公西赤言皆退讓，却是見子路被哂後，計較如此說。子路是真。此四人氣象好看。升卿。

曾點之志，如鳳凰翔於千仞之上，故其言曰：「異乎三子者之撰。」道夫。

曾點是見他箇道理大原了，只就眼前景致上説將去。其行有不掩者，是他先見得大了，自然是難掩。廣。

曾點見得事事物物上皆是天理流行。良辰美景，與幾箇好朋友行樂。他看那幾箇説底功名事業，都不是了。他看見日用之間，莫非天理，在在處處，莫非可樂。他自見得那「春服既成，冠者五六人，童子六七人，浴乎沂，風乎舞雩，詠而歸」處，此是可樂天理。植。

林恭甫問浴沂事。曰：「想當時也真是去浴。但古人上巳祓禊，只是盥濯手足，不是解衣浴也。」義剛。

恭甫問：「曾點『詠而歸』，意思如何？」曰：「曾點見處極高，只是工夫疏略。他狂之病處易見，却要看他狂之好處是如何。緣他日用之間，見得天理流行，故他意思常恁地好。只如『莫春浴沂』數句，也只是略略地説將過。」又曰：「曾點意思，與莊周相似，只不至如此跌蕩。莊子見處亦高，只不合將來玩弄了。」時舉。

敬之又問「曾點」章。曰：「都不待著力説。只是他見得許多自然道理流行發見，眼前觸處皆是，點但舉其一事而言之耳。只看他『鼓瑟希，鏗爾，舍瑟而作』，從容優裕悠然自得處，無不是這箇道理。此一段都是這意思。今人讀之，只做等閑説了。當時記者亦多少子細。曾點見子路、冉有、公西華幾箇所對，都要著力出來做，他肚裏自覺得不足爲。

若以次對，當於子路對後便問他。聖人見他鼓瑟，意思恁地自得，且問從别人上去，待都説了，却問他。」又曰：「這道理處處都是：事父母，交朋友，都是這道理；接賓客，是接賓客道理；動静語默，莫非道理；天地之運，春夏秋冬，莫非道理。人之一身，便是天地，只緣人爲人欲隔了，自看此意思不見。如曾點，却被他超然看破這意思，夫子所以喜之。日月之盈縮，晝夜之晦明，莫非此理。」賀孫。

曾點之志，夫子當時見他高於三子，故與之。要之，觀夫子「不知所以裁之」之語，則夫子正欲共他理會在。道夫。

曾點言志，當時夫子只是見他説幾句索性話，令人快意，所以與之。其實細密工夫却多欠闕，便似莊列。如季武子死，倚其門而歌，打曾參仆地，皆有些狂怪。人傑。

恭父問：「曾點説『詠而歸』一段，恐是他已前實事，因舉以見志。」曰：「他只是説出箇意思要如此。若作已前事説，亦不可知。人只見説曾點狂，看夫子特與之之意，須是大段高。緣他資質明敏，洞然自見得斯道之體，看天下甚麽事能動得他！他大綱如莊子。明道亦稱莊子云：『有大底意思。』又云：『莊生形容道體，儘有好處。』邵康節晚年意思正如此，把造物世事都做則劇看。曾點見得大意，然裏面工夫却疏略。明道亦云：『莊子無禮，無本。』」賀孫。

或問：「『如或知爾，則何以哉？』待諸子以可用對，而曾點獨不答所問，夫子乃許之，何也？」曰：「曾點意思見得如此，自與諸子别。看他意思若做時，上面煞有事在。」或問：「如何煞有事？」曰：「曾點見得如此時，若子路、冉求、公西華之所爲，曾點爲之有餘。」又曰：「只怕曾點有莊老意思。」或問：「曾點是實見得如此，還是偶然説著？」曰：「這也只是偶然説得如此。他也未到得便做莊老，只怕其流入於莊老。」又問：「東萊説『曾點只欠「寬以居之」』，這是如何？」曰：「他是太寬了，却是工夫欠細密。」因舉明道説康節云：「堯夫豪傑之士，根本不貼貼地。」又曰：「今人却怕做莊老，却不怕做管商，可笑！」賀孫。

問：「夫子令四子言志，故三子皆言用。夫子卒不取，而取無用之曾點，何也？」曰：「三子之志趣，皆止於所能；而曾點氣象又大，志趣又别，極其所用，當不止此也。」又曰：「曾點雖是如此，於用工夫處亦欠細密。」卓。

子路、冉有等言志，觀其所對，只住在所做工夫上，故聖人與點，又以進諸子。如告子路「何足以臧」，亦此意。端蒙。

問四子言志。曰：「曾點與三子，只是争箇粗細。曾點與漆雕開，只是争箇生熟。曾點説得驚天動地，開較穩貼。三子在孔門豈是全不理會義理？只是較粗，不如曾點之細。」又曰：「子路使民，非若後世之孫吴；冉有足民，非若後世之管商。」

子路品格甚高，若打疊得些子過，謂粗暴。便是曾點氣象。升卿。

曾點於道，見其遠者大者，而視其近小皆不足爲。故其言超然，無一毫作爲之意，唯欲樂其所樂，以終身焉耳。道夫。

敬之問：「曾點言志，見得天理流行，獨於其間認取這許多，作自家受用。」曰：「不用恁地說。曾點只是見得許多都是道理發見，觸處是道理，只緣這道理本來到處都是。」賀孫。

或問：「曾點之言如何？」曰：「公莫把曾點作面前人看，縱説得是，也無益。須是自家做曾點，便見得曾點之心。」學蒙。

問：「曾點浴沂氣象，與顔子樂底意思相近否？」曰：「顔子底較恬静，無許多事。曾點是自恁說，却也好；若不已，便成釋老去，所以孟子謂之狂。顔子是孔子稱他樂，他不曾自説道我樂。大凡人自説樂時，便已不是樂了。」淳。

或問：「曾晳言志，既是知得此樂，便如顔子之樂同。曾晳行又不掩，何也？」曰：「程子說：『曾點、漆雕開已見大意。』他只是見得這大綱意思，於細密處未必便理會得。如千兵萬馬，他只見得這箇，其中隊伍未必知。如佛氏，不可謂他無所見，但他只見得箇大渾淪底道理；至於精細節目，則未必知。且君臣父子夫婦兄弟，他知道理發出來。然至『爲人君，止於仁；爲人臣，止於敬；爲人子，止於孝』之類，却未必知也。」植。

林正卿問：「曾點只從高處見破，却不是次第做工夫來。」曰：「某以爲頗與莊列之徒相似，但不恁地跌蕩耳。」又問：「『曾點、漆雕開已見大意』，開却實用工夫。」曰：「開覺得細密。」恪。

漢卿舉叔重疑問曰：「曾點『已見大意』。或謂點無細密工夫，或謂點曾做工夫而未至，如何？」曰：「且只理會曾點如何見得到這裏。不須料度他淺深，徒費心思也。」人傑。

或問曾皙曰：「是他見得到日用之間，無非天理流行。如今便是不能得恁地。充其見，便是孔子『老者安之，朋友信之，少者懷之』意思。聖賢做出，便只是這箇物事，更不用安排。如今將文字看，也說得是如此，只是做不能得恁地。」漢卿再請：「前所問『必有事焉』，蒙教曰：『人須常常收斂此心，但不可執持太過，便倒塞了。然此處最難，略看差了，便是禪。』此意如何？」曰：「這便是難言。」正淳謂云云。先生曰：「固是如此，便是難。學者固當尋向上去，只是向上去，便怕易差。只吾儒與禪家說話，其深處止是毫忽之爭。到得不向上尋，又只晝住在淺處。須是就源頭看。若理會得，只是滔滔地去。如操舟，尋得大港水脈，便一直溜去，不問三尺船也去得，五尺船也去得，一丈二丈船也去得。若不就源頭尋得，只三五尺船子，便只閣在淺處，積年過代，無緣得進。」賀孫。

先生令叔重讀江西嚴時亨、歐陽希遜問目，皆問「曾點言志」一段。以爲學之與事，初非二致，學者要須涵養到「清明在躬，志氣如神」之地，則無事不可爲也。先生曰：「此都説得偏了。學固著學，然事亦豈可廢也！若都不就事上學，只要便如曾點樣快活，將來却恐狂了人去也。學者要須常有三子之事業，又有曾點襟懷，方始不偏。蓋三子是就事上理會，曾點是見得大意。曾點雖見大意，却少事上工夫；三子雖就事上學，又無曾點底脱灑意思。若曾子之學，却與曾點全然相反。往往曾點這般説話，曾子初間却理會不得他。但夫子説東便去學東，説西便去學西，説南便去學南，説北便去學北。到學來學去，一旦貫通，却自得意思也。」時舉。

蕭問「曾點言志」章，程子云云。先生曰：「集注内載前輩之説於句下者，是解此句文義；載前輩之説於章後者，是説一章之大旨及反覆此章之餘意。今曾點説底不曾理會得，又如何理會得後面底！」雉。以下集注。

所謂「天理流行」一句，須是先自盡於一心，然後及物，則能隨寓而樂。如曾點，只是他先自分内見得箇道理，如「莫春」以下是無可説，只就眼前境界，便説出來也得。又曰：「曾點、曾參父子却相背。曾點是先見得大了，曾參却細。孔子見他著細工夫到，遂告以一貫，那時參言下一唯，見得都實。如曾點則行有不掩。是他先見得大了，自然是難掩。」

士毅。

問：「集注云：『曾點之學，有以見乎日用之間，莫非天理流行之妙，日用之間，皆人所共。』曾點見處，莫是於飢食渴飲、冬裘夏葛以至男女居室之類，在曾點見則莫非天理，在他人則只以濟其嗜欲。」曰：「固是。同是事，是者便是天理，非者便是人欲。如視聽言動，人所同也。非禮勿視聽言動，便是天理；非禮而視聽言動，便是人欲。」植曰：「即是五峰所謂『天理人欲，同行異情』否？」曰：「是。」植。

周貴卿問：「先生教人，每令就下學上用功，而『子路、曾皙、冉有、公西華侍坐』一章，乃云『其視三子區區於事爲之末者有間矣』，如何？」曰：「三子於事爲上也見不曾透。如『爲國以禮』，他正緣見那『爲國以禮』底道理未透，所以後來恁地。今觀三子雖不可盡見，然大概也可知。如子路，便是那些子客氣未消磨得盡。冉求畢竟有才，要做事爲底意重。公西華較細膩得些子，但也見不透。」又問：「曾皙似說得高遠，不就事實。」曰：「某嘗說，曾皙不可學。他是偶然見得如此，夫子也是一時被他說得恁地也快活人，故與之。今人若要學他，便會狂妄了。他父子之學正相反。曾子是一步一步踏著實地去做，直到那『「參乎！吾道一以貫之。」曾子曰：「唯」』方是。夔孫錄作：「已是得了。」然他到這裏，也只是唯而已，也不曾恁地差異。從此後，也只是穩穩帖帖恁地去。到臨死，尚曰『而今而後，吾知免夫小子』，也依舊是戰戰兢兢，不曾恁地自在。夔孫録云：「未死以前，戰戰兢兢，未嘗少息。豈曾如此狂妄顛蹷！」曾皙不曾見他工夫，只是天資高後自說著。如夫子說『吾黨之小子狂、簡，斐然成章，不知所以裁之』，這便是狂、簡。如莊列之徒，皆是他自說得恁地好，夔孫録云：「也是他見得如此。」所以夫子要歸裁正之。若是不裁，只管聽他恁地，今日也浴沂詠歸，明日也浴沂詠歸，却做箇甚麽合殺！」義剛。夔孫畧。

夫子與點，以其無所係著，無所作爲，皆天理之流行。「夫何爲哉？恭己正南面而已。」「天叙有典，敕我五典五惇哉！天秩有禮，自我五禮五庸哉！天命有德，五服五章哉！天討有罪，五刑五用哉！」即此氣象。夫子以其所見極高明了，所以與之。如今人見學者議論拘滯，忽有一箇說得索性快活，亦須喜之。然未見得其做事時如何。若只如此忽略，恐却是病，其流即莊老耳。如季武子之死，倚門而歌事，及家語所載芸瓜事，雖未必然，但如此放曠，凡百事何故都當入聲。在他身上？所以孟子以之與琴張、牧皮同稱「狂士」。又莊子載子桑户、孟子反、子琴張事，雖是寓言未足憑，然何故不別言一人？孔門如曾點，只見識高，未見得其後成就如何。如曾參，却是篤實細密，工夫到。程子論「三子言志自是實事」一段甚好，及論「夫子與點」一段，意却少異，所以集注兩載之。必大。

「孔子與點，與聖人之志同」者，蓋都是自然底道理。安老、懷少、信朋友，自是天理流行。天理流行，觸處皆是。暑往寒來，川流山峙，「父子有親，君臣有義」之類，無非這理。如「學而時習之」，亦是窮此理；「孝弟仁之本」，亦是實此理。所以貴乎格物者，是物物上皆有此理。此聖人事，點見得到。蓋事事物物，莫非天理，初豈是安排得來！安排時，便湊合不著。這處更有甚私意來？自是著不得私意。聖人見得，只當閑事，曾點把作一件大事來説。他見得這天理隨處發見，處處皆是天理，所以如此樂。植。

植舉曾點言志，明道云：「蓋與聖人之志同。」先生詰云：「曾點與聖人志同在那裏？」植云：「曾點浴沂詠歸，樂而得其所，與聖人安老、懷少、信朋友，使萬物各遂其性處同。」曰：「也未湊盡得。」因座中諸友皆不合，先生曰：「立之底只争這些子。」潘子善以爲：「點只是樂其性分而已。日用間見得天理流行，才要著私意去安排，便不得。」曰：「他不是道我不要著意私安排，私意自著不得。這箇道理，是天生自然，不待安排。蓋道理流行，無虧無欠，是天生自然如此。與聖人安老、懷少、信朋友底意思相似。聖人見老者合安，便安之；朋友合信，便信之；少者合懷，便懷之。惟曾點見得到這裏，聖人做得到這裏。」植。時舉略。

問：「曾點言志，如何是有『堯舜氣象』？」曰：「明道云：『萬物各遂其性。』此一句正好看『堯舜氣象』。且看莫春時物態舒暢如此，曾點情思又如此，便是各遂其性處。堯舜之心，亦只是要萬物皆如此爾。孔子之志，欲得『老者安之，少者懷之，朋友信之』，亦是此意。」又問：「上蔡云：『子路、冉有、公西華皆未免有意、必之心；曾點却不願仕，故孔子與之。』此説如何？」曰：「亦是。但此意逼窄爾。」又問：「曾點之狂如何？」曰：「他雖知此理，只是踐履未至。」謨。

曾點之志，所謂「達可行於天下而後行之」。程子謂「便是堯舜氣象」。爲他見處大，故見得世間細小功業，皆不足以入其心。道夫。

問：「程子謂『便是堯舜氣象』，如何？」曰：「曾點却只是見得，未必能做得堯舜事。孟子所謂『狂士』，『其行不掩焉者也』。其見到處，直是有堯舜氣象。如莊子亦見得堯舜分曉。」或問天王之用心何如，便説到：『「天德而出寧，日月照而四時行，若晝夜之有經，雲行而雨施」』。以是知他見得堯舜氣象出。曾點見識儘高，見得此理洞然，只是未曾下得工夫。曾點、曾參父子正相反。以點如此高明，參却魯鈍，一向低頭捱將去，直到一貫，方始透徹。是時見識方到曾點地位，然而規模氣象又別」。寓。

問：「集注謂曾點『氣象從容』，便是鼓瑟處；詞意灑落，便是下面答言志，『雖堯舜事業亦優爲之』處否？」曰：「且道堯舜是甚麽樣事？何不説堯舜之心，恰限説事業？蓋『富有之謂大業』，至如『平章百姓』，明目達聰，納大麓，皆是事也。此分明説事業。緣曾點見得道理大，所以『堯舜事業優爲之』，『視三子規規於事爲之末』，固有間矣。是他見得聖人氣象如此，雖超乎事物之外，而實不離乎事物之中。是箇無事無爲底道理，却做有事有爲底功業。天樣大事也做得，針樣小事也做得，此所謂大本、所謂忠、所謂一者是也。點操得柄欛，據著源頭；諸子則從支派上做工夫。諸子底做得小，他底高大。曾點合下便見得聖人大本是如此，但於細微工夫却不曾做得，所以未免爲狂。緣他資稟高，見得這箇大，不肯屑屑做那小底工夫。是他合下一見便了，於細微節目工夫却有欠闕，與後世佛老近似，但佛老做得忒無狀耳。」又云：「曾參、曾點父子兩人絶不類。曾子隨事上做，細微曲折，做得極爛熟了，才得聖人指撥，一悟即了當。點則不然，合下便見得如此，却不曾從事曲折工夫，所以聖人但説『吾與點』而已；若傳道，則還曾子也。學者須是如曾子做工夫，點自是一種天資，不可學也。伊川説『曾點、漆雕開已見大意』。點則行不掩，開見此箇大意了，又却要補填滿足，於『未能信』一句上見之。此與一貫兩處是大節目，當時時經心始得。」又曰：「只看『異乎三子者之撰』一句，便是從容灑落處了。」又曰：「諸子之欲爲國，也是他實做得，方如此説。」明作。集注非定本。

吴兄問曾晳言志一段。先生曰：「何謂『視其氣象，雖堯舜事業亦可爲』？」吴兄無對。先生曰：「曾點但開口説一句『異乎三子者之撰』時，便自高了。蓋三子所志者雖皆是實，然未免局於一國一君之小，向上更進不得。若曾點所見，乃是大根大本。使推而行之，則將無所不能，雖其功用之大，如堯舜之治天下，亦可爲矣。蓋言其所志者大，而不可量也。譬之於水，曾點之所用力者，水之源也；三子之所用力者，水之流也。用力於派分之處，則其功止於一派；用力於源，則放之四海亦猶是也。然使點遂行其志，則恐未能掩其言，故以爲狂者也。某嘗謂，曾點父子爲學，每每相反。曾點天資高明，用志遠大，故能先見其本；往往於事爲之間，有不屑用力者焉。是徒見其忠之理，而不知其恕之理也。曾子一日三省，則隨事用力，而一貫之説，必待夫子告之而後知。是先於恕上得之，而忠之理則其初蓋未能會也。然而一唯之後，本末兼該，體用全備，故其傳道之任，不在其父，而在其子。則其虚實之分，學者其必有以察之！」壯祖。

問「曾點言志，雖堯舜事業亦優爲之」。曰：「曾點爲人高爽，日用之間，見得這天理流行之妙，故堯舜事業亦不過自此做將去。然有不同處：堯舜便是實有之，踏實做將去；曾點只是偶然綽見在。譬如一塊寶珠，堯舜便實有在懷中，曾點只看見在，然他人亦不曾見得。某嘗謂曾點父子正相拗。曾子先未曾見得箇大統體，只是從事上積累做將去，後來方透徹。曾點都未曾去做，却先曉得了，更教他如曾子恁地細密做將去，何可比也？只緣他見得快後不當事，所以只見得了便休。故他言志，亦不是要去做事底，只是心裏要恁地快活過日而已。」又云：「學者須如曾子逐步做將去，方穩實。」燾。

或問曾點氣象。曰：「曾點氣象，固是從容灑落。然須見得他因甚得如此，始得。若見得此意，自然見得他做得堯舜事業處。」銖。

廖子晦、李唐卿、陳安卿共論三子言志，及顏子喟然之歎，録其語質諸先生。先生曰：「覺見諸公都説得枝蔓。此等處不通如此説，在人自活看方得。若云堯舜事業非曾點所能，又逐一稱説堯舜來比並，都不是如此。曾點只是箇高爽底人，他意思偶然自見得，只見得了便休；堯舜則都見得了，又都踏著這箇物事行，此其不同處耳。要之，只説得箇見得天理明，所以如此。只説得到此住，已上説不去了，要人自見得。只管推説，已是枝蔓。」或問：「程子云：『子路只緣曉不得爲國以禮底道理。若曉得，便是此氣象。』如公西、冉求二子，語言之間亦自謙遜，可謂達禮者矣，何故却無曾點氣象？」曰：「二子只是曉得那禮之皮膚，曉不得那裏面微妙處。他若曉得，便須見得『天高地下，萬物散殊，而禮制行矣；流而不息，合同而化，而樂興焉』底自然道理矣。曾點却有時見得這箇氣象，只是他見得了便休。緣他見得快，所以不將當事。他若見得了，又從頭去行，那裏得來！曾參則元來未見這箇大統體，先從細微曲折處行都透了，見得箇大體。曾氏父子二人極不同。世間自有一樣人如此高灑，見得底，學不得也。學者須是學曾子逐步做將去，方穩實。」又問：「子路氣象須較開闊如二子。」曰：「然。」又曰：「看來他們都是合下不曾從實地做工夫去，却只是要想像包攬，說箇形象如此，所以不實。某嘗說，學者只是依先儒注解，逐句逐字與我理會，著實做將去，少間自見。最怕自立說籠罩，此爲學者之大病。世間也只有這一箇方法路徑，若才不從此去，少間便落草，不濟事。只依古人所說底去做，少間行出來便是我底，何必別生意見！此最是學者之大病，不可不深戒！」僩。

問：「論語只有箇顏子、曾子傳聖人之學，其大概既得聞命矣。敢問：曾點浴沂處，注云『有堯舜氣象』，夫子固於此與點矣；而子路『爲國以禮』處，亦注云『達得時便是這氣象』，如何？」曰：「子路所言底，他亦是無私意；但是不遜讓時，便不是也。曾點見處豈不曰『與堯舜同』，但是他做不得此事。如今人在外看屋一般，知得有許大許高，然其中間廊廡廳館，户牖房闥，子細曲折，却是未必看得子細也。然看到此，也是大故難。」或曰：「程子云『曾點、漆雕開已見得大意』，如何？」曰：「曾點見得較高。開只是朴實，其才雖不及點，然所見也是不苟。」或曰：「曾點既見得天理流行，胸中灑落矣，而行有不掩，何也？」曰：「蓋爲他天資高，見得這物事透徹，而做工夫却有欠闕。如一箇大屋樣，他只見得四面牆壁，高低大小都定，只是裏面許多間架，殊不見得。如漆雕開，見大意則不如點，然却是他肯去做。點雖見得，却又不肯去做到盡處。且如邵康節，只緣他見得如此，便把來做幾大作弄，更不加細密工夫。某嘗謂，曾子父子正相反。曾參初頭都不會，只從頭自一事一物上做去，及四方八面都做了，却到大處。及他見得大處時，其他小處，一一都了也。點合下見得大處，却不肯去做小底，終不及他兒子也。」祖道。賜録一條見「漆雕開」章，疑同聞。

問：「使子路知禮，如何便得似曾晳氣象？」曰：「此亦似乎隔驀，然亦只争箇知不知、見不見耳。若達得，則便是這氣象也。曾點只緣他見得箇大底意思了。據他所説之分，只得如此説。能如此，則達而在上，便可做得堯舜事業，隨所在而得其樂矣。」又曰：「公且更説曾點意思。」廣云：「點是已見得大意，其所言者無非天理之流行，都不爲事物所累。」曰：「亦不必説不爲事物所累。只是緣他高明，自見得箇大底意思。」曰：「既見得這意思，如何却行有不掩？」曰：「緣他見得了，不去下工夫，所以如此。譬如人須以目見，以足行，見得方能行得。然亦有見得了不肯行者；亦有未見得後强力以進者。如顔子，則見與行皆到也。」又曰：「曾點父子，學問却如此不同。曾點是未行而先見得此意思者。曾子其初却都未能見，但一味履踐將去。到得後來真積力久，夫子知其將有所得，始告之以一貫之説，曾子方領略得。然緣他工夫在先，故一見便了，更無窒礙處。若是曾晳，則須是更去行處做工夫始得；若不去做工夫，則便入於釋老去也。觀季武子死，曾點倚其門而歌；他雖未是好人，然人死而歌，是甚道理！此便有些莊老意思。程子曰：『曾點、漆雕開已見大意。』看得來漆雕開爲人却有規矩，不肯只恁地休，故曰『吾斯之未能信』。」廣。

問：「『子路若達，便是曾點氣象。』莫是子路無曾點從容意思否？」曰：「子路見處極高，只是有些粗。緣他勇，便粗。若不是勇，又不會變得如此快，這勇却不曾去得。如人得這箇藥去病，却不曾去得藥毒。若去得盡，即達『爲國以禮』道理。」顧文蔚曰：「子路與冉有、公西華如何？」文蔚曰：「只是小大不同。」曰：「二子終無子路所見。」問：「何以驗之？」曰：「觀他平日可見。」文蔚。

陳仲亨說：「『子路只是不達爲國以禮道理』數句，未明。」先生曰：「子路地位高，品格亦大故高，但其病是有些子粗。緣如此，所以便有許多粗暴疏率處。他若能消磨得這些子去，却能恁地退遜，則便是這箇氣象了。蓋是他資質大段高，不比冉求、公西華，那二子雖如此謙退，然却如何及得子路？譬之如一箇坑，跳不過時，只在這邊；一跳過，便在那邊。若達那『爲國以禮』道理，便是這般氣象，意正如此。『求也退，故進之。』冉求之病，乃是子路底藥；子路底病，乃是冉求底藥。」義剛。

李守約問：「『子路達時，便是此氣象。』意謂禮是天理，子路若識得，便能爲國，合得天理。」曰：「固是。只更有節奏難說。聖人只爲他『其言不讓』，故發此語。如今看來，終不成才會得讓底道理，便與曾點氣象相似！似未會如此。如今且平看，若更去説程子之説，却又是説上添説。子思言『鳶飛魚躍』，與孟子言『勿忘、勿助長』，此兩處皆是喫緊爲人處，但語意各自別。後人因『喫緊爲人』一句，却只管去求他同處，遂至牽合。」木之。

問：「孔子語子路『爲國以禮』，只是以子路不遜讓，故發此言。程先生云云，如何？」曰：「到『爲國以禮』分上，便是理明，自然有曾點氣象。」可學。

伊川謂「子路之志亞於曾點」。蓋子路所言，却是實地。二子却鑒他子路爲夫子所哂，故退後説。道夫。

問：「再看『浴沂』章，程子云：『曾點，狂者也，未必能爲聖人之事，而能知夫子之志。故曰「浴乎沂，風乎舞雩，詠而歸」，言樂而得其所也。孔子之志在於「老者安之，朋友信之，少者懷之」，使萬物莫不遂其性。曾點知之。故孔子喟然歎曰：「吾與點也！」』若如程子之説看，則事皆切實。若只從曾點見得箇大底意思看，恐易入於虛無。」先生曰：「此一段，唯上蔡見得分曉。蓋三子只就事上見得此道理，曾點是去自己心性上見得那本源頭道理。使曾點做三子事，未必做得。然曾點見處，雖堯舜事業亦不過以此爲之而已。程子所説意思固好，但所録不盡其意。看得來上面須別有説話在。必先説曾點已見此道理了，然後能如此，則體用具備。若如今恁地説，則有用無體，便覺偏了。」因説：「一貫之旨，忠恕之説，程先生門人中，亦只上蔡領略得他意思，餘皆未曉。『浴沂』一章解，向來亦曾改過，但令尋未見在。」問：「先生謂三子從事上見得此道理，必如此説，然後見得程子所謂『只緣子路不達爲國以禮道理，若達，則便是這氣象』之説。三子皆是去事上見得此道理，而子路之言不讓，則便是不知不覺違了這箇道理處，故夫子哂之也。」曰：「然。二子亦因夫子之哂子路，故其言愈加謙讓，皆非其自然，蓋有所警也。」廣。

上蔡説「鳶飛魚躍」，因云：「知『勿忘，勿助長』，則知此；知此，則知夫子與點之意。看來此一段好，當入在集注中『舞雩』後。」僩。以下集義。

問：「前輩説，『鳶飛魚躍』與曾點浴沂一事同。不知曾點之事何緣與子思之説同？」曰：「曾點見日用之間莫非天理。」問：「何以見曾點見日用之間莫非天理？」曰：「若非見得日用之間無非天理，只恁地空樂，也無意思。」又曰：「諸子有安排期必，至曾點，只以平日所樂處言之。曾點不説道欲做那事，不做那事。」又曰：「曾點以樂於今日者對，諸子以期於異日者對。」又曰：「某今日見得又别。」節次日問：「節取先生所注一段看，不見與昨日之説異。」曰：「前日不曾説諸子有安排期必，至曾點無之。」節。

朱子語類卷第四十一

論語二十三

顏淵篇上

顏淵問仁章

顏子生平，只是受用「克己復禮」四箇字。不遷，不貳。三月不違。不改其樂。道夫。

顏子克己，如紅爐上一點雪！道夫。

「克己復禮」，間不容髮。無私便是仁。道夫。

「克己復禮」，如通溝渠壅塞；仁乃水流也。可學。

「克己復禮」，「如火烈烈，則莫我敢遏」！若海。

克己亦別無巧法，譬如孤軍猝遇强敵，只得盡力舍死向前而已，尚何問哉！謨。

龔郯伯說：「克去己私後，却方復禮。」曰：「『克己復禮』，一如將水去救火相似。又似一件事，又似兩件事。」時舉。植同。

克己，則禮自復；閑邪，則誠自存。非克己外別有復禮，閑邪外別有存誠。賀孫。此非定說。

「克己復禮」。所以言禮者，謂有規矩則防範自嚴，更不透漏。必大。

「克己復禮爲仁」，與「可以爲仁矣」之「爲」，如「謂之」相似；與「孝弟爲仁之本」、「爲仁由己」之「爲」不同。節。

一於禮之謂仁。只是仁在內，爲人欲所蔽，如一重膜遮了。克去己私，復禮乃見仁。仁、禮非是二物。可學。

問：「『克己復禮』，『如見大賓』之時，指何者爲仁？」曰：「存得心之本體。」節。

因說克己，或曰：「若是人欲則易見。但恐自說是天理處，却是人欲，所以爲難。」曰：「固是如此。且從易見底克去，又却理會難見底。如剥百合，須去了一重，方始去那第二重。今且將『義利』兩字分箇界限，緊緊走從這邊來。其間細碎工夫，又一面理會。如做屋柱一般，且去了一重粗皮，又慢慢出細。今人不曾做得第一重，便要做第二重工夫去。如中庸說『戒慎乎其所不睹，恐懼乎其所不聞。莫見乎隱，莫顯乎微，故君子慎其獨』。此是尋常工夫都做了，故又説出向上一層工夫，以見義理之無窮耳。不成『十目所視，十手所指』處不慎，便只去慎獨！無此理也。」雉。

元翰問：「克去己私，最是難事。如今且於日用間每事尋箇是處。只就心上驗之，覺得是時，此心便安。此莫是仁否？」曰：「此又似説義，却未見得仁。又況做事只要靠著心。但恐己私未克時，此心亦有時解錯認了。不若日用間只就事上子細思量體認，那箇是天理，那箇是人欲。著力除去了私底，不要做，一味就理上去做，次第漸漸見得，道理自然純熟，仁亦可見。且如聖賢千言萬語雖不同，都只是説這道理。且將聖賢説底看，一句如此説，一句如彼説，逐句把來湊看，次第合得，都是這道理。」或説：「如今一等非理事，固不敢做。只在書院中時，亦自有一般私意難識。所謂『孜孜爲善，孜孜爲利』，於善利之中，却解錯認。」曰：「且做得一重，又做一重，大概且要得界限分明。」遂以手畫扇中間云：「這一邊是善，這一邊是利。認得善利底界限了，又却就這一邊體認纖悉不是處克將去。聖人所以下箇『克』字，譬如相殺相似，定要克勝得他！大率克己工夫，是自著力做底事，與他人殊不相干。緊緊閉門，自就身上子細體認，覺得才有私意，便克去，故曰：『爲仁由己，而由人乎哉！』夫子説得大段分曉。吕與叔克己銘却有病。他説須於與物相對時克。若此，則是併物亦克也。己私可克，物如何克得去！己私是自家身上事，與物未相干在。」明作。

林安卿問：「克復工夫，全在『克』字上。蓋是就發動處克將去，必因有動，而後天理、人欲之幾始分，方知所決擇而用力也。」曰：「如此，則未動以前不消得用力，只消動處用力便得。如此得否？且更子細。」次早問：「看得如何？」林舉注中程子所言「『克己復禮』乾道，主敬行恕坤道」爲對。曰：「這箇也只是微有些如此分。若論敬，則自是徹頭徹尾要底。如公昨夜之說，只是發動方用克，則未發時，不成只在這裏打瞌睡懞憧，等有私欲來時，旋捉來克！如此得否？」又曰：「若待發見而後克，不亦晚乎！發時固是用克，未發時也須致其精明，如烈火之不可犯，始得。」僩。

或問：「克己之私有三：氣禀，耳目鼻口之欲，及人我是也。不知那箇是夫子所指者？」曰：「三者皆在裏。然非禮勿視聽言動，則耳目口鼻之欲較多。」又問：「『克者，勝也』，不如以克訓治較穩。」曰：「治字緩了。且如捱得一分，也是治；捱得二分，也是治。勝，便是打疊殺了他。」學蒙。

或曰：「克己，是勝己之私之謂克否？」曰：「然。」曰：「如何知得是私後克將去？」曰：「隨其所知者，漸漸克去。」或曰：「南軒作克己齋銘，不取子雲之說，如何？」曰：「不知南軒何故如此說。恐只是一時信筆寫將去，殊欠商量。」曰：「聞學中今已開石。」曰：

「悔不及矣！」去僞。

「『克己復禮』，不可將『理』字來訓『禮』字。克去己私，固即能復天理。不成克己後，便都没事。惟是克去己私了，到這裏恰好著精細底工夫，故必又復禮，方是仁。聖人却不只説克己爲仁，須説『克己復禮爲仁』。見得禮，便事事有箇自然底規矩準則。」

「克己，須著復於禮」。賀孫問：「非天理，便是人欲。克盡人欲，便是天理。如何却説克己了，又須著復於禮？」曰：「固是克了己便是理。然亦有但知克己而不能復於禮，故聖人對説在這裏。却不只道『克己爲仁』，須著箇『復禮』，庶幾不失其則。下文云：『非禮勿視，非禮勿聽，非禮勿言，非禮勿動。』緣本來只有此禮，所以克己是要得復此禮。若是佛家，儘有能克己者，雖謂之無己私可也，然却不曾復得禮也。聖人之教，所以以復禮爲主。若但知克己，則下梢必墮於空寂，如釋氏之爲矣。」亞夫又問。曰：「如『坐如尸，立如齊』，此是理；如箕踞跛倚，此是非理。去其箕踞跛倚，宜若便是理。然未能『如尸如齊』，尚是己私。」賀孫。此下三條，疑聞同録異，而植録尤詳。

亞夫問「克己復禮」章。曰：「今人但説克己，更不説復禮。夫子言非禮勿視聽言動，即是『克己復禮』之目也。顏子會問，夫子會答，答得來包括得盡。『己』字與『禮』字正相對説。禮，便有規矩準繩。且以坐立言之：己便是箕踞，禮便是『坐如尸』；己便是跛倚，禮便是『立如齊』。但如此看便見。」又曰：「克己是大做工夫，復禮是事事皆落腔窠。克己便能復禮，步步皆合規矩準繩；非是克己之外，别有復禮工夫也。釋氏之學，只是克己，更無復禮工夫，所以不中節文，便至以君臣爲父子，父子爲君臣，一齊亂了。吾儒克己便復禮，見得工夫精細。聖人説得來本末精粗具舉。下面四箇『勿』字，便是克與復工夫皆以禮爲準也。『克己復禮』，便是捉得病根，對證下藥。仲弓主敬行恕，是且涵養將去，是非猶未定。涵養得到，一步又進一步，方添得許多見識。『克己復禮』，便剛決克除將去。」南升。

亞夫問：「『克己復禮』，疑若克己後便已是仁，不知復禮還又是一重工夫否？」曰：「己與禮對立。克去己後，必復於禮，然後爲仁。若克去己私便無一事，則克之後，須落空去了。且如坐當如尸，立當如齊，此禮也。坐而倨傲，立而跛倚，此己私也。克去己私，則不容倨傲而跛倚；然必使之如尸如齊，方合禮也。故克己者必須復此身於規矩準繩之中，乃所以爲仁也。」又問：「若以禮與己對看，當從禮説去。禮者，天理之節文，起居動作，莫非天理。起居動作之間，莫不渾全是禮，則是仁。若皆不合節文，便都是私意，不可謂仁。」曰：「不必皆不合節文。但才有一處不合節文，便是欠闕。若克去己私，而安頓不著，便是不入他腔窠。且如父子自是父子之禮，君臣自是君臣之禮。若把君臣做父子，父子做君臣，便不是禮。」又問「克己復禮」與「主敬行恕」之别。曰：「仲弓方始是養在這裏，中間未見得如何。顔子『克己復禮』，便規模大，精粗本末，一齊該貫在這裏。」又問：「『克己復禮』如何分精粗？」曰：「若以克去己私言之，便克己是精底工夫，到禮之節文有所欠闕，便是粗者未盡。然克己又只是克去私意，若未能有細密工夫，一一入他規矩準繩之中，便未是復禮。如此，則復禮却乃是精處。」時舉因問：「夜來先生謂『坐如尸，立如齊』是禮，倨傲跛倚是己。有知倨傲跛倚爲非禮而克之，然乃未能『如尸如齊』者，便是雖已克己而未能復禮也。」曰：「跛倚倨傲，亦未必盡是私意，亦有性自坦率者。伊川所謂『人雖無邪心，苟不合正理，乃邪心也』。佛氏之學，超出世故，無足以累其心，不可謂之有私意。然只見他空底，不見實理，所以都無規矩準繩。」曰：「佛氏雖無私意，然源頭是自私其身，便是有箇大私意了。」曰：「他初間也未便盡是私意，但只是見得偏了。」時舉曰：「先生向所作克齋記云：『克己者，所以復禮；非克己之外，别有所謂復禮之功。』是如何？」曰：「便是當時也説得忒快了。明道謂：『克己則私心去，自能復禮；雖不學禮文，而禮意已得。』如此等語，也説忒高了。孔子説『克己復禮』，便都是實。」曰：「如此，則『克己復禮』，分明是兩節工夫。」曰：「也不用做兩節看。但不會做工夫底，克己了，猶未能復禮；會做工夫底，才克己，便復禮也。」先生因言：「學者讀書，須要體認。静時要體認得親切，動時要别白得分明。如此讀書，方爲有益。」時舉。

夒淵問「克己復禮」。曰：「人只有天理、人欲兩途，不是天理，便是人欲。即無不屬天理，又不屬人欲底一節。且如『坐如尸』是天理，跛倚是人欲。克去跛倚而未能如尸，即是克得未盡；却不是未能如尸之時，不係人欲也。須是立箇界限，將那未能復禮時底都把做人欲斷定。」先生又曰：「禮是自家本有底，所以説箇『復』，不是待克了己，方去復禮。克得那一分人欲去，便復得這一分天理來；克得那二分己去，便復得這二分禮來。且如箕踞非禮，自家克去箕踞，稍稍端坐，雖未能如尸，便復得這些箇來。」又問：「如磨昏鏡相似，磨得一分塵埃去，復得一分明。」曰：「便是如此。然而世間却有能克己而不能復禮者，佛老是也。佛老不可謂之有私欲。只是他元無這禮，克己私了，却空蕩蕩地。他是見得這理元不是當。克己了，無歸著處。」又問：「所以唤做禮，而不謂之理者，莫是禮便是實了，有準則，有著實處？」曰：「只説理，却空去了。這箇禮，是那天理節文，教人有準則處。佛老只爲元無這禮，克來克去，空了。只如曾點見處，便見這意思。」又問：「曾點見得了，若能如顔子實做工夫去，如何？」曰：「曾點與顔子見處不同：曾點只是見他精英底，却不見那粗底。顔子天資高，精粗本末一時見得透了，便知得道合恁地下學上達去。只是被他一時見透，所以恁做將去。曾點但只見得這向上底道理，所以胸中自在受用處從容。」因問：「曾點資質，莫是與顏子相反？」曰：「不是與顏子相反，却與曾參相反。他父子間爲學大不同。曾參是逐些子推將去，曾點是只見他向上底了，便不肯做。」又問：「子路若達『爲國以禮』道理，如何便是這氣象？」曰：「若達時，事事都見得是自然底天理。既是天理，無許多費力生受。」又問：「子路就使達得，却只是事爲之末，如何比得這箇？」曰：「理會得這道理，雖事爲之末，亦是道理。『暮春者，春服既成』，何嘗不是事爲來！」又問：「三子皆事爲之末，何故子路達得便是這氣象？」曰：「子路才氣去得，他雖粗暴些，纔理會這道理，便就這箇『比及三年，可使有勇且知方』上面，却是這箇氣象。求赤二子雖似謹細，却只是安排來底，又更是他才氣小了。子路是甚麽樣才氣！」先生又曰：「曾點之學，無聖人爲之依歸，便是佛老去。如琴張、曾晳，已做出這般事來。」又曰：「其克己，往往吾儒之所不及，但只他無那禮可復。」㬐再舉「未能至於復禮以前，皆是己私未盡克去」。曰：「這是旋克將去。」㬐因説：「夜來説『浴乎沂』等數句，意在言外。本爲見得此數句，只是見得曾點受用自在處，却不曾見得曾點見那道理處。須當分明先從這數句上體究出曾點所以如此灑落，因箇甚麽。」曰：「這數句，只是見得曾點從容自在處，見得道理處却不在此，然而却當就這看出來。」又曰：「只爲三子見得低了，曾點恁地説出來，夫子所以與之。然而終不似説顏子時。説他只説是狂者，正爲只見得如此，做來却不恁地。」又曰：「『爲國以禮』之『禮』，却不只是繁文末節。」㬅問：「莫便是那『克己復禮』之『禮』？」曰：「禮是那天地自然之理。理會得時，繁文末節皆在其中。『禮儀三百，威儀三千』，却只是這箇道理。千條萬緒，貫通來只是一箇道理。夫子所以説『吾道一以貫之』，曾子曰『忠恕而已矣』，是也。蓋爲道理出來處，只是一源。散見事物，都是一箇物事做出底。一草一木，與他夏葛冬裘，渴飲飢食，君臣父子，禮樂器數，都是天理流行，活潑潑地。那一件不是天理中出來！見得透徹後，都是天理。理會不得，則一事各自是一事，一物各自是一物，草木各自是草木，不干自己事。倒是莊老有這般説話。莊子云：『言而足，則終日言而盡道；言而不足，則終日言而盡物。』」㬅因問：「這『禮』字恁地重看？」曰：「只是這箇道理，有説得開朗底，有説得細密底。『復禮』之『禮』，説得較細密。『博文、約禮』，『知崇、禮卑』，『禮』字都説得細密。知崇是見得開朗，禮卑是要確守得底。」又曰：「早間與亞夫説得那『克己復禮』，是克己便是復禮，不是克己了，方待復禮，不是做兩截工夫。就這裏克將去，這上面便復得來。明道説那『克己則私心去，自能復禮；雖不學禮文，而禮意已得』。這箇説得不相似。」又曰：「『克己復禮』，是合掌説底。」植。

孔子告顏淵，只説「克己復禮」，若是克得己，復得禮，便自見仁分曉。如往長安，元不曾説與長安有甚物事如何。但向説向西去，少間他到長安，自見得。夒孫。

因論「克己復禮」，洽歎曰：「爲學之艱，未有如私欲之難克也！」先生曰：「有奈他不何時，有與他做一片時。」洽。謙之録云：「有言私欲難去。曰：『難。有時忘了他，有時便與他爲一片了！』」

非禮即己，克己便復禮。「克己復禮」，便是仁。「天下歸仁」，天下以仁歸之。閎祖。

問：「『克己復禮』即仁乎？」曰：「『克己復禮』當下便是仁，非復禮之外別有仁也。此間不容髮。無私便是仁，所以謂『一日克己復禮，天下歸仁』。若真箇一日打併得浄潔，便是仁。如昨日病，今日愈，便不是病。」伯羽。

一日「克己復禮」，則一日「天下歸仁」；二日「克己復禮」，則二日「天下歸仁」。夔孫。

或問「天下歸仁」。曰：「『一日克己復禮』，使天下於此皆稱其仁。」又問：「一日之間，安能如此？」曰：「非是一日便能如此，只是有此理。」節。

或問：「『一日克己復禮』，天下何故以仁與之？」曰：「今一日克己復禮，天下人來點檢他，一日内都是仁底事，則天下都以仁與之；一月能克己復禮，天下人來點檢他，一月内都無不仁底事，則一月以仁與之。若今日如此，明日不如此，便不會以仁與之也。」銖。

問：「『一日克己，天下歸仁。』若是聖人，固無可克；其餘則雖是大賢，亦須著工夫。如何一日之間便能如此？雖顏子亦須從事於『四勿』。」曰：「若是果能『克己復禮』了，自然能如此。吕氏曰：『一日有是心，則一日有是德。』」廣。

因問「一日克己復禮」，曰：「呂氏説得兩句最好，云：『一日有是心，則一日有是德。』蓋一日真箇能克己復禮，則天下之人須道我這箇是仁，始得。若一日之内事事皆仁，安得天下不以仁歸之！」雉。祖道録云：「事事皆仁，故曰『天下歸仁』。」

「一日存此心，則一日有此德」。「一日克己復禮，天下歸仁」，不是恁地略用工夫，便一日自能如此，須是積工夫到這裏。若道是「一日克己復禮」，天下便一向歸其仁，也不得。若「一日克己復禮」，則天下歸其仁；明日若不「克己復禮」，天下又不歸仁。賀孫。

問：「『天下歸仁』，先生言一日能『克己復禮』，天下皆以仁之名歸之，與前説不同，何也？」曰：「所以『克己復禮』者，是先有爲仁之實，而後人以仁之名歸之也。」卓。

問：「『一日克己復禮』，如何使天下便能歸仁？」曰：「若真能一日『克己復禮』，則天下有歸仁之理。這處亦如『在家無怨，在邦無怨』意思。『在家無怨』，一家歸其仁；『在邦無怨』，一邦歸其仁。就仲弓告，止於邦家。顔子體段如此，便以其極處告之。」又曰：「歸，猶歸重之意。」寓。

問「克己復禮爲仁」。曰：「克去己私，復此天理，便是仁。只『克己復禮』，如以刀割物。刀是自己刀，就此便割物，不須更借别人刀也。『天下歸仁』，天下之人以仁稱之也。解釋經義，須是實歷其事，方見著實。如説『反身而誠，樂莫大焉』，所謂誠者，必須實能盡得此理。仁義禮智，無一些欠闕他底，如何不樂！既無實得，樂自何而生？天下歸仁之義，亦類此。既能『克己復禮』，豈更有人以不仁見稱之理？」謨。

或問「『克己復禮』，則事事皆仁」。曰：「人能克己，則日間所行，事事皆無私意而合天理耳。」

問：「顏淵問仁，孔子對以『克己復禮』。顏淵請問其目，則對以『非禮勿視聽言動』。看得用力只在『勿』字上。」曰：「亦須是要睹當得是禮與非禮。」文蔚。

「『非禮勿視』，説文謂『勿』字似旗脚。此旗一麾，三軍盡退，工夫只在『勿』字上。纔見非禮來，則以『勿』字禁止之；纔禁止，便克己；纔克去，便能復禮。」又云：「顏子力量大，聖人便就他一刀截斷。若仲弓，則是閉門自守，不放賊入來底，然敬恕上更好做工夫。」明作。

或問「非禮勿視聽言動」。曰：「目不視邪色，耳不聽淫聲，如此類工夫却易。『視遠惟明』，才不遠，便是不明；『聽德惟聰』，才非德，便是不聰，如此類工夫却難。視聽言動，但有些箇不循道理處，便是非禮。」

「非禮勿視，勿聽」，「姦聲亂色，不留聰明；淫樂慝禮，不接心術」。非是耳無所聞，目無所視。寓。

元翰問：「非禮勿視聽言動，看來都在視上。」曰：「不專在視上，然聽亦自不好。只緣先有視聽，便引惹得言動，所以先説視聽，後説言動。佛家所謂視聽，甚無道理。且謂物雖視〔一〕前，我元不曾視，與我自不相干。如此，却是將眼光逐流入鬧可也。聽亦然。天下豈有此理！」坐間舉佛書亦有克己底説話。先生曰：「所以不可行者，却無『復禮』一段事。既克己，若不復禮，如何得？東坡説『思無邪』，有數語極好。他説：『纔有思，便有邪；無思時，又只如死灰。却要得無思時不如死灰，有思時却不邪。』」明作。

敬之問：「上面『克己復禮』，是要克盡己私；下面『四勿』，是嚴立禁制，使之用力。」曰：「此一章，聖人説只是要他『克己復禮』。『一日克己復禮，則天下歸仁』，是言『克己復禮』之效。『爲仁由己，而由人乎哉』！是言『克己復禮』工夫處，在我而不在人。下面『請問其目』，則是顔子更欲聖人詳言之耳。蓋『非禮勿視』，便是要在視上『克己復禮』；『非禮勿聽』，是要在聽上『克己復禮』；『非禮勿言』，是要在言上克己復禮；『非禮勿動』，是要在動上克己復禮。前後反復，只説這四箇字。若如公説，却是把做兩截意思看了！」時舉。

問：「顔淵問仁，子曰非禮勿視聽言動。嘗見南軒云：『「勿」字雖是禁止之辭，然中須

〔一〕「視」，各本同，似當作「現」。

要有主宰，始得。不然，則將見禁止於西，而生於東；禁止於此，而發於彼，蓋有力不暇給者矣。主宰云何？敬而已矣。」先生曰：「不須更添字，又是兩沓了。」先生問祖道曰：「公見南軒如何？」曰：「初學小生，何足以窺大賢君子！」曰：「試一言之。」曰：「南軒大本完具，資稟粹然，却恐玩索處更欠精密。」曰：「未可如此議之。某嘗論『未發之謂「中」』字，以爲在中之義，南軒深以爲不然。及某再書論之，書未至，而南軒遺書來，以爲是。南軒見識純粹，踐行誠實，使人望而敬畏之，某不及也。」祖道。

問：「顏淵，孔子未告以『克己復禮』，當如何用工夫？」曰：「如『博我以文，約我以禮』等，可見。」又問云云。曰：「只消就『克己復禮』上理會便了，只管如此説甚麽！」賀孫。

問：「論語顏淵問仁，與問爲邦，畢竟先是問仁，先是問爲邦？」曰：「看他自是有這『克己復禮』底工夫後，方做得那四代禮樂底事業。」卓。

「顏子聞『克己復禮』，又問其目，直是詳審。曾子一唯悟道，直是直截。如何？」曰：「顏子資質固高於曾子。顏子問目却是初學時；曾子一唯，年老成熟時也。」謨。

人須會問始得。砥録作「學須善」。聖門顏子也是會問。他問仁，曰：「克己復禮爲仁。」聖人恁地答他。若今人到這裏，須問如何謂之克己，如何謂之復禮。顏子但言請問其目。到聖人答他「非禮勿視，非禮勿聽，非禮勿言，非禮勿動」，他更不再問非禮是如何，勿視是如何，勿聽是如何，勿言、勿動又是如何，但言「回雖不敏，請事斯語矣」。這是箇答問底樣子。到司馬牛問得便乖。聖人答他問仁處，他説：「『其言也訒』，斯謂之仁矣乎？」他心都向外去，未必將來做切己工夫，所以問得如此。又謂：「『不憂不懼』，斯謂之君子矣乎？」恰似要與聖人相拗底説話。砥録云：「却不向裏思量，只管問出外來，正明道所謂『塔前説塔』也。」這處亦是箇不會問樣子。寓。

孔門弟子如「仁」字「義」字之説，已各各自曉得文義。但看答問中不曾問道如何是仁，只問如何行仁；夫子答之，亦不曾説如何是仁，只説道如何可以至仁。如顏子之問，孔子答以「克己復禮」；仲弓之問，孔子答以「出門如見大賓，使民如承大祭，己所不欲，勿施於人」；司馬牛之問，孔子答以「仁者其言也訒」；樊遲之問，孔子答以「居處恭，執事敬，與人忠」。想是「仁」字都自解理會得，但要如何做。賀孫。

國秀問：「聖人言仁處，如『克己復禮』一句，最是言得仁之全體否？」曰：「聖人告人，如『居處恭，執事敬，與人忠』之類，無非言仁。若見得時，則何處不是全體？何嘗見有半體底仁！但『克己復禮』一句，却尤親切。」時舉。

曹問：「『一日克己復禮』，便是仁否？」曰：「今日『克己復禮』，是今日事；明日『克己復禮』，是明日事。『克己復禮』有幾多工夫在，須日日用工。聖人告顏淵如此，告仲弓如此，告樊遲，又曰：『居處恭，執事敬，與人忠。』各隨人說出來，須著究竟。然大概則一聖人之意，千頭萬緒，終歸一理。」

林正卿問：「夫子答顏淵『克己復禮爲仁』之問，說得細密。若其他弟子問，多是大綱說，如語仲弓以『己所不欲，勿施於人』之類。」先生大不然之，曰：「以某觀之，夫子答羣弟子却是細密，答顏子者却是大綱。蓋顏子純粹，無許多病痛，所以大綱告之。至於『請問其目』答以『四勿』，亦是大綱說。使答其他弟子者如此，必無入頭處。如答司馬牛以『其言也訒』，是隨其病處使之做工夫。若能訒言，即牛之『克己復禮』也。至於答樊遲、答仲弓之類，由其言以行之，皆『克己復禮』之功也。」人傑。

或問：「仁之全體，在克己上？」曰：「若論全體，是處可見。且如『其言也訒』，若於此理會得透徹，亦見得全體。須是知得那親切處。如『求生以害仁，殺身以成仁』，須理會得害箇甚麽，成箇甚麽。」趙師夏云：「莫只要不失這道理，而滿足此心？」先生曰：「如『求生以害仁』，言身雖生，已是傷壞了這箇心；『殺身以成仁』，身雖死，這箇心却自完全得在。」

孔子告顏子以「克己復禮」，語雖切，看見不似告樊遲「居處恭，執事敬，與人忠」，更詳細。蓋爲樊遲未會見得箇己是甚，禮是甚，只分曉說教恁地做去。顏子便理會得，只未敢便領略，却問其目。待說得上下周匝了，方承當去。賀孫。

子壽言：「孔子答羣弟子所問，隨其材答之，不使聞其不能行之説，故所成就多。如『克己復禮爲仁』，唯以分付與顔子，其餘弟子不得與聞也。今教學者，説著便令『克己復禮』，幾乎以顔子望之矣！今釋子接人，猶能分上中下三根，云：『我則隨其根器接之。』吾輩却無這箇。」先生曰：「此説固是。如克己之説，却緣衆人皆有此病，須克之乃可進；使肯相從，却不誤他錯行了路。今若教他釋子輩來相問，吾人使之『克己復禮』，他還相從否？」子壽云：「他不從矣。」曰：「然則彼所謂根器接人者，又如何見得是與不是？解后却錯了，不可知。」大雅。

或問顔子「克己復禮」。曰：「公且未要理會顔子如何『克己復禮』，且要理會自家身己如何須著『克己復禮』。這也有時須曾思量到這裏，顔子如何若死要『克己復禮』？自家如何不要『克己復禮』？如今説時，也自説得儘通，只是不曾關自家事。也有被別人只管説，説來説去，無奈何去克己，少間又忘了。這裏須思量顔子如何心肯意肯要『克己復禮』，自家因何不心肯意肯去『克己復禮』。這處須有病根，先要理會這路頭，方好理會所以克之之方。須是識得這病處，須是見得些小功名利達真箇是輕，『克己復禮』事真箇是重！真箇是不恁地不得！」

梁謙問「克己復禮」。曰：「莫問顔子『克己復禮』，且就自家己身上説。顔子當時却不解做别事，只恁地『克己復禮』作甚？顔子聞一知十，又不是箇不聰明底人。而今須是獨自做工夫，説要自家己身見得。便如上蔡聞程先生之言，自然面赤汗流。却是見得他從前不是處，而今却能遷善改過，這箇便是透處。」卓。

問：「『一日克己復禮，天下歸仁。』向來徐誠叟説，此是克己工夫積習有素，到得一日果能『克己復禮』，然後『天下歸仁』。如何？」曰：「不必如此説，只是一日用其力之意。」問：「『有人一日之中『克己復禮』，安得天下便歸仁？」曰：「只爲不曾『克己復禮』。『一日克己復禮』，即便有一日之仁。顔子『三月不違仁』，只是『拳拳服膺而弗失』。『惟聖罔念作狂，惟狂克念作聖』。今日克念，即可作聖；明日罔念，即爲狂矣。」曰：「到顔子地位，其德已成，恐不如此。」曰：「顔子亦只是『有不善未嘗不知，知之未嘗復行』。除是夫子『七十而從心所欲，不踰矩』，方可説此。」德明。

問：「顔子已是知非禮人，如何聖人更恁地向他説？」曰：「也只得恁地做。」榦。

黄達才問：「顔子如何尚要克己？」先生厲聲曰：「公而今去何處勘驗他不用克己！既是夫子與他説時，便是他要這箇工夫，却如何硬道他不用克己！這只是公那象山先生好恁地説道，『顔子不似他人樣有偏處；要克，只是心有所思』，便不是了。嘗見他與某人一書説道：『才是要克己時，便不是了。』這正是禪家之説，如杲老説『不可説，不可思』之類。他說到那險處時，又却不說破，却又將那虛處說起來。如某所說克己，便是說外障；如他說，是說裏障。他所以嫌某時，只緣是某捉著他緊處。別人不曉禪，便被他謾；某却曉得禪，所以被某看破了。夫子分明說：『非禮勿視，非禮勿聽，非禮勿言，非禮勿動。』顏子分明是『請事斯語』，却如何恁地說得？」又問：「上蔡『先從偏處克將去』，其說如何？」曰：「也不特恁地。夫子說非禮勿視聽言動，便盡包得了。如偏底固是要克，也有不偏而事爲有不穩當底，也當克。且如偏於嚴，克而就寬，那寬中又有多少不好處要克。今看顏子說：『夫子循循然善誘人，博我以文，約我以禮。』便是也要博文。博文又是前一段事。博文須是窮究得箇事理都明，方解去『克己復禮』。若不博文，則自家行得是與不是，皆不知。所以大學先要致知、格物，方去正心、誠意。『博學之，審問之，愼思之，明辨之，篤行之。』前面四項，只是理會這物事；理會得後，方去行。今若不博文，只要撮箇尖底，也不解說得親切，也只是大概綽得，終不的當。」又問「天下歸仁」。曰：「只是天下稱其仁。而今若能『克己復禮』，天下自是稱他是仁人，這也不須理會，只去理會那頭一件。如喫飯相似，只管喫，自解飽；若不去喫，只想箇飽，也無益。」義剛。

問：「『天下歸仁』，集注云：『歸，猶與也。』謂天下皆與其仁。後面却載伊川語『天下歸仁』，謂『事事皆仁』，恰似兩般，如何？」曰：「爲其『事事皆仁』，所以『天下歸仁』。」文蔚。

集注。

問：「『克己復禮爲仁』，這『爲』字，便與子路『爲仁』之『爲』字同否？」曰：「然。」又問：「程先生云：『須是克盡己私，皆歸於禮，方始是仁。』恐『是仁』字與『爲仁』字意不相似。」曰：「克去那箇，便是這箇。蓋克去己私，便是天理，『克己復禮』所以爲仁也。仁是地頭，『克己復禮』是工夫，所以到那地頭底。」又問「天下歸仁」。曰：「自家既事事是仁，則天下之人見自家事事合仁，亦皆曰是仁。若自家設有一事未是仁，有一箇人來說不是仁時，便是天下不曾皆與以仁在。」又問：「孔子答問仁之說甚多，惟此說『克己復禮』，恐是僩録作「說得」。仁之全體。」曰：「只見得破，做得徹，都是全體。若見不破，做不徹時，便是『克己復禮』，也是閑說。」僩録云：「若真見得，則孔子所答無非是全體；若見不得，雖是『克己復禮』，也只沒理會。」燾。

問：「程先生云：『克己復禮，則事事皆仁，故曰天下歸仁。』如何？」曰：「不若他更有一說云『一日克己復禮，則天下稱其仁』爲是。」大雅。

問：「程子曰：『事事皆仁，故曰「天下歸仁」。』一日之間，如何得事事皆仁？」曰：「『一日克己復禮』了，雖無一事，亦不害其爲『事事皆仁』；雖不見一人，亦不害其爲天下歸仁。」植。

聖人説話甚實，不作今人談空。故伊川説「天下歸仁」，只作天下之人以仁與之。此是微言，惟顏子足以當之。浩。

問：「謝氏説：『克己，須從性偏難克處克將去。』此性是氣質之性否？」曰：「然。然亦無難易。凡氣質之偏處，皆須從頭克去。謝氏恐人只克得裏面小小不好底氣質，而忘其難者，故云然。」僩。

問「勿者，勝私復禮之機」。曰：「主在『勿』字上。纔覺非禮意思萌作，便提却這『勿』字，一刀兩段，己私便可去。私去，則能復禮而仁矣。都是自用著力，使他人不著，故曰『爲仁由己，而由人乎哉』！」或問：「顏子地位，有甚非禮處？何待下此『四勿』工夫？」曰：「只心術間微有些子非禮處，也須用淨盡截斷了。他力量大，聖人便教他索性克去。譬如賊來，顏子是進步與之廝殺。教仲弓以敬恕，是教他堅壁清野，截斷路頭，不教賊來。」銖因問：「『「克己復禮」，乾道也；主敬行恕，坤道也。』乾道是健決意，坤道是確守意？」曰：「顏子是近前與他一刀兩斷；仲弓是一面自守，久而賊自遁去。此亦只是一箇道理。聖人教人，因其資之高下，故不同。要之，用功成德則一耳。」先生因曰：「今人只爭箇『勿』字。常記胡侍郎云：『我與顏子，只爭一箇「勿」字。顏子非禮便勿視，我非禮亦視，所以不及顏子。』因舉説文云，『勿』字勢似旗。旗是揮止禁止之物。勿者，欲人揮止禁約其私欲也。」銖。

問伊川四箴。曰：「這箇須著子細去玩味。」因言：「工夫也只恁地做將去，也別無道理拘迫得他。譬如做酒，只是用許多麯，時日到時，便自迸酒出來。凡看文字，只要『温故知新』。只温箇故底，便新意自出。若捨了故底，別要討箇新意，便不得也。」時舉。

「由乎中而應乎外」，這是勢之自然；「制於外所以養其中」，這是自家做工夫處。道夫。

「『由乎中而應乎外，制於外所以養其中。』上句是説視聽言動皆由中出，𣽴録作：「自此心形見。」下句是用功處。」𣽴録作：「即是克己工夫。」問：「須是識別得如何是禮，如何是非禮？」曰：「固是用分別得。然緊要在『勿』字上，不可放過。」閎祖。𣽴略。

讀伯豐克己復禮爲仁説，曰：「只克己，便是復禮。『克己復禮』，便似『著誠去僞』之類。蓋己私既克，無非天理，便是禮。大凡才有些私意，便非禮。若截爲兩段，中間便有空闕處。必大録此云：「『著誠去僞』，不彼即此。非克己之後，中間又空一節，須用復禮也。」伊川説『由乎中而應乎外』，是説視聽言動四者皆由此心；『制乎外所以養其中』，却是就視聽言動上克去己私做工夫。必大録此云：「上句言其理，下句是工夫。」如尹彦明書四箴，却云：『由乎中所以應乎外。』某向見傳本，上句初無『所以』字。」𣽴。

先生顧炎曰：「程子曰『制於外所以養其中』，這一句好看。」炎。

直卿問：「『制於外所以養其中』，此是説仁之體而不及用？」曰：「『制於外』，便是用。」又曰：「視聽自外入，言動自内出，聖人言語緊密如此。聖人於顔子仲弓都是就綱領處説，其他則是就各人身上説。」道夫。

問：「『由乎中而應乎外，制於外所以養其中。』克己工夫從内面做去，反説『制於外』，如何？」曰：「制却在内。」又問：「視箴何以特説心？聽箴何以特説性？」曰：「互换説，也得。然諺云：『開眼便錯。』視所以就心上説。『人有秉彝，本乎天性。』道理本自好在這裏，却因雜得外面言語來誘化，聽所以就理上説。」植。

「操之有要，視爲之則」，只是人之視聽言動，視最在先，爲操心之準則。此兩句未是不好。至「蔽交於前」，方有非禮而視；故「制之於外，以安其内」，則克己而復禮也。如是工夫無間斷，則久而自從容不勉矣，故曰「久而誠矣」。端蒙。

或問：「非禮勿視聽言動，程子以爲『制之於外，以安其内』，却是與『克伐怨欲不行』底相似。」曰：「克己工夫，其初如何便得會自然！也須著禁制始得。到養得熟後，便私意自漸漸消磨去矣。今人須要揀易底做，却不知若不自難處入，如何得到易處。所謂『非禮勿』者，只要勿爲耳。眼前道理，善惡是非，阿誰不知，只是自冒然去做。若於眼前底識得分明，既不肯去做，便却旋旋見得細密底道理。蓋天下事有似是而實非者，亦有似非而實是者，這處要得講究。若不從眼前明白底做將來，這箇道理又如何得會自見。」時舉。

李問：「伊川云：『制乎外以安其内。』顔子心齋坐忘，都無私意，似更不必制於外。」曰：「顔子若便恁地，聖人又何必向他説『克己復禮』！便是他也更有些私意。莫把聖人另做一箇人看，便只是這樣人。『如有周公之才之美，使驕且吝』，若驕吝，便不是周公。『惟聖妄念作狂』。若使堯舜爲桀紂之行，便狂去，便是桀紂！」賀孫。

問四箴。曰：「視是將這裏底引出去，所以云『以安其内』；聽是聽得外面底來，所以云『閑邪存誠』。」又問：「四者還有次第否？」曰：「視爲先，聽次之。」又曰：「『哲人知幾，誠之於思』，此是動之於心；『志士勵行，守之於爲』，此是動之於身。」雉。

問：「聽箴『人有秉彝』云云，前面亦大概説。至後兩句言『閑邪存誠，非禮勿聽』，不知可以改『聽』字作視箴用得否？」曰：「看他視箴説又較力。視最在先，開眼便是，所以説得（乃）〔力〕〔一〕。至於聽處，却又較輕也。」寓。

問：「『知誘物化，遂忘其正』，這箇知是如何？」曰：「樂記云：『人生而静，天之性也；感於物而動，性之欲也。物至知知，然後好惡形焉。好惡無節於内，知誘於外，不能

〔一〕據陳本改。

反躬，天理滅矣！』人莫不有知，知者，所當有也。物至，則知足以知之而有好惡，這是自然如此。到得『好惡無節於内，知誘於外』，方始不好去。」賀孫。

賀孫說「顔淵問仁」章集注之意。曰：「如此只就上面說，又須自家肚裏實理會得，始得。固是說道不依此說，去外面生意不可。若只誦其文，而自不實曉認得其意，亦不可。」又曰：「且依許多說話，常常諷詠，下梢自有得。」又曰：「四箴意思都該括得盡。四箇箴，有說多底，有說少底，多底減不得，少底添不得。如言箴說許多，也是人口上有許多病痛。從頭起，至『吉凶榮辱，惟其所召』，是就身上謹；『傷易則誕』，至『出悖來違』，是當謹於接物間，都說得周備。『哲人知幾，誠之於思；志士勵行，守之於爲。』這說兩般人：哲人只於思量間，便見得合做與不合做；志士便於做出了，方見得。雖則是有兩樣，大抵都是順理便安裕，從欲便危險。集注所録，都說得意思盡了，此外亦無可說。只是須要自實下工夫，實見是如何。看這意思，都說去己私。無非禮之視，無非禮之聽，無非禮之言，無非禮之動，這是甚麽氣象！這便是渾然天理，這便是仁，須識認得這意思。」賀孫問：「視聽之間，或明知其不當視，而自接乎目；明知其不當聽，而自接乎耳，這將如何？」曰：「視與看見不同，聽與聞不同。如非禮之色，若過目便過了，只自家不可有要視之之心；非禮之聲，若入耳也過了，只自家不可有要聽之之心。然這般所在也難。古人於這處，亦有以禦之。如云：『姦聲亂色，不留聰明；淫樂慝禮，不接心術。』」賀孫。

問：「承誨，言箴自『人心之動，因言以宣』至『吉凶榮辱，惟其所召』，是謹諸己；以下是說接物許多病痛。」曰：「上四句是就身上最緊要處須是不躁妄，方始静專。纔不静專，自家這心自做主不成，如何去接物！下云『矧是樞機，興戎出好』四句，都是說謹言底道理。下四句却說四項病：『傷易則誕，傷煩則支』，己肆則物忤，出悖則來違。」賀孫問：「如今所以難克，也是習於私欲之深。今雖知義理，而舊所好樂，未免沉伏於方寸之間，所以外物纔誘，裏面便爲之動，所以要緊只在『克』字上。克者，勝也。日用之間，只要勝得他。天理纔勝，私欲便消；私欲纔長，天理便被遮了。要緊最是勝得去，始得。」曰：「固是如此。如權衡之設，若不低便昂，不昂便低。凡天地陰陽之消長，日月之盈縮，莫不皆然。」又云：「這『克己復禮』，事體極大。非顏子之聰明剛健，不足以擔當，故獨以告顏子。若其他所言，如『出門如見大賓，使民如承大祭』，如『仁者其言也訒』，又如『居處恭，執事敬』，都是克己事，都是爲仁事。但且就一事說。然做得工夫到，也一般。」問「仲弓問仁」一章。曰：「看聖人言，只三四句，便說得極謹密。說『出門如見大賓，使民如承大祭』，下面便又說『己所不欲，勿施於人』，都無些闕處。尋常人說話，多是只說得半截。」問：「看此意思，則體、用兼備。」曰：「是如此。自家身己上常是持守，到接物又如此，則日用之間無有間隙，私意直是何所容！可見聖人説得如此極密。」問：「集注云：『事斯語而有得，則固無己之可克矣。』此固分明。下云：『學者審己而自擇焉，可也。』未審此意如何？」曰：「看自家資質如何。夫子告顏淵之言，非大段剛明者不足以當之。苟爲不然，只且就告仲弓處著力。告仲弓之言，只是淳和底人皆可守。這兩節一似易之乾，一似易之坤。聖人於乾説『忠信，所以進德也；修辭立其誠，所以居業也』，説得煞廣闊。於坤，只説『敬以直內，義以方外』。只緣乾是純剛健之德，坤是純和柔之德。」又云：「看集義聚許多説話，除程先生外，更要揀幾句在集注裏，都拈不起。看諸公説，除是上蔡説得猶似。如游楊説，直看不得！」賀孫。

問：「『哲人知幾，誠之於思；志士勵行，守之於爲』，此是兩般人否？」曰：「非也。只是『誠之於思』底，却覺得速；『守之於爲』者，及其形於事爲，早是見得遲了。此却是覺得有遲速，不可道有兩般，却兩脚做工夫去。」端蒙。

尹叔問：「『哲人知幾，誠之於思；志士勵行，守之於爲』，四句莫有優劣否？」曰：寓録云：「只是兩項。」「思是動之微，爲是動之著。這箇是該動之精粗。爲處動，思處亦動；思是動於內，爲是動於外。蓋思於內，不可不誠；爲於外，不可不守。然專誠於思，而不守於爲，不可；專守於爲，而不誠於思，亦不可。」又曰：「看文字須是得箇骨子。諸公且道這動道夫。

箴那句是緊要？」道夫云：「『順理則裕』，莫是緊要否？」曰：「更連『從欲則危』，兩句都是。這是生死路頭！」又曰：「四者惟視爲切，所以先言視；而視箴之説，尤重於聽也。」

「程子曰：『人能克己，則仰不愧，俯不怍，心廣體胖，其樂可知。有息，則餒矣。』如今見得直如此説得好！」儒用。閎祖録云：「此説極有味。」集義。

問：「『克己復禮』章，外書有曰：『不能克己，是爲楊氏之爲我；不能復禮，是爲墨氏之兼愛。故曰：「親親而仁民，仁民而愛物。」』」曰：「『克己復禮』，只是一事。外書所載，殊覺支離，此必記録之誤。向來所以別爲一編，而目之曰『外書』者，蓋多類此故也。伊川嘗曰：『非禮處，便是私意。既是私意，如何得仁！須是克盡己私，皆歸於禮，方始是仁。』此説最爲的確。」謨。

正淳問：「程子曰：『禮，即理也。不是天理，便是人欲。』尹氏曰：『禮者，理也。去人欲，則復天理。』或問不取尹説，以爲失程子之意，何也？」曰：「某之意，不欲其只説復理而不説『禮』字。蓋説復禮，即説得著實；若説作理，則懸空，是箇甚物事？如謝氏曰：『以我視，以我聽，以我言，以我動。』夫子分明説是『非禮勿視聽言動』，謝氏却以『以我』言之，此則自是謝氏之意，非夫子所以告顔淵者矣。又如游氏曰：『顔淵事斯語，至於「非禮勿動」，則不離於中，其誠不息而可久。』將幾箇好字總聚在此，雖無甚病，終不是本地頭話。」問：「游氏專説『非禮勿動』，遺却視、聽、言三事。」曰：「此却只是提此一語，以概其餘。」又問：「謝氏前篇謂『曾點胸中無一事』，此章乃云：『仁者心與事一，無一忘一助之失。』」曰：「『心與事一』，只是做此一事，則主在此一事，如此説亦無礙。惟其『心與事一』，故能『胸中無一事』也。」必大。

聖人只説做仁，如「克己復禮爲仁」，是做得這箇模樣，便是仁。上蔡却説「知仁」，「識仁」，煞有病。節。

問「天下歸仁」。曰：「只是天下以仁稱之。」又問：「謝説如何？」曰：「只是他見得如此。大抵謝與范，只管就見處，却不若行上做工夫。只管（管）〔一〕扛，扛得大，下梢直是没著處。如夫子告顔子『非禮勿視聽言動』，只是行上做工夫。」去僞。

「天下歸仁」，言天下皆與其仁。伊川云「稱其仁」，是也。此却説得實。至楊氏以爲「天下皆在吾之度内」，則是謂見得吾仁之大如此，而天下皆囿於其中，則説得無形影。吕氏克己銘，如『洞然八荒，皆在我闥』之類同意。」端蒙。

〔一〕據陳本删。

問：「『克己復禮，天下歸仁。』南軒謂：『克盡己私，天理渾然，斯爲仁矣。天下歸仁者，無一物之不體也。故克己銘謂「洞然八荒，皆在我闥」。』近得先生集注却云：『「一日克己復禮」，則天下之人皆與其仁。』似與諸公之意全不相似。程子曰：『「克己復禮」，則事事皆仁，故曰：「天下歸仁。」』此意又是如何？」曰：「某向日也只同欽夫之説，看得來文義不然，今解却是從伊川説。孔子直是以二帝三王之事許顏子。此是微言，自可意會。孔子曰：『雍也可使南面。』當其問仁，亦以『在邦無怨，在家無怨』告之。」浩。

某解「顏淵問仁」章畢，先生曰：「克，是克去己私。己私既克，天理自復。譬如塵垢既去，則鏡自明；瓦礫既掃，則室自清。如吕與叔克己銘，則初未嘗説克去己私。大意只説物我對立，須用克之。如此，則只是克物，非克己也。」枅。

克己銘不合以己與物對説。謨。

「吕與叔説克己，從那己、物對處克。此説雖好，然不是夫子與顏子説底意。夫子説底，是説未與物對時。若與物對時方克他，却是自家己倒了幾多。所謂己，只是自家心上不合理底便是，不待與物對方是。」又曰：「吕與叔克己銘只説得一邊。」佐。

包詳道言：「克去勝心、忌心。」先生曰：「克己有兩義：物我亦是己，私欲亦是己。吕與叔作克己銘，只説得一邊。」方子。

問：「公便是仁否？」曰：「非公便是仁，盡得公道所以爲仁耳。求仁處，聖人說了：『克己復禮爲仁。』須是克盡己私，以復乎禮，方是公；公，所以能仁。」問：「克己銘：『痒痾疾痛，舉切吾身。』不知是這道理否？」曰：「某見前輩一項論議說忒高了，不只就身上理會，便說要與天地同其體，同其大，安有此理！如『初無吝驕，作我蟊賊』云云，只說得克己一邊，却不說到復禮處。須先克己私，以復於禮，則爲仁。且仁譬之水，公則譬之溝渠，要流通此水，須開浚溝渠，然後水方流行也。」寓。

問：「或問深論克己銘之非，何也？」曰：「『克己』之『己』，未是對人物言，只是對『公』字說，猶曰私耳。呂與叔極口稱揚，遂以『己既不立，物我並觀』，則雖天下之大，莫不皆在於吾仁之中，說得來恁大，故人皆喜其快。纔不恁說，便不滿意，殊不知未是如此。」道夫云：「如此，則與叔之意與下文克己之目全不干涉。此自是自修之事，未是道著外面在。」曰：「須是恁地思之。公且道，視聽言動干人甚事！」又問「天下歸仁」。曰：「『克己復禮』，則事事皆是，天下之人聞之見之，莫不皆與其爲仁也。」又曰：「有幾處被前輩說得來大，今收拾不得。謂如『君子所過者化』，本只言君子所居而人自化；『所存者神』，本只言所存主處便神妙。橫渠却云：『性性爲能存神，物物爲能過化。』至上蔡便道：『唯能「所存者神」，是以「所過者化」。』此等言語，人皆爛熟，以爲必須如此說。纔不如此說，便不快意矣。」道夫。

林正卿問「天下歸仁」。曰：「『痒痾疾痛，舉切吾身』，只是存想『天下歸仁』。恁地，則不須克己，只坐定存想月十日，便自『天下歸仁』，豈有此理！」時舉問程先生曰：「事事皆仁，故曰『天下歸仁』。是如何？」曰：「『事事皆仁』，所以『天下歸仁』。於這事做得恁地，於那事亦做得恁地，所以天下皆稱其仁。若有一處做得不是，必被人看破了。」時舉。

林正卿問：「呂與叔云：『痒痾疾痛，舉切吾身。』不知此語説『天下歸仁』如何？」曰：「聖人尋常不曾有這般説話。近來人被佛家説一般大話，他便做這般底話去敵他。此『天下歸仁』，與『在邦無怨，在家無怨』一般，此兩句便是歸仁樣子。」又問：「怨，是人怨己怨？」曰：「人怨。」恪。

問：「克己銘只説得公底意思？」曰：「克己銘不曾説著本意。揚子雲曰：『勝己之私之謂克。』『克』字本虛，如何專以『勝己之私』爲訓？『鄭伯克段于鄢』，豈亦勝己之私耶！」閎祖。

上蔡説「先難」，便生受。如伊川，便説「制之於外，以安其內」，其説平。方。

「以我視，以我聽。」若以爲心先有主，則視聽不好事亦得，大不便也。方。

「以我視，以我聽」，恐怕我也没理會。方。

游定夫有論語要旨。「天下歸仁」，引龐居士云云。黄簡肅親見其手筆。閎祖。

曾天游見陳幾叟，曰：「『克己復禮』，舊曉不得。因在京師委巷中下轎涉泥看謁，方悟有箇快活處。後舉以問薛丈。薛昂，曾之外甥。薛云：『情盡性復，正是如此。』」陳曰：「又問薛丈做甚？」曾又曰：「又嘗以問游丈，亦以爲然。」陳復曰：「又更問那游丈。」蓋定夫以「克己復禮」與釋氏一般，只存想此道理而已。舊南本游氏語解中全用佛語解此一段，某已削之。若只以想像言克復，則與下截「非禮勿視」四句有何干涉！僩。

朱子語類卷第四十二

論語二十四

顔淵篇下

仲弓問仁章

文振説「仲弓問仁」，謂：「上四句是主敬行恕，下兩句是以效言。」曰：「此六句，又須作一片看始得。若只以下兩句作效驗説，却幾乎閑了這兩句。蓋内外無怨，是箇應處，到這裏方是充足飽滿。如上章説『天下歸仁』，亦是如此。蓋天下或有一人不許以仁，便是我爲仁工夫有所未至。如此看，方見『出門、使民』兩句綴箇『己所不欲，勿施於人』兩句，這兩句，又便綴著箇『無怨』兩句，上下貫通，都無虧欠，方始見得告顔淵、仲弓問仁規模。只依此做工夫，更不容别閑用心矣。」時舉。植同。

「己所不欲，勿施於人」，緊接著那「出門、使民」；「在邦無怨，在家無怨」，緊接著那「己所不欲，勿施於人」。直到這裏，道理方透徹。似一片水流注出來，到這裏方住，中間也間斷不得。效驗到這處，方是做得透徹，充足飽滿，極道體之全而無虧欠。外内間纔有一人怨它，便是未徹。便如「天下歸仁」底，纔有一箇不歸仁，便是有未到處。又云：「内外無怨，便是應處。如關雎之仁，則有麟趾之應；鵲巢之仁，則有騶虞之應。問仁者甚多，只答顔子、仲弓底，説得來大。」又曰：「顔子天資明，便能於幾微之間，斷制得天理人欲了。」植。

或問「推己及物之謂恕」。曰：「『推己及物』，便是『己所不欲，勿施於人』，然工夫却在前面。『出門如見大賓，使民如承大祭』，須是先主於敬，然後能行其恕。」或問：「未出門、使民之前，更有工夫否？」曰：「未出門、使民之時，只是如此。惟是到出門、使民時易得走失，故愈著用力也。」時舉。

問：「『己所不欲，勿施於人』，如己欲爲君子，則欲人皆爲君子；己不欲爲小人，則亦不欲人爲小人。」曰：「此兩句亦是大綱説。如富壽康寧，人之所欲；死亡貧苦，人之所惡。所欲者必以同於人，所惡者不以加於人。」必大。

先生自唐石歸，曰：「路上有人問：『「己所不欲，勿施於人」，是恕。如以刑罰加人，豈其人之所欲！便是不恕，始得。』且説如何。」衆人各以意對。先生曰：「皆未分明。伊川云：『「恕」字，須兼「忠」字説。』此説方是盡。忠是盡己也，盡己而後爲恕。以刑罰加人，其人實有罪，其心亦自以爲當然，故以刑加之，而非强之以所不欲也。其不欲被刑者，乃其外面之私心。若其真心，既已犯罪，亦自知其當刑矣。今人只爲不理會忠，而徒爲恕，其弊只是姑息。張子韶中庸有云：『聖人因己之難克，而知天下皆可恕之人。』即此論也。今人只爲不能盡己，故謂人亦只消如此，所以泛然亦不責人，遂至於彼此皆自恕而已。」璘。可學録云：「『如刑人殺人之事，己亦不欲，到其時爲之則傷恕，如何？』可學云：『但觀其事之當理，則不欲變爲欲。』曰：『設如人自犯罪，至於死。到刑時，其心欲否？』諸友皆無以答。曰：『此當合忠字看。忠者，盡己之謂。若看得己實有是罪，則外雖不欲，而亦知其當罪。到此，則不欲字使不著。若不看忠字，只用一恕字，則似此等事放不過，必流而爲姑息。張子韶解中庸云：「以己之難克，而知天下皆可恕之人。」因我不會做，皆使天下之人不做，如此則相爲懈怠而已。此言最害理！』」

問：「在家、在邦之怨，是屬己？屬人？」曰：「如何説得做在己之怨！聖人言語，只要平看。儒者緣要切己，故在外者，多拽入來做内説；在身上者，又拽來就心上説。」必大。

問「在家無怨，在邦無怨」。曰：「此以效驗言。若是主敬行恕，而在家在邦皆不能無怨，則所謂『敬恕』者未是敬恕。」問：「怨有是有非，如何都得他無怨？」曰：「此且説怨得是底，未説到不是底。」雉。

問：「『在邦無怨，在家無怨』，或以爲其怨在己，或以爲其怨在人。」曰：「若以爲己自無怨，却有甚義理？此言能以敬爲主而行之恕，則人自不怨也。人不我怨，此仁之效。如孔子告顔淵克己，則言『天下歸仁』；告仲弓以『己所不欲，勿施於人』，則言『在邦無怨，在家無怨』。此皆以效言，特其效有小大之異耳。」去僞。

希遜問夫子答顔子、仲弓問仁之異。曰：「此是各就它資質上説。然持敬行恕，便自能克己；克己，便自能持敬行恕，亦不必大段分別。」時舉。以下通論二章。

曰：「『克己復禮』，是剛健勇決，一上便做了。若所以告仲弓者，是教他平穩做去，慢慢地消磨了。譬如服藥，克己者，要一服便見效；敬恕者，漸漸服藥，磨去其病也。」人傑。

持敬行恕，雖不曾著力去「克己復禮」，然却與「克己復禮」只一般。蓋若是把這箇養來養去，那私意自是著不得。「出門如見大賓，使民如承大祭」時，也著那私意不得；「己所不欲，勿施於人」時，也著那私意不得。義剛。

問：「克己工夫與主敬行恕如何？」曰：「『克己復禮』，是截然分別箇天理人欲，是則行之，非則去之。敬恕，則猶是保養在這裏，未能保它無人欲在。若將來保養得至，亦全是天理矣。『克己復禮』，如撥亂反正；主敬行恕，如持盈守成，二者自有優劣。」雉。

「『克己復禮』，如内修政事，外攘夷狄；『出門、使民』，如上策莫如自治。」問：「程先生說：『學質美者，明得盡，渣滓便渾化；其次惟莊敬持養。及其成功，一也。』此可以分顔子、仲弓否？」曰：「不必如此説。」賀孫。

仲弓「出門如見大賓」爲仁，如把截江淮；顔子「克己爲仁」，便如欲復中原！燾。

「讀書，須要將聖賢言語體之於身。如『克己復禮』與『出門如見大賓』，須就自家身上體看我實能克己與主敬行恕否？件件如此，方始有益。」又因晞遜問「克己復禮」，曰：「人之私意，有知得便克去者，有忘記去克他者，有不獨是忘記去克他，却反與他爲朋者！」時舉。

問朱蜚卿：「讀書何所疑？」曰：「論語切要處在言仁。言仁處多，某未識門路。日用至親切處，覺在告顔子一章。答仲弓又却别。集注云：『仲弓未及顔子，故特告以操存之要。』不知告顔子者亦只是操存否？」曰：「這須子細玩味。所告二人氣象自不同。」顧問賀孫：「前夜曾如何説？」賀孫舉先生云：「告仲弓底是防賊工夫，告顔淵底是殺賊工夫。」蜚卿問：「如何？」曰：「且子細看，大意是如此。告顔子底意思，是本領已自堅固了，未免有些私意，須一向克除教盡。告仲弓底意思，是本領未甚周備，只是教他防捍疆土，爲自守計。」賀孫。

問：「孔子答顏淵、仲弓問仁處，旨同否？」曰：「不争多，大概也相似。只答顏子處是就心上説，工夫較深密爲難。」問：「二條在學者則當並行不悖否？」曰：「皆當如此做。當『克己』，則須『克己』；當『出門如見大賓』，則須『出門如見大賓』。『克己復禮』，不是克己了，又復禮。只克去己私，便是禮。有是有非，只去了非，便是是。所以孔子只説非禮勿視聽言動。只克去那非，便是禮。」曰：「呂銘『痒痾疾痛，皆切吾身』句，是否？」曰：「也説得。只是不合將己對物説，一篇意都要大同於物。克，只是克這箇。孔子當初本意，只是説克自己私欲。」淳。

伯羽問：「持敬、克己，工夫相資相成否乎？」曰：「做處則一。但孔子告顏子、仲弓，隨他氣質地位而告之耳。若不敬，則此心散漫，何以能克己！若不克己，非禮而視聽言動，安能爲敬！」仲思問：「『敬則無己可克』，如何？」曰：「鄭子上以書問此。」因示鄭書，曰：「説得也好。」鄭書云：「孔子惟顏子、仲弓，實告之以爲仁之事，餘皆因其人而進之。顏子地位高，擔當得克己矣，故以此告之。仲弓未至此，姑告以操存之方，涵養之要。克己之功難爲，而至仁也易；敬恕之功易操，而至仁也難。其成功則一。故程子云『敬則無己可克』，是也。但學者爲仁，如謝氏云『須於性偏處勝之』，亦不可緩。特不能如顏子深於天理人欲之際，便可至仁耳。非只敬恕他不克己也。」又曰：「鄭言學者克己處，亦好。大底告顏子底便體、用全似仲弓底。若後人看不透，便只到歸裏去，做仲弓底了，依舊用做顏子底。

克己，乾道也；敬恕，坤道也。『忠信進德』，『修辭立誠』，表裏通徹，無一毫之不實，何更用直内。坤卦且恁地守。顏子如將百萬之兵，操縱在我，拱揖指揮如意。仲弓且守本分。敬之至，固無己可克；克己之至，亦不消言敬。『敬則無己可克』者，是無所不敬，故不用克己。此是大敬，如『聖敬日躋』、『於緝熙敬止』之『敬』也。」伯羽。道夫略。

李時可問：「仲弓問仁，孔子告之以『出門如見大賓』云云。伊川只説作敬，先生便説『敬以持己，恕以及物』。看來須如此説，方全。」曰：「程子不是就經上説，是偶然摘此兩句，所以只説做敬。」又問：「伊川曰：『孔子言仁，只説「出門如見大賓，使民如承大祭」，觀其氣象，便須「心廣體胖」，「動容周旋中禮」自然。』看來孔子方是教仲弓就敬上下工夫。若是言仁，亦未到得這處。」曰：「程子也不是就經上説，公今不消得恁地看。但且就他這二句上，看其氣象是如何。」又問：「孔子告顏淵以『克己復禮爲仁』。若不是敬，也如何克得己，復得禮？」曰：「不必如此説。聖人説話，隨人淺深。克己工夫較難，出門、使民較易。然工夫到後，只一般，所謂『敬則無己可克』也。」賀孫。集注。

程子言仁，只説：「『出門如見大賓，使民如承大祭』，看其氣象，便須『心廣體胖』，『動容周旋中禮』。」問：「孔子告仲弓，方是持敬底事。程子如此説，豈不有自然勉强之異乎？」曰：「程子之言，舉敬之極致而言也。」又，程子云：「『敬以直内，義以方外』，仁也。」

問：「言敬義內外，方做工夫，而程子又何以遽言仁也？」曰：「此亦言『敬以直內』，則無一毫私意，仁自在其中爾。大抵這般處要寬看，識得他意，不可迫切求之。」端蒙。

或問：「伊川云：『孔子言仁，只説「出門」云云，至「中禮」，惟慎獨便是守之之法。』」曰：「亦須先見得箇意思，方慎獨以守之。」又曰：「此前面説敬而不見得。此便是見得底意思，便是見得敬之氣象功效恁地。若不見得，即黑淬淬地守一箇敬，也不濟事。」賀孫。

問：「程先生説云云，『看其氣象，便須「心廣體胖」，「動容周旋中禮」』，看來也是平日用功，方能如此，非一旦『出門如見大賓，使民如承大祭』，便能如此。」曰：「自這裏做去，方能如此。只是常能存得此心，便能如此。」又問：「『克己復禮』，乾道；『主敬行恕』，坤道。」曰：「乾道者是見得善惡精粗分明，便一刀兩段斬截了。坤道便順這一邊做將去，更不犯著那一邊。」又云：「乾道是創業之君，坤道是繼體守成之君。」燾。

「或問伊川：『未出門，未使民時如何？』曰：『此「儼若思」時也。』聖人之言，得他恁地説，也好。但使某答那人，則但云：『公且去「出門如見大賓，使民如承大祭」。』」因曰：「那未出門、使民時，自是當敬。不成未出門、使民時不敬，却待出門時，旋旋如見大賓；使民時，旋旋如承大祭，却成甚舉止！聖人所以只直説『出門如見大賓，使民如承大祭』，更不説那未出門、使民時如何。如今恁地説，却較淡了。」義剛。夔孫録云：「伊川答此問固好，足以明聖人之說，見得前面有一段工夫。但當初正不消恁地答他，却好與他說：『今日就出門、使民時做去。若是出門、使民時果能如見大賓，承大祭，則未出門、使民以前，自住不得了。』」

子升問：「『「克己復禮」，乾道也。』此莫是知至已後工夫否？」曰：「也不必如此說。只見得一事，且就一事上克去，便是克己，終不成說道我知未至，便未下工夫！若以大學之序言之，誠意固在知至之後，然亦須隨事修爲，終不成說知未至，便不用誠意、正心！但知至已後，自不待勉强耳。」木之。

袁子節問：「『克己復禮』，何以謂之乾道？『主敬行恕』，何以謂之坤道？」曰：「乾道奮發而有爲，坤道静重而持守。」一作「有守」。時舉。

或問：「『克己復禮』者乾道，莊敬持守者坤道，如何分别？」曰：「乾道奮發而有爲，如『庸言之信，庸行之謹』、『閑邪存其誠』之類是也。『忠信，所以進德；修辭立其誠，所以居業』。坤道静重而持守，如『敬以直内，義以方外』之類是也。觀夫子告二子氣象，各有所類。」洽。

或問：「顔冉之學，何以有乾道、坤道之别？」曰：「顔子是奮發而有爲，冉子是謙退而持守。顔子高明强毅，夫子故就其資質而教以『克己復禮』之學。冉子温厚静重，故以持敬行恕教之。」必大。

問：「『克己復禮』，乾道；主教行恕，坤道』，如何？」曰：「仲弓資質温粹，顔子資質剛明。『克己復禮，天下歸仁。爲仁由己，而由人乎哉！』顔子之於仁，剛健果決，如天旋地轉，雷動風行做將去！仲弓則斂藏嚴謹做將去。顔子如創業之君，仲弓如守成之君。顔子如漢高祖，仲弓如漢文帝。伊川曰：『質美者明得盡，渣滓便渾化，却與天地同體。其次惟莊敬以持養。』顔子則是明得盡者也，仲弓則是莊敬以持養之者也，及其成功一也。」潛夫曰：「舊曾聞先生説：『顔冉二子之於仁，譬如捉賊，顔子便赤手擒那賊出！仲弓則先去外面關防，然後方敢下手去捉他。』」廣。

周貴卿問「『克己復禮』，乾道；『持敬行恕』，坤道」。曰：「乾道是『見羣龍无首吉』。既變則成坤，故『先迷失道，後順得常，西南得朋，東北喪朋』。坤則都無頭，但『利牝馬之貞』而已。所以乾卦自『君子進德修業』，以至於『知至至之，可與幾也；知終終之，可與存義也』，從知處説來。如坤，則但説『敬以直内，義以方外』，只就持守處説，只説得一截。如顔子『克己復禮』工夫，却是從頭做起來，是先要見得後却做去，大要著手脚。仲弓却只是據見成本子做，只是依本畫葫蘆，都不問著那前一截了。仲弓也是和粹，但精神有所不及。顔子是大故通曉。向時陸子静嘗説，顔子不如仲弓。而今看著，似乎是『克己復禮』底較不如那『持敬行恕』底較無事，但『克己復禮』工夫較大。顔子似創業之君，仲弓似守成之君。仲弓不解做得那前一截，只據見在底道理持守將去。」又一條云：「『克己復禮』，是要見得天理後，方做將去。仲弓却只是據見在持將去。」又問：「『仲弓寬洪簡重』，如何見得？」曰：「也只想得是恁地。夫子許他南面，非如此不可。如『不佞』等處，也見得他簡重。而今觀他說『居敬行簡』之類，見得仁工夫也大故細密。」義剛。夔孫録云：「坤是箇無頭底。其繇辭曰：『利牝馬之貞，先迷後得。』乾爻皆變而之坤，其辭曰：『見羣龍无首吉。』乾便從知處說起，故云：『知至至之，知終終之。』坤只是從持守處說，故云：『敬以直內，義以方外。』『克己復禮』，也是有知底工夫在前。主敬行恕，只是據見定依本分做將去。或說仲弓勝似顏淵，謂『出門如見大賓，使民如承大祭』，勝如克己底費脚手。然而顏子譬如創業底，仲弓是守成底。顏子極聰明警悟，仲弓儘和粹。」

問：「顏子問仁與仲弓問仁處，看來仲弓才質勝似顏子。」曰：「陸子靜向來也道仲弓勝似顏子，然却不是。蓋『克己復禮』，乾道也，是喫一服藥便效。主敬行恕，坤道也，是服藥調護，漸漸消磨去。公看顏子多少大力量，一『克己復禮』便了！仲弓只是循循做將去底，如何有顏子之勇！」祖道曰：「雖是如此，然仲弓好做中人一箇準繩。至如顏子，學者力量打不到，不如且學仲弓。」曰：「不可如此立志，推第一等與別人做。顏子雖是勇，然其著力下手處也可做。」因舉釋氏云，有一屠者放下屠刀，立地成佛底事。或曰：「如『不遷、不貳』，却是學者難做底。」曰：「重處不在怒與過，只在『遷』與『貳』字上看。今不必論怒與過之大小，只看『不遷、不貳』是甚模樣。」又云：「貳，不是一二之『二』，是長貳之『貳』。蓋一箇邊又添一箇，此謂之貳。」又問：「『守之也，非化之也』，如何？」曰：「聖人則却無這箇。顏子則疑於遷貳與不遷貳之間。」又問：「先生適説：『「克己復禮」，是喫一服藥便效。』可以著力下手處，更望力爲開發。」曰：「非禮勿視、勿聽、勿言、勿動處，便是克己。蓋人只有天理人欲。日間行住坐卧，無不有此二者，但須自當省察。譬如『坐如尸，立如齋』，此是天理當如此。若坐欲縱肆，立欲跛倚，此是人欲了。至如一語一默，一飲一食，盡是也。其去復禮，只争這些子。所以禮謂之『天理之節文』者，蓋天下皆有當然之理。今復禮，便是天理。但此理無形無影，故作此禮文，畫出一箇天理與人看，教有規矩可以憑據，故謂之『天理之節文』。有君臣，便有事君底節文；有父子，便有事父底節文；夫婦長幼朋友，莫不皆然，其實皆天理也。天理人欲，其間甚微。於其發處，子細認取那箇是天理，那箇是人欲。知其爲天理，便知其爲人欲。既知其爲人欲，則人欲便不行。譬如路然，一條上去，一條下去，一條上下之間。知上底是路，便行；下底差了，便不行。此其所操豈不甚約，言之豈不甚易！却是行之甚難。學者且恁地做將去，久久自然安泰。人既不隨私意，則此理是本來自有底物，但爲後來添得人欲一段。如『孩提之童，無不知愛其親；及長，無不知敬其兄』，豈不是本來底？却是後來人欲肆時，孝敬之心便失了。

然而豈真失了？於静處一思念道，我今日於父兄面上孝敬之心頗虧，則此本來底心便復了也。只於此處牢把定其功，積久便不可及。」祖道。

問：「『出門如見大賓，使民如承大祭』，伊川謂：『大賓、大祭，只是敬也。』今若專主於大賓、大祭之心，而不容其私欲之害，亦可爲仁否？」曰：「下一節所謂『不欲、勿施』與『無怨』，此乃以接物而言。敬是此心，接物亦以此心。」佐。集義。

問「仲弓問仁」。曰：「能敬能恕，則仁在其中。」問：「吕氏之説却是仁在外？」曰：「説得未是。」又問：「只用敬否？」曰：「世有敬而不能恕底人，便只理會自守，却無温厚愛人氣象。若恕而無敬，則無以行其恕。」問：「『在家、在邦無怨』，諸説不同。」曰：「覺得語脈不是。」又問：「伊川謂怨在己。却是自家心中之怨？」曰：「只是處己既能敬，而接人又能恕，自然是在邦、在家人皆無得而怨之。此是爲仁之驗，便如『天下歸仁』處一般。」㽦。

司馬牛問仁章

或問「仁者其言也訒」。曰：「仁者常存此心，所以難其出。不仁者已不識痛痒，得説便説，如人夢寐中讝語，豈復知是非善惡！仁者只知『爲之難』，『言之得無訒乎』！」寓。

宜久問「仁者其言也訒」。曰：「仁者心常醒在，見箇事來，便知道須要做得合箇道理，不可輕易；便是知得道『爲之難』，故自不敢輕言。若不仁底人，心常如睡底相似，都不曾見箇事理，便天來大事，也敢輕輕做一兩句說了。」時舉。

仲蔚問：「『仁者其言也訒』，只是『訥於言』意思否？」曰：「『訥於言而敏於行』。是怕人說得多後，行不逮其言也。訒，是說持守得那心定後，說出來自是有斟酌，恰似肚裏先商量了方說底模樣。而今人只是信口說，方說時，它心裏也自不知得。」義剛。

仁者之人，言自然訒。在學仁者，則當自謹言語中，以操持此心。且如而今人愛胡亂說話、輕易言語者，是他此心不在，奔馳四出，如何有仁！明作。

「仁者其言也訒」。這是司馬牛身上一病。去得此病，方好將息充養耳。道夫。

「爲之難，言之得無訒乎」！心存，則自是不敢胡亂說話。大率說得容易底，便是他心放了，是實未嘗爲之也。若不敢胡亂做者，必不敢容易說，然亦是存得這心在。或曰：「言行常相表裏。」又曰：「人到得少說話時，也自是心細了。」燾。僩録略。

問：「聖人荅司馬牛『其言也訒』，此句通上下言否？」曰：「就他身上說，又較親切。人謹得言語不妄發，即求仁之端。此心不放，便存得道理在這裏。」

學者千章萬句，只是理會一箇心。且如「仁者其言也訒」，察其言，便可知其本心之存與不存，天理人欲之勝負。端蒙。

或問：「顔子、仲弓、司馬牛問仁，雖若各不同，然克己工夫，也是主敬；『其言也訒』，也是主敬。」曰：「司馬牛如何做得顔子、仲弓底工夫？須是逐人自理會。仁譬之屋，克己是大門，打透便入來；主敬行恕是第二門；言訒是箇小門。雖皆可通，然小門便迂迴得些，是它病在這裏。如『先難後獲』，亦是隨它病處説。」銖。

司馬牛問君子章

「不憂不懼」，司馬牛將謂是塊然頑然，不必憂懼。不知夫子自説是「内省不疚」，自然憂懼不來。明作。

爲學須先尋得一箇路逕，然後可以進步，可以觀書。不然，則書自書，人自人。且如孔子説「内省不疚，夫何憂何懼」！須觀所以「不憂不懼」，由「内省不疚」。學者又須觀所以「内省不疚」如何得來。可學。

司馬牛憂曰章

「死生有命」，是合下稟得已定，而今著力不得。「富貴在天」，是你著力不得。僩。

「富貴在天」，非我所與，如有一人爲之主宰然。升卿。

「『死生有命，富貴在天。』子夏之意，只說是死生是稟於有生之初，不可得而移；富貴是眼下有時適然遇著，非我所能必。若推其極，固是都稟於有生之初。」因問伊川、橫渠命、遇之說。曰：「所謂命者，如天子命我作甚官，其官之閑易繁難，甚處做得，甚處做不得，便都是一時命了，自家只得去做。故孟子只說『莫非命也』，却有箇正與不正。所謂正命者，蓋天之始初命我，如事君忠，事父孝，便有許多條貫在裏。至於有厚薄淺深，這却是氣稟了；然不謂之命不得，只不是正命。如『桎梏而死』，喚做非命不得。蓋緣它當時稟得箇乖戾之氣，便有此，然謂之『正命』不得。故君子戰兢，如臨深履薄，蓋欲『順受其正』者，而不受其不正者。且如說當死於水火，不成便自赴水火而死！而今只恁地看，不必去生枝節，說命說遇，說同說異也。」夔孫。

問「敬而無失」。曰：「把捉不定，便是失。」雉。

或言：「司馬牛所憂，人當兄弟如此，也是處不得。」曰：「只是如子夏說『敬而無失，與人恭而有禮』。若大段著力不得，也不奈何。若未然底可諫，尚可著力；做了時，也不奈何得。」明作。

問：「『四海皆兄弟』，胡氏謂『意圓語滯』，以其近於二本否？」曰：「子夏當初之意，只謂在我者『敬而無失』，與人又『恭而有禮』，如此則四海之內皆親愛之，何患乎無兄弟！

要去開廣司馬牛之意。只不合下箇『皆兄弟』字，便成無差等了。」淳。

子張問明章

問「浸潤之譖，膚受之愬」。曰：「譖，是譖人，是不干己底事。才説得驟，便不能入他，須是閑言冷語，掉放那裏，説教來不覺。愬，是逆，是切己底事。方説得緩慢，人便不將做事，須是説得緊切，要忽然間觸動他。如被人罵，便説被人打；被人打，便説人要殺。蓋不如此，不足以觸動他也。」又問：「明而遠，是見得到否？」曰：「是。『明』字説不足，又添箇『遠』字贊之。」燾。

或問：「『膚受之愬』，『切近灾也』。若他父兄有急難，其事不可緩，來愬時，便用周他。若待我審究得實，已失事了，此當如何？」曰：「不然。所以説明，又説遠，須是眼裏識箇真僞始得。若不識箇真僞，安得謂之明遠！這裏自有道理，見得過他真僞，却來瞞我不得。譬識藥材，或將假藥來賣，我識得過；任他説千言萬語，我既見破僞了，看如何説也不買。此所以謂之明遠。只是這些子。」明作。

問：「浸潤、膚受之説，想得子張是箇過高底資質，於此等處有不察，故夫子語之否？」曰：「然。」廣。

子貢問政章

文振問「足食、足兵，民信之矣」。曰：「看來此只是因足食、足兵而後民信，本是兩項事，子貢却做三項事認了。『信』字便是在人心不容變底事也。」時舉。

問：「『民無信不立』，是民自不立？是國不可立？」曰：「是民自不立。民不立，則國亦不能以立矣。」問：「民如何是不立？」曰：「有信則相守而死。無信則相欺相詐，臣棄其君，子棄其父，各自求生路去。」淳。

棘子成曰章

問「惜乎！夫子之説，君子也」。曰：「此説君子，與説『其争也君子』同，蓋説得話來也君子。」燾。

問：「惜乎！夫子之説，君子也。古注只作一句説，先生作兩句説，如何？」曰：「若作一句説，則『惜乎』二字無著落。」廣。

問：「『文猶質也，質猶文也；虎豹之鞟，猶犬羊之鞟。』如何以文觀人？」曰：「無世間許多禮法，如何辨得君子小人？如老莊之徒，絶滅禮法，則都打箇没理會去。但子貢之言似少差別耳，如孔子説『禮，與其奢也寧儉』，『與其不遜也寧固』，便説得好。」雉。

棘子成全説質，固未盡善；子貢全説文以矯子成，又錯。若虎皮、羊皮，雖除了毛，畢竟自別，事體不同。使一箇君子與一箇屠販之人相對坐，並不以文見，畢竟兩人好惡自別。大率固不可無文，亦當以質爲本，如「寧儉、寧戚」之意。明作。

哀公問於有若章

問「盍徹乎」。曰：「徹，是八家皆通出力合作九百畝田，收則計畝均收，公取其一；如助，則八家各耕百畝，同出力共耕公田，此助、徹之別也。」燾。

問「百姓足，君孰與不足」。曰：「『未有府庫財非其財者也。』百姓既足，不成坐視其君不足，亦無此理。蓋『有人斯有土，有土斯有財』。若百姓不足，君雖厚斂，亦不濟事。」雉。

或問有若對哀公「盍徹乎」之説云云。曰：「今之州郡，盡是於正法之外，非泛〔一〕誅取。且如州郡倍契一項錢，此是何名色！然而州縣無這箇，便做不行。當初經、總制錢，

〔一〕「泛」，各本同，似當作「法」。

本是朝廷去賴取百姓底，州郡又去瞞經、總制錢，都不成模樣！然不如此，又便做不行。」或曰：「今州郡有三項請受，最可畏：宗室、歸正、添差使臣也。」曰：「然。歸正人今却漸少，宗室則日盛，可畏。小使臣猶不見得，更有那班裏換受底大使臣，這箇最可畏，每人一月自用四五百千結裏它！」僩。

子張問崇德辨惑章

問「主忠信，徙義」。曰：「『主忠信』者，每事須要得忠信。且如一句話不忠信，便是當得沒這事了。『主』字須重看。喚做『主』，是要將這箇做主。『徙義』，是自家一事未合義，遷徙去那義上；見得又未甚合義，須更徙去，令都合義。『主忠信』，且先有本領了，方『徙義』，恁他便德會崇。若不先『主忠信』，即空了，徙去甚處？如何會崇！『主忠信』而不『徙義』，却又固執。」植。

「主忠信」是劄脚處，「徙義」是進步處。漸漸進去，則德自崇矣。方子。

問：「易只言『忠信所以進德』，而孔子答子張崇德之問，又及於『徙義』者，是使學者於所存、所行處兩下都做工夫否？」曰：「忠信是箇基本，『徙義』又是進處。無基本，徙進不得；有基本矣，不『徙義』，亦無緣得進。」廣。

問：「子張問『崇德、辨惑』，孔子既答之矣，末又引『我行其野』之詩以結之。『誠不以富，亦祇以異。』伊川言：『此二句當冠之「齊景公有馬千駟」之上，後之傳者因齊景公問政而誤之耳。』至范氏則以爲人之成德不以富，亦祇以行異於野人而已。此二説如何？」曰：「如范氏説，則是牽合。如伊川説，則是以『富』言『千駟』，『異』言夷齊也。今只得如此説。」謨。

齊景公問政章

問：「齊景公問政，孔子告以『君君，臣臣，父父，子子』。然當時陳氏厚施於國，根株盤據如此。政使孔子爲政，而欲正其君臣父子，當於何處下手？」曰：「此便是難。據晏子之説，則曰：『惟禮可以已其亂。』然當時舉國之人皆欲得陳氏之所謀成，豈晏子之所謂禮者可得而已之！然此豈一朝一夕之故？蓋其失在初，履霜而至堅冰，亦末如之何也已。如孔子相魯，欲墮三家，至成則爲孟氏所覺，遂不可墮。要之，三家孟氏最弱，季叔爲强。强者墮之，而弱者反不可墮者，强者不覺，而弱者覺之故也。」問：「成既不可墮，夫子如何别無處置了便休？」曰：「不久夫子亦去魯矣。若使聖人久爲之，亦須别有箇道理。」廣。

問：「『齊景公問政』與『待孔子』二章，想是一時説話。觀此兩段，見得景公是箇年老志衰，苟且度日，不復有遠慮底人。」曰：「景公平日自是箇無能爲底人，不待老也。」廣。

子路無宿諾章

問「子路無宿諾」。曰：「子路許了人，便與人去做這事。不似今人許了人，却掉放一壁不管。」雉。

子張問政章

亞夫問「居之無倦，行之以忠」。曰：「『居之無倦』，在心上説；『行之以忠』，在事上説。『居之無倦』者，便是要此心長在做主，不可放倒，便事事都應得去。『行之以忠』者，是事事要著實。故某集注云：『以忠則表裏如一。』謂裏要如此，便外面也如此，事事靠實去做也。」時舉。

問「居之無倦，行之以忠」。曰：「若是有頭無尾底人，便是忠也不久，所以孔子先將箇無倦逼截它。」賀孫。

問「居之無倦，行之以忠」。曰：「所居，是自己事，要終始如一。『行之以忠』，是對人言之，謂應接時恐有不誠處。」必大。

子張是箇有鋭氣底人。它作事初頭乘些鋭氣去做，（小）〔少〕[一]間做到下梢，多無殺合，故告以「居之無倦」。又且不樸實，故告之以「行之以忠」，欲其盡心力也。燾。

亞夫問：「『居，謂存諸心；無倦，謂始終如一。行，謂施諸事；以忠，謂表裏如一。』此固分明。然行固是行其所居，但不知居是居箇甚物事？」曰：「常常恁地提省在這裏，若有頃刻放倒，便不得。」賀孫。

君子成人之美章

問：「『君子成人之美，不成人之惡』，『成』字如何？」曰：「『成』字只是『欲』字。」醇。

季康子患盜章

問：「楊氏謂：『欲民之不爲盜，在不欲而已。』横渠謂：『欲生於不足，則民盜。能使無欲，則民自不爲盜。假設以子不欲之物，賞子使竊，子必不竊。故爲政在乎足民，使無

〔一〕據陳本改。

所欲而已。』如横渠之説，則是孔子當面以季康子比盜矣。孔子於季康子雖不純於爲臣，要之孔子必不面斥之如此。聖人氣象，恐不若是。如楊氏所説，只是責季康子之貪，然氣象和平，不如此之峻厲。今欲且從楊説，如何？」曰：「善。」謨。

季康子問政章

或問「子爲政，焉用殺」。曰：「尹氏謂：『殺之爲言，豈爲人上之語哉！』此語固好。然聖人只説『焉用殺』三字，自是不用解了。蓋上之人爲政欲善，則民皆善，自是何用殺。聖人之言渾成如此。」時舉。

子張問士章

問「何如斯可謂之達」。曰：「行得無窒礙謂之『達』。『在家必達，在邦必達』，事君則得乎君，治民則得乎民，事親則孝，事長則弟，無所不達。」植録云：「如事親則得乎親，事君則得乎君之類。」又曰：「『色取仁而行違，居之不疑』，正是指子張病痛處。」謙之。

周問聞、達之别。曰：「達，是退一步底；聞，是近前一步做底。退一步底卑遜篤實，不求人知，一旦工夫至到，却自然會達。聞是近前一步做，惟恐人不知，故矜張誇大，一時若可喜，其實無足取者。」雉。

問「達」字之義。曰：「此是聞達之『達』，非明達之『達』。但聞只是求聞於人，達却有實，實方能達。」僴。

達者，實有而不居；聞者，却是要做這模様。端蒙。

「質直而好義」，便有箇觸突人底意思。到得「察言觀色，慮以下人」，便又和順底細，不至觸突人矣。慮，謂思之詳審，常常如此思慮，恐有所不覺知也。聖人言語，都如此周偏詳密。僴。

問「察言而觀色」。曰：「此是實要做工夫。蓋察人之言，觀人之色，乃是要驗吾之言是與不是。今有人自任己意説將去，更不看人之意是信受它，還不信受它。如此，則只是自高，更不能謙下於人，實去做工夫也。大抵人之爲學，須是自低下做將去；才自高了，便不濟事。」時舉。

問：「『察言觀色』，想是子張躐等，爲大賢『於人何所不容』之事，於人不辨别邪正與賢不肖，故夫子言此以箴之。」曰：「子張是做箇大底意思包他人。」全之問：「『堂堂乎張也』，它是有箇忽略底意思否？」曰：「他做箇大底意思包人，便是忽略。」時舉。

「色取仁而行違」，這是占外面地位闊了，裏面填不足。植。

問子張問達與聞一章。曰：「達者，是自家實去做，而收斂近裏底。如『質直好義』，便是自去做。『察言觀色』，便是察人辭色而與之言。又『慮以下人』，惟恐其不收斂也。若是只據自家意只管説去，更不問人聽與不聽，便是不『察言觀色』。然而能如此，則德修於己，而自孚於人，所行自無窒礙矣，故曰達。聞者，是箇做作底，專務放出，外求人知而已。如『色取仁而行違』，便是不務實而專務外。『居之不疑』，便是放出外而收斂不得，只得自擔當不放退。蓋才放退，則連前面都壞，只得大拍頭居之不疑，此其所以駕虚而無實行也。某向來未曉『聞達』二字。因見鄉中有人，其傳揚説好者甚衆，以至傳揚於外，莫不皆然。及細觀其所爲，皆不誠實。以此方見得聖人分達與聞之别意思，如此段形容得達與聞極精。」又云：「『色取仁而行違』，不惟是虚有愛憐之態，如『正顔色』而不『近信』，『色厲而内荏』，皆『色取仁而行違』也。」燾。

問：「子張問聞與達一章，達是躬行實踐做出來底，聞是沽名要譽底。」曰：「然。達是常自貶損，不求名而名自達者。聞是向前求名底。」又云：「『慮以下人』，慮是子細思量，謂如做一事，便思量惟恐有觸突人處。」又云：「『質直好義』，是質直好底。有那質直粗底，又不好義。」燾。

質，是質實。直又自是一字。質，就性資上説；直，漸就事上説。到得好義，又多在事上。直，固是一直做去，然至於好義，則事事區處要得其宜。這一項都是詳細收斂工夫。如「色取仁而行違，居之不疑」，這只是粗謾將去。世上有此等人，專以大意氣加人。子張平日是這般人，故孔子正救其病。此章大意，不出一箇是名，一箇是實。賀孫。

問：「『色取仁而行違，居之不疑，在邦必聞，在家必聞』，與鄉原如何？」曰：「却不同。那『在邦必聞，在家必聞』底，是大拍頭做，要壓倒人。鄉原却是不做聲，不做氣，陰沉做罪過底人。」義剛言：「二者皆是要譽，而天理都不存了。」曰：「固是如此。但一箇是向前去做，一箇是退來做。」義剛。

問：「子張以聞爲達，伊川以爲明達之『達』，上蔡以爲令聞四達之『達』，尹氏以爲『充於內而發於外爲達』。三說如何？」曰：「此所謂達者，只是言所行要無窒礙。如事君必得乎上，治民必得乎下，而無所不行，無所不通，與子張問行大抵相似。呂氏謂『德孚於人者必達，矯行求名者必聞』，此說却是好。」去僞。集注。

楊問：「『質直而好義』，質直是質性之直，或作兩件說。」曰：「質與直是兩件。」「『察言觀色』，龜山說：『察言故不失口於人，觀色故不失色於人。』如何？」曰：「自家色如何觀得？只是察人言，觀人色。若照管不及，未必不以辭氣加人。此只做自家工夫，不要人知。既有工夫，以之事親則得乎親，以之事君則得乎君，以之交朋友而朋友信，『雖蠻貊之邦行矣』。此是在邦、在家必達之理。子張只去聞處著力，聖人此語正中其膏肓。『質直好義』等處，專是就實；『色取仁而行違』，專是從虛。」寓。

問：「『質直而好義』，和靖謂『立志質直』，如何？」曰：「這箇莫不須説立志質直，但只是無華僞。質是樸實，直是無偏曲，而所行又合宜。觀人之言而察人之色，審於接物，慮以下人，只是一箇謙。如此便做得去。達是做得去。」又問：「仁如何以顔色取？」曰：「此處與前説相反，只是顔色雖做仁者舉止，而所行又却不如此。此恐是就子張身上説。」驤。

樊遲從遊舞雩之下章

問：「如何『先事後得』，便可以崇德？」曰：「人只有這一箇心，不通著兩箇物事。若一心做事，又有一箇求得之心，便於這上不專，如何有積累之功！這一條心路只是一直去，更無它歧；纔分成兩邊，便不得。且如今做一事，一心在此做，一心又去計較功勞，這一件事定是不到頭，不十分精緻。若是做一事，只是做一事。要做這箇，又要做那箇，便自不得。雖二者皆出於善也不得，況於不善者乎！」賀孫。

陳希真問「先事後得，非崇德與」。曰：「今人做事，未論此事當做不當做，且先計較此事有甚功效。既有計較之心，便是專爲利而做，不復知事之當爲矣。德者，理之得於吾心者也。凡人若能知所當爲，而無爲利之心，這意思便自高遠。才爲些小利害，討些小便宜，這意思便卑下了。所謂崇者，謂德自此而愈高起也。」時舉。

問「先事後得」。曰：「但做自家合做底事，不必望他功效。今做一件好事，便望他功效，則心便兩歧了。非惟是功效不見，連那所做底事都壞了。而今一向做將去，不望他功效，則德何緣不崇！」時舉。

論「先事後得」，曰：「正如韓信背水陣，都忘了反顧之心，戰必勝矣。」又云：「當思『先事後得』如何可以崇德。蓋不可有二心。一心在事，則德自崇矣。」方子。

亞夫問：「『先難而後獲』，『先事後得』，莫是因樊遲有計較功利之心，故如此告之？」曰：「此是後面道理。而今且要知『先事後得』如何可以崇德。蓋做合做底事，便純是天理。才有一毫計較之心，便是人欲。若只循箇天理做將去，德便自崇。才有人欲，便這裏做得一兩分，却那裏缺了一兩分，這德便消削了，如何得會崇？聖人千言萬語，正要人來這裏看得破。」時舉。

「攻其惡，無攻人之惡」。須是截斷了外面它人過惡，只自檢點，方能自攻其惡。若才去檢點它人，自家這裏便疏，心便粗了。僩。

問：「子張、樊遲『崇德、辨惑』之問，何故答之不同？」曰：「子張是矜張不實底人，故夫子於崇德，則告之以『主忠信，徙義』，欲收斂著實做工夫。常人之情，好人惡人，只是好之惡之而已，未至於必欲其生、必欲其死處。必是子張平日於喜怒之間用心過當，故又告之以此。樊遲爲人雖無所考，以學稼、學圃及夫子答問觀之，必是箇鄙俗粗暴底人，故夫子告之以『先難後獲』，此又以『先事後得』告之。蓋鄙俗則有近利之意，粗暴則有因忿忘身之患，皆因其失而救之也。」雉。

樊遲問仁章

樊遲未達者，蓋愛人且是汎愛，知人則有所擇，二者相反，故疑之。夫子曰：「舉直錯諸枉，能使枉者直。」「能使枉者直」，便是仁。樊遲誤認二句只是知，故見子夏而問之，子夏遂言之。至於「不仁者遠」，然後仁、知之義皆備。德明。

樊遲問仁，孔子答以「愛人」；問知，答以「知人」。有甚難曉處？樊遲因甚未達？蓋愛人則無所不愛，知人則便有分別，兩箇意思自相反，故疑之。只有曾吉甫說得好：「『舉直錯諸枉』，便是知人；『能使枉者直』，便是愛人。」曾解一部論語，只曉得這一段。每常說：「仁知，一箇是慈愛，一箇是辨別，各自向一路。惟是『舉直錯諸枉，能使枉者直』，方見得仁知合一處，仁裏面有知，知裏面有仁。」僩。

「愛人、知人」，自相爲用。若不論直與枉，一例愛他，也不得。大抵惟先知了，方能頓放得箇仁也。聖人只此兩句，自包上下。後來再與子夏所言，皆不出此兩句意，所以爲聖人之言。時舉。

文振説「樊遲問仁，曰：『愛人』」一節。先生曰：「愛人、知人，是仁、知之用。聖人何故但以仁、知之用告樊遲，却不告之以仁、知之體？」文振云：「聖人説用，則體在其中。」曰：「固是。蓋尋這用，便可以知其體，蓋用即是體中流出也。」時舉。

或問：「愛人者，仁之用；知人者，知之用。孔子何故不以仁知之體告之，乃獨舉其用以爲説？莫是仁知之體難言，而樊遲未足以當之，姑舉其用，使自思其體？」曰：「『體』與『用』雖是二字，本未嘗相離，用即體之所以流行。」賀孫。

問：「『不仁者遠矣』，謂不仁者皆爲仁，則不仁之事無矣。」曰：「是。」雉。

問：「『樊遲問仁、知』一章，燾看來，不惟治天下國家如此。而今學者若在一家一鄉而處置得合義時，如此。」如「不仁者遠矣」之類。曰：「這『仁、知』兩字相須。但辨別得分曉，舉錯得是當，便是仁之事。且如人在鄉曲處置得事是當，教一鄉之人不至於爭鬬，即所以仁之也。」燾。

子貢問友章

問「忠告善道」。曰：「告之之意固是忠了，須又教道得善，始得。」雉。

問「忠告善道」。曰：「『善道』，是以善道之。如有人雖敢忠言，未必皆合道理者，則是未善也。」時舉。

朱子語類卷第四十三

論語二十五

子路篇

子路問政章

問：「『先之，勞之』，『勞』字既有兩音，有兩説否？」曰：「勞之以身，勤之以事，亦須是自家喫些辛苦，方能令得他。詩所謂『星言夙駕，説于桑田』。古人戴星而出，戴星而入，必是自耐勞苦，方能説得人。欲民之親其親，我必先之以孝；欲民之事其長，我必先之以弟。子路請益，聖人告之『無倦』。蓋勞苦亦人之難事，故以『無倦』勉之。」寓。

問：「『勞之』恐是以言語勸勉他？」曰：「如此説，不盡得爲政之理。若以言語勸勉它，亦不甚要緊，亦是淺近事。聖人自不用説，亦不見得無倦底意。勞是勤於事，勤於事時，便有倦底意，所以教它勞。東坡下『行』字與『事』字，最好。」或問：「『愛之能勿勞乎』，有兩箇勞字？」曰：「這箇『勞』，是使它勞。」謙之。

文振問：「注云：『凡民之事，以身先之，則雖勞不怨。』如何？」曰：「凡是以勞苦之事役使人，自家須一面與它做，方可率得它。如勸課農桑等事，也須是自家不憚勤勞，親履畎畝，廣録作「循行阡陌」。與他勾當，方得。」賀孫。集注。

問：「蘇說『勞』字未甚明。」曰：「先，是率他；勞，是爲他勤勞。」銖。

問：「『先之，勞之』，諸說孰長？」曰：「横渠云：『必身爲之倡，且不愛其勞，而又益之以不倦。』此說好。」又問：「以身爲之倡者果勞乎？」曰：「非是之謂也。既以身爲之倡，又更不愛其勞，而終之以無倦，此是三節事。」去僞。集義。

仲弓爲季氏宰章

潘立之問「先有司」。曰：「凡爲政，隨其大小，各自有有司。須先責他理會，自家方可要其成。且如錢穀之事，其出入盈縮之數，須是教它自逐一具來，自家方可考其虚實之成。且如今做太守，人皆以爲不可使吏人批朱。某看來，不批不得。如詞訴反覆，或經已斷，或彼處未結絶，或見在催追，他埋頭又來下狀；這若不批出，自家如何與它判得？只是要防其弊。若既如此後，或有人詞訴，或自點檢一兩項，有批得不實，即須痛治，以防其弊。」賀孫。

問：「程子曰：『便見仲弓與聖人用心之大小。推此義，一心可以興邦，一心可以喪邦，只在公私之間。』所謂公私者，豈非仲弓必欲人材皆由己舉，聖人則使人各得而舉之否？」曰：「仲弓只是見不到。纔見不到，便陷於私。學者見程子説『興邦、喪邦』，説得甚險，故多疑於此，然程子亦曰推其義爾。」必大。集注。

問：「程子謂：『觀仲弓與聖人，便見其用心之小大。』以此知『樂取諸人以爲善』，所以爲舜之聖，而凡事必欲出乎己者，真成小人之私矣。」曰：「於此可見聖賢用心之大小。仲弓只緣見識未極其開闊，故如此。人之心量本自大，緣私故小。蔽固之極，則可以喪邦矣。」廣。

問：「『先有司，赦小過，舉賢才』，各是一事。蘇氏、楊氏乃相須而言之。」曰：「論語中有一二處，如『道千乘之國，敬事而信，節用而愛人，使民以時』，雖各是一事，然有相須之理。」必大。集義。

子路曰衛君待子章

亞夫問「衛君待子爲政」章。曰：「其初只是一箇『名不正』，便事事都做不得。『禮樂不興，刑罰不中』，便是箇大底『事不成』。」問：「『禮樂不興』，疑在『刑罰不中』之後，今何故却云禮樂不興而後刑罰不中？」曰：「禮之所去，刑之所取。禮樂既不興，則刑罰宜其不中。」又曰：「禮是有序，樂是和樂。既事不成，如何得有禮樂耶？」時舉。

文振問：「何以謂之『事不成則禮樂不興』？」曰：「『事不成』，以事言；『禮樂不興』，以理言。蓋事不成，則事上都無道理了，説甚禮樂！」亞夫問：「此是禮樂之實，還是禮樂之文？」曰：「實與文原相離不得。譬如影便有形，要離那形説影不得。」時舉。

或問：「如何是事不成後禮樂便不興？禮樂不興後却如何便刑罰不中？」曰：「大凡「事不成」，是粗説那事做不成。「禮樂不興」，是和這理也没了。事，只是説他做出底；禮樂，却是那事底理。禮樂只是一件物事。安頓得齊齊整整，有次序，便是禮；無那乖争底意思，便是樂。植。

事須要節之以禮，和之以樂。事若不成，則禮樂無安頓處。禮樂不興，則無序不和。如此，則用刑罰者安得不顛倒錯亂？諸家説各有所長，可會而觀之。」去僞。

楊問：「注謂：『言不順，則無以考實而事不成。』此句未曉。」曰：「實，即事也。」又問：「言與事，似乎不相涉。」曰：「如何是不相涉？如一人被火，急討水來救始得，却教它討火來，此便是『言不順』，如何濟得事。又如人捉賊，走東去，合從東去捉，却教它走從西去，如何捉得。皆言不順做事不成。若就衛論之，輒，子也，蒯聵是父。今也以兵拒父，是以父爲賊，多少不順！其何以爲國？何以臨民？事既不成，則顛沛乖亂，禮樂如何會興？刑罰如何會中？明道所謂『一事苟，其餘皆苟』，正謂此也。」又問：「子路之死於衛，其義如何？」曰：「子路只見得下一截道理，不見上一截道理。孔悝之事，它知道是『食焉不避其難』，却不知食出公之食爲不義。東坡嘗論及此。」問：「如此，是它當初仕衛便不是？」曰：「然。」寓。集注。總論。

問：「衛君欲召孔子爲政，而孔子欲先正名。孔子既爲之臣，復欲去出公，亦豈人情？」曰：「惟孔子而後可。」問：「靈公既逐蒯聵，公子郢辭不立，衛人立輒以拒蒯聵。論理，輒合下便不當立，不待拒蒯聵而後爲不當立也。」曰：「固是。輒既立，蒯聵來争必矣。」僩。

「『必也正名乎』！孔子若仕衛，必先正其君臣父子之名。如蒯聵不當立，輒亦不當立，當去輒而别立君以拒蒯聵。晉趙鞅欲立蒯聵。聖人出時，必須大與他剖判一番，教它知箇是與不是。」亞夫問：「論道理，固是去輒，使國人自拒蒯聵。以事情論之，晉人正主蒯聵，勢足以壓衛，聖人如何請于天子，請于方伯？天子既自不奈何，方伯又是晉自做，如何得？」曰：「道理自是合如此了。聖人出來，須自能使晉不爲蒯聵。」賀孫因問：「如請討陳常之事，也只是據道理，不論事情。」曰：「如這一兩件大事，可惜聖人做不透。若做得透，使三綱五常既壞而復興，千條萬目自此而更新。聖人年七八十歲，拳拳之心，終做不成。」賀孫。

吴伯英問：「若使夫子爲衛政，不知果能使出公出從蒯聵否？」曰：「聖人行事，只問義之合與不合，不問其能與不能也。若使每事只管計較其能與不能，則豈不惑於常情利害之私乎？此在學者尤宜用力，而況聖人乎！」壯祖。

問：「夫子得政於衛，須有所廢立否？」曰：「亦只是説與他，令自爲去就，亦難爲迫逐之。」必大。

胡文定説輒事，極看得好。可學。

問：「胡氏之説，只是論孔子爲政正名，事理合如此。設若衛君用孔子，孔子既爲之臣而爲政，則此説亦可通否？」曰：「聖人必不肯北面無父之人。若輒有意改過遷善，則孔子須先與斷約，如此方與他做。以姚崇猶先以十事與明皇約，然後爲之相，而況孔子乎！若輒不能然，則孔子決不爲之臣矣。」淳。

問：「胡氏云云。使孔子得政，則是出公用之也，如何做得此等事？」曰：「據事理言之，合當如此做耳。使孔子仕衛，亦必以此事告之出公。若其不聽，則去之耳。」廣。

「蒯聵與輒，若有一人識道理，各相避就去了。今蒯聵欲入衛，輒不動，則所以處其事者當如何？後世議者皆以爲當立郢，不知郢不肯做。郢之不立，蓋知其必有紛争也。若使夫子爲政，則必上告天子，下告方伯，拔郢而立之，斯爲得正。然夫子固不欲與其事也。」或謂：「春秋書『晉趙鞅納世子蒯聵于戚』。稱『世子』者，謂其當立。」曰：「若不如此書，當如何書之？說春秋者多穿鑿，往往類此。」人傑。

叔器問：「子郢不肯立，也似不是。」曰：「只立輒時，只是蒯聵一箇來争。若立它時，則又添一箇來争，愈見事多。人以千乘之國讓之而不肯受，它畢竟是看得來惹手難做後，不敢做。」義剛。

樊遲請學稼章

樊遲學稼，當時須自有一種説話，如有爲神農之言許行「君民並耕」之説之類。炎。

誦詩三百章

亞夫問：「『誦詩三百』，何以見其必達於政？」曰：「其中所載可見。如小夫賤隸閭黨之間，至鄙俚之事，君子平日耳目所不曾聞見者，其情狀皆可因此而知之。而聖人所以修德於己、施於事業者，莫不悉備。於其間所載之美惡，讀誦而諷詠之，如是而爲善，如是而爲惡；吾之所以自修於身者，如是是合做底事，如是是不合做底事。待得施以治人，如是而當賞，如是而當罰，莫不備見，如何於政不達？若讀詩而不達於政，則是不曾讀也。」又問：「如何使於四方必能專對？」曰：「於詩有得，必是於應對言語之間，委曲和平。」賀孫。

子謂衛公子荊章

問：「『公子荊善居室』，也無甚高處，聖人稱善，何也？」曰：「公子荊所爲正合道理恰好處。常人爲屋室，不是極其華麗，則牆崩壁倒，全不理會。子荊自合而完，完而美，循循有序，而又皆曰苟而已，初不以此累其心。在聖人德盛，此等事皆能化了，不足言。在公子荊能如此，故聖人稱之。」謙之。時舉録小異。

問：「衛公子荊，夫子止稱其居室之善，如何？」曰：「此亦姑舉其一事之善而稱之，又安知其他無所長乎？」必大。

子適衛章

宜久説「子適衛」一章。先生因言：「古者教人有禮樂，動容周旋，皆要合他節奏，使性急底要快也不得，性寬底要慢也不得，所以養得人情性。如今教人既無禮樂，只得把兩册文字教他讀。然而今未論人會學，喫緊自無人會教。所以明道欲得招致天下名儒，使講明教人之方，選其德行最高者，留以爲大學師，却以次分布天下，令教學者。須是如此，然後學校方成次第也。」時舉。

衣食不足，則不暇治禮義；而飽暖無教，則又近於禽獸，故既富而教之。燾。

苟有用我章

立之説「苟有用我者」一章。曰：「聖人爲政，一年之間，想見以前不好底事都革得盡。到三年，便財足兵强，教行民服。」時舉。

「如有用我者，（朞）月而已可也。」聖人做時，須一切將許多不好底撤换了，方做自家底。所以伊川云，紀綱布置，必三年方可有成也。賀孫。

善人爲邦章

安卿問：「集注云：『民化於善，可以不用刑殺。』恐善人只是使風俗醇朴。若化於善，恐是聖君之事。」曰：「大概論功效是如此。其深淺在人，不必恁地粘皮著骨去説。不成說聖人便得如此，善人便不得如此！不必恁地分别。善人是他做百年工夫，積累到此，自是能使人興善，人自是不陷於刑辟。如文景恁地，後來海内富庶，豈不是『勝殘去殺』？如漢循吏，許多人才循良，也便有效。如陳太丘、卓茂、魯恭只是縣令，也能如此。不成説你便不是聖人，如何做得這箇！只看他功效處，又何必較量道聖人之效是如此，善人之效是如彼。聖人比善人自是不同。且如『綏之斯來，動之斯和』；『殺之而不怨，利之而不庸，民日遷善而不知爲之』，善人定是未能到這田地。但是有這般見識，有這般心胸，積累做將去，亦須有效。且如而今寬刑薄賦，民亦自能興起而不陷於刑。聖人論功效亦是大概如此。只思量他所以致此效處如何便了，何必較他優劣？便理會得，也無甚切己處。」義剛。

問：「『善人爲邦百年』，又『教民七年』，又『必世後仁』，與『（朞）可也，三年有成』之義，如何？」曰：「此須有聖人作用，方得如此。今大概亦自可見。惟明道文集中一策答得甚詳，與今人答策專是謾策題者甚别。試讀之，可見。」去僞。

如有王者章

或問：「『三年有成』，『必世後仁』，遲速不同，何也？」曰：「伊川曰：『三年，謂法度紀綱有成而化行也。』漸民以仁，摩民以義，使之浹於肌膚，淪於骨髓，天下變化，風移俗易，民歸於仁，而禮樂可興，所謂仁也。此非積久，何以能致？」又曰：「自一身之仁而言之，這箇道理浸灌透徹；自天下言之，舉一世之仁，皆是這箇道理浸灌透徹。」植。

苟正其身章

問：「范氏以先正其身，爲王者以德行仁之事；不能正其身而正人，爲以力假仁之事。」曰：「王者霸者，只是指王霸之道。范氏之説，緩而不切。」必大。

定公問一言興邦章

聖人説話，無不子細，磨稜合縫，盛水不漏。如説「以德報怨」，如説「一言興邦」。其他人便只説「予無樂乎爲君，惟其言而莫予違也」，便可以喪邦，只此一句便了。聖人則須是恁地子細説，方休。如孟子説得便粗，如「今之樂猶古之樂」，大王、公劉好色好貨之類。故橫渠説：「孟子比聖人自是粗。顔子所以未到聖人，亦只是心尚粗。」義剛。

葉公問政章

曾問：「『近者悦，遠者來。』夫子答葉公之問政者，專言其效，與答季康子、子夏等不同，如何？」曰：「此須有施爲之次第。葉公老成，必能曉解也。」人傑。

近者悅而遠者來，則大小强弱，非所論矣。燾。

樊遲問仁章

孔門教人，多以數語能使人自存其心。如「居處恭」，纔恭，則心不放也。如此之類。

問「雖之夷狄不可棄」。曰：「上三句散著，下一句方樌得緊。」謙之。

亞夫問：「如何『雖之夷狄不可棄』？」曰：「『道不可須臾離，可離非道。』須是無間斷方得。若有間斷，此心便死了。在中國是這箇道理，在夷狄也只是這箇道理。」子善云：「若『居處恭，執事敬，與人忠』時，私心更無著處。」曰：「若無私心，當體便是道理。」南升。

或問：「『樊遲問仁』一段，聖人以是告之，不知樊遲果能盡此否？」曰：「此段須反求諸己，方有工夫。若去樊遲身上討，則與我不相干矣。必當思之曰，居處恭乎？執事敬乎？與人忠乎？不必求諸樊遲能盡此與否也。又須思『居處恭』時如何，不恭時如何；『執事敬』時如何，不敬時如何；『與人忠』時如何，不忠時如何，方知須用恭敬與忠也。今人處於中國，飽食煖衣，未至於夷狄，猶且與之相忘，而不知其不可棄，而況之夷狄，臨之以白刃，而能不自棄者乎！」履孫。

大凡讀書，須是要自家日用躬行處著力，方可。且如「居處恭，執事敬，與人忠，雖之夷狄不可棄也」；與那「言忠信，行篤敬，雖蠻貊之邦行矣；言不忠信，行不篤敬，雖州里行乎哉」！此二事須是日日粘放心頭，不可有些虧欠處。此最是爲人日下急切處，切宜體之！椿。

亞夫問「居處恭，執事敬」一章。曰：「這箇道理，須要到處皆在，使生意無少間斷，方好。譬之木然，一枝一葉，無非生意。才有一毫間斷，便枝葉有不茂處。」時舉云：「看來此三句，動静出處，待人接物，無所不該，便私意自無容處。」因兼「仲弓問仁」一章説曰：「大抵學問只要得箇門户子入。若入得門了，便只要理會箇仁。其初入底門户，不必只説道如何如何。若纔得箇門户子入，須便要入去。若只在外面説道如何，也不濟事。」時舉。

或問：「胡氏謂：『樊遲問仁者三：此最先，「先難」次之，「愛人」其最後乎！』何以知其然？」曰：「雖無明證，看得來是如此。若未嘗告之以恭敬忠之説，則所謂『先難』者，將從何下手？至於『愛人』，則又以發於外者言之矣。」廣。

子貢問士章

問：「『行己有恥，使於四方，不辱君命』，兩句似不連綴。恐是『行己有恥』，則足以成其身；推是心以及職分，則『不辱君命』，又可以成其職分之所當爲。」曰：「『行己有恥』，則不辱其身；『使於四方』，能盡其職，則『不辱君命』。」廣。

「宗族稱孝，鄉黨稱弟」，是能守一夫之私行，而不能廣其固有之良心。賀孫。

文振舉程子曰：「子貢欲爲皎皎之行聞於人者，夫子告之皆篤實自得之事。」謂子貢發問節次正如此。曰：「子貢平日雖有此意思，然這一章却是他大段平實了。蓋渠見『行己有恥，使於四方』，不是些小事，故又問其次。至『宗族稱孝，鄉黨稱弟』，他亦未敢自信，故又問其次。凡此節次，皆是他要放平實去做工夫，故每問皆下。到下面問『今之從政者何如』，却是問錯了。聖人便云『何足算也』，乃是爲他截斷了也。此處更宜細看。」時舉。

子貢問士，都是退後說。子貢看見都不是易事，又問其次。子貢是著實見得那說底也難，故所以再問其次。這便是伊川所謂「子貢欲爲皎皎之行，夫子告之皆篤實自得之事」底意。植。

或說某人可奉使。云：「子貢問士，孔子告之云云。伊川云『篤實自得之事』。謂如有恥不辱，其次常行，又其次雖小人亦可，只是退步意思。如『使乎使乎』意，則是深厚足有爲者。又如行三軍，『臨事而懼，好謀而成』，此八字極有意。然言之謙謙氣象，正如出軍之『憂心悄悄』也。若軒然自表於衆人之上，安可爲將！如孔明用兵如此，然未嘗謂精。又如曹公賞諫烏(柏)〔桓〕[一]者。至如徐禧云『左縈右拂，直前刺之，一步三人』，則其死可見矣。狄青殺伐，敗之而已。『至於太原』，出境而止。段潁則不然。」方。

不得中行而與之章

狂者，知之過；狷者，行之過。僩。

問「不得中行而與之」一段。曰：「謹厚者雖是好人，無益於事，故有取於狂狷。然狂狷者又各墮於一偏。中道之人，有狂者之志，而所爲精密；有狷者之節，又不至於過激。此極難得。」時舉。

人須是氣魄大，剛健有立底人，方做得事成。而今見面前人都恁地衰，做善都做不力；便做惡，也做不得那大惡，所以事事不成。故孔子歎「不得中行而與之，必也狂狷乎」！人須有些狂狷，方可望。僩。

聖人不得中行而與之，必求狂狷者，以狂狷者尚可爲。若鄉原，則無説矣。今之人，纔説這人不識時之類，便須有些好處；纔説這人圓熟識體之類，便無可觀矣。楊。

〔一〕「柏」，各本均誤，據三國志武帝紀注改。「諫」下似脱「征」字。

問「狂狷」集注，云：「善人胡爲亦不及狷者？」曰：「善人只循循自守，據見定，不會勇猛精進；循規蹈矩則有餘，責之以任道則不足。淳録下云：「故無可望。」狷者雖非中道，然這般人終是有筋骨。淳録作「骨肋」。其志孤介，知善之可爲而爲之，知不善之不可爲而不爲，直是有節操。狂者志氣激昂。聖人本欲得中道而與之，晚年磨來磨去，難得這般恰好底人，如狂狷，尚可因其有爲之資，裁而歸之中道。道夫録云：「得聖人裁抑之，則狂者不狂，狷者不狷矣。」淳録云：「末年無柰何，方思得此等人，可見道之窮矣。」問：『何謂狷？』曰：『介然有守也。』」且如孔門只一箇顏子如此純粹。道夫録作：「合下天資純粹。」到曾子，道夫録有「氣質」字。便過於剛，與孟子相似。世衰道微，人欲横流，若不是剛介有脚跟底人，定立不住。漢文帝謂之善人，武帝却有狂氣象。陸子靜省試策：『世謂文帝過武帝，愚謂武帝勝文帝。』其論雖偏，容有此理。文帝天資雖美，然止此而已。道夫録云：「若責之以行聖人之道，則必不能，蓋他自安於此。觀其言曰：『卑之，無甚高論，令今可行也。』」武帝多有病痛，然天資高，足以有爲。使合下得真儒輔佐它，豈不大可觀！惜乎輔非其人，不能勝其多欲之私，做從那邊去了。末年天下虚耗，其去亡秦無幾。然它自追悔，亦其天資高也。如與衞青言：『若後世又爲朕所爲，是襲亡秦之迹。太子厚重好静，欲求守文之主，安有賢於太子者乎！』見得它知過處。胡氏謂：『武帝能以仲舒爲相，汲黯爲御史大夫，豈不善乎？』」寓。道夫録、淳録同。

南人有言章

問「不占而已矣」。曰：「如只是不讀書之意。」㽦。

或問「或承之羞」。曰：「承，如奉承之『承』，如人送羞辱與之也。」燾。

君子和而不同章

問：「諸說皆以『和』如『和羹』爲義，如何？」曰：「不必專指對人說。只君子平常自處亦自和，自然不同。大抵君子小人只在公私之間。淳録云：「君子小人只是這一箇事，而心有公私不同。孔子論君子小人，皆然。」和是公底同，同是私底和。如『周而不比』，亦然。周是公底比，比是私底周，同一事而有公私。五峰云：『天理人欲，同體異用，同行異情。』以『同行異情』，却是。所謂同體者，却只是言同一事。但既犯了『體用』字，却成是體中亦有人欲。五峰只緣錯認了性無善惡，便做出無限病痛。知言中節節如此。」㽦。

立之問：「『君子和而不同』，如溫公與范蜀公議論不相下之類。不知『小人同而不和』，却如誰之類？」曰：「如呂吉甫、王荆公是也。蓋君子之心，是大家只理會這一箇公當底道理，故常和而不可以苟同。小人是做箇私意，故雖相與阿比，然兩人相聚也便分箇彼己了；故有些小利害，便至紛争而不和也。」時舉。

君子易事而難説章

問「君子易事而難説」。曰：「君子無許多勞攘，故易事。小人便愛些便宜，人便從那罅縫去取奉他，故易説。」燾。

君子泰而不驕章

問「君子泰而不驕」。曰：「泰是從容自在底意思，驕便有私意。欺負他無，欺負他理會不得，是靠我這些子，皆驕之謂也。如漢高祖有箇粗底泰而不驕。他雖如此胡亂罵人之屬，却無許多私意。唐太宗好作聰明與人辯，便有驕底意思。」燾。

剛毅木訥近仁章

問：「『剛毅木訥近仁』，剛與毅如何分別？」曰：「剛是體質堅强，如一箇硬物一般，不軟不屈；毅却是有奮發作興底氣象。」寓。

仁之爲物難説，只是箇惻隱、羞惡未發處。這箇物事，能爲惻隱、羞惡，能爲恭敬、是非。剛毅木訥，只是質朴厚重，守得此物，故曰「近仁」。震。

子路問士章

問「何如斯可謂之士」一段。曰：「聖人見子路有粗暴底氣象，故告之以『切偲怡怡』。又恐子路一向和説去了，又告之以『朋友切切偲偲，兄弟則怡怡』。聖人之言是恁地密。」謙之。

問：「胡氏説：『切切，懇到也；偲偲，詳勉也。』如何是懇到詳勉意思？」曰：「古人多下聯字去形容那事，亦難大段解説，想當時人必是曉得這般字。今人只是想像其聲音，度其意是如此耳。『切切偲偲』，胡氏説爲當。懇到，有苦切之意。然一向如此苦切，而無浸灌意思，亦不可。又須著詳細相勉，方有相親之意。」寓。

善人教民七年章

問：「『善人教民七年，亦可以即戎矣。』如何恰限七年？」曰：「如此等，他須有箇分明界限。如古人謂『三十年制國用，則有九年之食』，至班固，則推得出那三十年果可以有九年食處。料得七年之類亦如此。」廣。

問：「孔子云：『善人教民七年，亦可以即戎矣。』晉文公自始入國至僖公二十七年，教民以信，以義，以禮，僅得四年，遂能一戰而霸。此豈文公加善人一等也耶？」曰：「大抵霸者尚權譎，要功利，此與聖人教民不同。若聖人教民，則須是七年。」謨。

問：「集注先只云：『教民者，教之孝悌忠信。』後又添入『務農講武之法』。」曰：「古人政事，大率本末兼具。」因說，向來此間有盜賊之害，嘗與儲宰議起保伍，彼時也商量做一箇計畫。後來賊散，亦不成行。後來思之，若成行，亦有害。蓋纔行此，便著教他習武事。然這裏人已是殺人底，莫更教得他會越要殺人。如司馬溫公嘗行保伍之法，春秋教習，以民爲兵。後來所教之人歸，更不去理會農務生事之屬，只管在家作鬧，要酒物喫，其害亦不淺。古人兵出於民，却是先教之以孝悌忠信，而後驅之於此，所以無後來之害。燾。

以不教民戰章

或疑：「『不教民戰。』善人教民也七年，固是教之以孝悌忠信，不須兼戰法而教之否？」曰：「然，戰法自不用了。孔子却是爲見春秋時忒會戰，故特說用教之以孝悌忠信之意。」伯羽。

朱子語類卷第四十四

論語二十六

憲問篇

憲問恥章

問：「集注云：『憲之狷介，其於「邦無道穀」之可恥，固知之；至於「邦有道穀」之可恥，恐未必知。』何也？」曰：「邦有道之時，不能有爲，只小廉曲謹，濟得甚事。且如舊日秦丞相當國，有人壁立萬仞，和宮觀也不請，此莫是世間第一等人！及秦既死，用之爲臺諫，則不過能論貪污而已，治〔一〕録云：「爲侍從，不過做得尋常事，此不免聖人所謂恥也。」於國家大計，亦

〔一〕「治」，三本同，賀疑當作「洽」，是。下同。

無所建立。且如『子貢問士』一段，『宗族稱孝，鄉黨稱弟』之人，莫是至好；而聖人必先之以『行己有恥，不辱君命』爲上。蓋孝弟之人，亦只是守得那一夫之私行，不能充其固有之良心。然須是以孝弟爲本，無那孝弟，也做不得人，有時方得恰好。須是充那固有之良心，到有恥、不辱君命處，方是。」謙之。治録云：「子貢問士，必先答以『行己有恥，使於四方不辱君命』。自今觀之，宗族鄉黨皆稱孝弟，豈不是第一等人？然聖人未以爲士之至行者，僅能行其身無過，而無益於人之國，不足深貴也。」

問：「『邦有道穀，邦無道穀，恥也。』諸家只解下一腳爾，上一句却不曾説著。此言『邦有道穀，邦無道穀』，而繼之以恥也者，豈非爲世之知進不知退者設耶？」曰：「『穀』之一字，要人玩味。穀有食禄之義。言有道無道，只會食禄，略無建明，豈不可深恥！」謨。

克伐怨欲不行章

「克伐怨欲」，須從根上除治。閎祖。

「克伐怨欲不行」，只是遏殺得住。此心不問存亡，須是克己。祖道。

「克伐怨欲不行」，所以未得爲仁者，如面前有一事相觸，雖能遏其怒，畢竟胸中有怒在，所以未得爲仁。蓋卿。

晞遜問：「『克伐怨欲不行』，如何？」曰：「此譬如停賊在家，豈不爲害？若便趕將出去，則禍根絶矣。今人非是不能克去此害，却有與它打做一片者。」人傑。

問：「『克伐怨欲不行』，孔子不大段與原憲。學者用工夫，且於此不行焉亦可。」曰：「須是克己，涵養以敬，於其方萌即絶之。若但欲不行，只是遏得住，一旦決裂，大可憂！」可學。

問「可以爲難矣」。曰：「這箇也是他去做功夫，只是用功淺在。」燾。

問「克伐怨欲不行」。曰：「不行，只是遏在胸中不行耳，畢竟是有這物在裏。才説無，便是合下埽去，不容它在裏。譬如一株草，剗去而留其根，與連其根剗去，此箇意思如何？而今人於身上有不好處，須是合下便剗去。若只是在人面前不行，而此箇根苗常留在裏，便不得。」又問：「而今覺得身上病痛，閑時自謂都無之，才感物時便自發出，如何除得？」曰：「閑時如何會發？只是感物便發。當其發時，便剗除去，莫令發便了。」又問：「而今欲到無欲田地，莫只是剗除熟後，自會如此否？」曰：「也只是剗除熟。而今人於身上不好處，只是常剗去之。才發便剗，自到熟處。」夔孫。

問：「『克伐怨欲不行』，此是禁制之，未能絶去根苗也。」曰：「説也只是恁地説。但要見得那絶去根苗底是如何用功，這禁制底是如何用功，分別這兩般功夫是如何。」又問：

「恐絶去根苗底，如顏子克己否？」曰：「如『勿』字，也是禁止之。公更去子細思量。只恁地如做時文樣底説，不濟事。」燾。

問：「『克伐怨欲』須要無。先生前日令只看大底道理，這許多病自無。今看來莫是見得人己一體，則求勝之心自無；見得事事皆己當爲，則矜伐之心自無；見得『死生有命，富貴在天』，則忿怨貪欲之心自無否？」曰：「固是如此，這已是第二著了。」問：「莫是見得天地同然公共底道理否？」曰：「這亦是如此，亦是第二著。若見得本來道理，亦不待説與人公共、不公共。見得本來道理只自家身己上，不是箇甚麽？是伐箇甚麽？是怨、欲箇甚麽？所以夫子告顏子，只是教他『克己復禮』。能恁地，則許多病痛一齊退聽。『出門如見大賓，使民如承大祭』，這是防賊工夫。『克己復禮』，這是殺賊工夫。」賀孫。

「克己」底是一刀兩段，而無「克伐怨欲」了。「克伐怨欲不行」底，則是忍著在内，但不放出耳。燾。

「克伐怨欲不行」，只是禁止不使之行；其要行之心，未嘗忘也。「克己復禮」，便和那要行之心都除却。此「克己」與「克伐怨欲不行」，所以氣象迴别也。枅。

問：「『克伐怨欲不行』，何以未足爲仁？必『克己復禮』乃得爲仁？」曰：「『克己』者，一似家中捉出箇賊，打殺了便没事。若有『克伐怨欲』而但禁制之，使不發出來，猶關閉所謂賊者在家中；只是不放出去外頭作過，畢竟窩藏。」必大。

問「克己」與「克伐怨欲不行」。曰：「『克己』是拔去病根，『不行』是捺在這裏，且教莫出，然這病根在這裏。譬如捉賊，『克己』便是開門趕出去，索性與他打殺了，便是一頭事了。『不行』是閉了門，藏在裏面，教它且不得出來作過。」謙之。

「克己」，如誓不與賊俱生；「克伐怨欲不行」，如「薄伐玁狁，至于太原」，但逐出境而已。僩。

安卿説「克伐怨欲不行」。先生問曰：「這箇禁止不行，與那非禮勿視聽言動底『勿』字，也只一般。何故那箇便是爲仁，這箇禁止却不得爲仁？必有些子異處，試説看。」安卿對曰：「非禮勿視聽言動底是於天理人欲之幾，既曉然判別得了，便行從天理上去。『克伐怨欲不行』底，只是禁止不行這箇人欲，却不知於天理上用功，所以不同。」曰：「它本文不曾有此意。公何據輒如此説？」久之，曰：「有一譬喻，如一箇人要打人，一人止之曰：『你不得打！才打他一拳，我便解你去官裏治你。』又一人曰：『你未要打它。』此二者便是『克己』與『不行』之分。『克己』是教它不得打底，便是從根源上與它説定不得打。未要打底是這裏未要打，及出門去，則有時而打之矣。觀此，可見『克己』者是從根源上一刀兩斷，便斬絶了，更不復萌；『不行』底只是禁制它不要出來，它那欲爲之心未嘗忘也。且如怨箇人，却只禁止説，莫要怨它，及至此心欲動，又如此禁止。雖禁止得住，其怨之之心則未嘗忘也。如自家饑，見芻豢在前，心中要喫，却忍得不喫。雖强忍住，然其欲喫之心未嘗忘。『克己』底，則和那欲喫之心也打疊殺了。」僩。

李閎祖問目中有「克伐怨欲不行」及「非禮勿視聽言動」一段。先生問德明云：「謂之『勿』，則與『不行』者亦未有異，何以得仁？」德明對曰：「『勿』者，禁止之詞。顔子工夫只是積漸克將去，人欲漸少，天理漸多；久之則私意剥盡，天理復全，方是仁。」曰：「雖如是，終是『勿』底意猶在，安得謂之仁？」再三請益。曰：「到此説不得。只合實下工夫，自然私意留不住。」德明。

問：「『克伐』與『克復』，只是一箇『克』字，用各不同。竊謂『克己』是以公勝私，『克伐』是有意去勝人。」曰：「只是箇出入意。『克己』是入來勝己，『克伐』是出去勝人。」問：「楊敬仲説：『「克」字訓能。此己，元不是不好底。「爲仁由己」，何嘗不好？「克己復禮」，是能以此己去復禮也。』」曰：「艾軒亦訓是作能，謂能自主宰。此説雖未善，然猶是著工夫。若敬仲之言，是謂無己可克也。」德明。

問：「『克伐怨欲』章，不知原憲是合下見得如此，還是他氣昏力弱，没柰何如此？」

曰：「是他從來只把這箇做好了，只要得不行便了，此所以學者須要窮理。只緣他見得道理未盡，只把這箇做仁。然較之世之沉迷私欲者，他一切不行，已是多少好。惟聖道廣大，只恁地不濟事，須著進向上去。『克伐怨欲』，須要無始得。若藏蓄在這裏，只是做病。」問：「原憲本也不是要藏蓄在這裏。」曰：「這也未見他要藏蓄在。只是據他說，便不是了。公不消如此看。只那箇是是，那箇是不是。聖人分明說這箇不是仁，公今只看合要無，合要有了不行。若必定要無，下梢猶恐未能盡去。若合下只要不行便了，道如何？」問：「孔子既云『不知其仁』，原憲却不問仁，何也？」曰：「這便是他失問。這也是他從來把自見做好了如此。明道亦說：『原憲承當不得，所以不復問。』他非獨是這句失問，如『邦有道穀，邦無道穀，恥也』，也失問。邦無道，固不當受祿；若有道，如何也不可受祿？當時未見得意思，也須著較量。蓋邦無道而受祿，固不可；有道而苟祿，亦不可。」問：「原憲也不是箇氣昏力弱底人，何故如此？」曰：「他直是有力。看他孤潔節介，卒未易及，只是見識自如此。若子路見識較高，他問時須問到底。然教原憲去爲宰從政，未必如子路、冉求之徒。若教子路、冉求做原憲許多孤介處，也做不得。孟子曰：『人有不爲也，而後可以有爲。』原憲却似只要不爲，却不理會有爲一節。如今看道理，也恁地漸漸看將去。不可說道無所見，無所得，便放倒休了；也不可道有些小所見，有些小所得，便自喜道：『只消如此。』這道理直是無窮！」賀孫。

問：「原憲强制『克伐怨欲』，使之不行，是去半路上做工夫，意思與告子相似。觀其辭所合得之粟，亦是此意。」曰：「憲是箇狷者。傳中説憲介狷處亦多。」廣。

或説：「憲問仁，是原憲有所感。」曰：「不必如此説。凡觀書，且論此一處文義如何，不必它説。」可學。

有德者必有言章

問范氏之説。曰：「以心譬仁，以四肢譬勇，此説亦無甚病。若欲以勇爲義之屬，則是夫子亦不合説『仁者必有勇』也。范氏之失却在首句所謂『仁之爲力，舉者莫能勝』上。蓋欲以此形容『勇』字，却不知其不類也。」必大。

南宫适問於孔子章

南宫适大意是説德之可貴，而力之不足恃。説得也好，然説不透，相似説堯舜賢於桀紂一般。故聖人不答，也是無可説。蓋他把做不好，又説得是；把做好，又無可説，只得不答而已。亦見孔子不恁地作鬧，得過便過。淳。

問：「如何見得以禹稷比夫子？」曰：「舊説如此。觀夫子不答，恐有此意，但問得鶻突。蓋适意善而言拙，擬人非其倫爾。太史公亦以盜跖與伯夷並説。伯夷傳乃史遷自道之意。」必大。

問：「明道謂适以禹稷比夫子，故夫子不答。上蔡以爲首肯之意，非直不答也。龜山以爲禹稷有天下不止躬稼，夫子未盡然其言，故不答。三説孰是？」曰：「适之言亦不爲不是，問得也疏。禹稷是好人，羿奡自是不好底人，何消恁地比並説？夫子也只是不答，緣問得騃。正如仲尼賢如盜跖，這般説話，豈不是騃！然它意思却好，所以出而聖人稱美之曰：『君子哉若人！尚德哉若人！』如孟子所謂『孳孳爲善者，舜之徒也』云云；『不以舜之所以事堯事君』云云，這般言語多少精密！适之問如何似得這般話。」舉似某人詩云云：「何似仲尼道最良。張僧、范寇知何物？却與宣尼較短長！」寓。

問：「夫子不答南宫适之問，似有深意。」曰：「如何？」過謂：「禹稷之有天下，羿奡不得其死，固是如此。亦有德如禹稷而不有天下者，孔子終身爲旅人是也；亦有惡如羿奡而得其終者，盜跖老死於牖下是也。凡事應之必然，有時而或不然。惟夫子之聖，所以能不答。君子之心，亦爲其所當爲，而不計其效之在彼。」蜀録云：「必然之中，或有不然者存。學者之心，惟知爲善而已，他不計也。夫子不答，固有深意，非聖人不能如是。」曰：「此意思較好。」過。

君子而不仁者章

問："此君子莫只是輕說，不是指那成德者而言否？"曰："『君子而不仁者有矣夫』，他只是用這般現成句。"義剛。

問此章。曰："君子譬如純白底物事，雖有一點黑，是照管不到處。小人譬如純黑底物事，雖有一點白處，却當不得白也。"燾。

愛之能勿勞乎章

至之問"愛之能勿勞乎"。曰："愛之而弗勞，是姑息之愛也。凡人之愛，多失於姑息。如近有學者持服而來，便自合令他歸去。却念他涉千里之遠，難爲使他徒來而徒去，遂不欲却他。此便是某姑息處，乃非所以爲愛也。"時舉。

爲命章

問"爲命，裨諶草創之"。曰："春秋之辭命，猶是説道理。及戰國之談説，只是説利害，説到利害的當處便轉。"謙之。

或問子產章

子產心主於寬，雖説道「政尚嚴猛」，其實乃是要用以濟寬耳，所以爲惠人。賀孫。

「『問管仲，曰：「人也。」』范楊皆以爲盡人道，集注以爲『猶云此人也』，如何？」曰：「古本如此説，猶詩所謂『伊人』，莊子所謂『之人也』。若作盡人道説，除管仲是箇人，他人便都不是人！更管仲也未盡得人道在，『奪伯氏駢邑』，正謂奪爲己有。」問：「集注言管仲、子產之才德。使二人從事於聖人之學，則才德可以兼全否？」曰：「若工夫做到極處，也會兼全。」寓。

問：「孔子所稱管仲奪伯氏邑，『没齒無怨言』，此最難，恐不但是威力做得。」曰：「固是。雖然，亦只是霸者事。」問：「武侯於廖立、李平是如何？」曰：「看武侯事迹，儘有駁雜去處；然事雖未純，却是王者之心。管仲連那心都不好。程先生稱武侯『有王佐之才』，亦即其心而言之，事迹間有不純也。然其要分兵攻魏，先主將一軍入斜谷，關羽將荆州之衆北向，則魏首尾必不相應，事必集矣。蜀人材難得，都是武侯逐旋招致許多人，不似高祖、光武時雲合響應也。」賀孫。

問：「集注云：『管仲之德，不勝其才；子產之才，不勝其德，其於聖人之道，概乎其未有聞也。』若據二子所成之事迹，則誠未知聖人之學。然觀管仲『非鬼神通之，精神之極也』之語，與子産論伯有事，其精思察理如此，恐亦未可謂全不知聖人之學。」曰：「大處他不知，如此等事，他自知之。且使子路爲鄭國，必須强似子産。觀其自謂三年爲國，『可使有勇，且知方也』，則必不爲强國所服屬矣。」廣。

貧而無怨章

問「貧而無怨難，富而無驕易」。曰：「貧則無衣可著，無飯可喫，存活不得，所以無怨難。富則自有衣著，自有飯喫，但略知義理，稍能守本分，便是無驕，所以易。二者其勢如此。」燾。

「貧而無怨」，不及於「貧而樂」者，又勝似「無諂」者。

子路問成人章

至之問：「『子路問成人』一章，曰『知』，曰『不欲』，曰『勇』，曰『藝』。有是四德，而『文之以禮樂』，固『可以爲成人』。然聖人却只舉臧武仲、公綽、卞莊子、冉求，恐是就子路之所及而言。」曰：「也不是揀低底説，是舉這四人，要見得四項。今有人知足以致知，又無貪欲，又勇足以決，又有才能，這箇亦自是甚麽樣人了！何況又『文之以禮樂』，豈不足爲成人。」又問：「集注謂『才全德備，渾然不見一善成名之迹，粹然無復偏倚駁雜之弊』，雖聖人亦不過如此。後面又説：『若論其至，則非聖人盡人道不足以語此。』然則聖人之盡人道，事體似又别？」曰：「若聖人，則不用件件恁地説。」又問：「下面説：『見利思義，見危授命，久要不忘平生之言。』覺見子路也盡得此三句，不知此數語是夫子説，是子路説？」曰：「這一節難説。程先生説『有忠信而不及於禮樂』，也偏。」至之云：「先生又存胡氏之説在後，便也怕是胡氏之説是，所以存在後。」倪。時舉録略，别出。

至之問「子路問成人」一章。曰：「有知而不能不欲，則無以守其知；能不欲而不能勇，則無以決其爲知。不欲且勇矣，而於藝不足，則於天下之事有不能者矣。然有是四者，而又『文之以禮樂』，兹其所以爲成人也。」又問：「若聖人之盡人道，則何以加此？」曰：「聖人天理渾全，不待如此逐項説矣。」時舉。

或問「文之以禮樂」。曰：「此一句最重。上面四人所長，且把做箇樸素子，唯『文之以禮樂』，始能取四子之所長，而去四子之所短。然此聖人方以爲『亦可以爲成人』，則猶未至於踐形之域也。」時舉。

亞夫問「子路成人」章。曰：「這一章，最重在『文之以禮樂』一句上。『今之成人者』以下，胡氏以爲是子路之言，恐此説却是，蓋聖人不應只説向下去。且『見利思義』至『久要不忘平生之言』三句，自是子路已了得底事，亦不應只恁地説。蓋子路以其所能而自言，故胡氏以爲『有「終身誦之」之固』也。」亞夫云：「若如此，夫子安得無言以繼之？」曰：「恐是他退後説，也未可知。」時舉。

楊尹叔問：「『今之成人』以下，是孔子言，抑子路言？」曰：「做子路説方順。此言亦似子路模樣。然子路因甚如此説，畢竟亦未見得。」又問：「公綽不欲等，可以事證否？」曰：「亦不必證。此只是集衆善而爲之，兼體用、本末而言。」淳。

子問公叔文子章

「時然後言」者，合説底不差過它時節。植。

問「子問公叔文子」章。曰：「且説這三個『不厭』字意思看。」或云：「緣它『時然後言』，『時然後笑』，『時然後取』，所以人不厭之。」曰：「惟其人不厭之，所以有『不言、不笑、不取』之稱也。蓋其言合節拍，所以雖言而人不厭之，雖言而實若不言也。這『不厭』字意，正如孟子所謂『文王之囿，方七十里，民猶以爲小』相似。」僩。

魏才仲問：「『子問公叔文子』一段，當時亦未必是誇。」曰：「若不是誇，便是錯說了。只當時人稱之已過當，及夫子問之，而賈所言又愈甚，故夫子不信。」可學。

「如『不言，不笑，不取』，似乎難，却小。若真能如此，只是一偏之行。然公明賈却說『以告者過也』。『時然後言，樂然後笑，義然後取』，似乎易，却說得大了。蓋能如此，則是『時中』之行也。」燾。

晉文公譎而不正章

因論桓文譎正，曰：「桓公是較本分得些子。文公所爲事，却多有曲折處，左傳所載可見，蓋不特天王狩河陽一事而已。」義剛。

問：「晉文『譎而不正』，諸家多把召王爲晉文之譎。集注謂『伐衛以致楚師，而陰謀以取勝』，這說爲通。」曰：「晉文舉事，多是恁地，不肯就正做去。呂伯恭博議論此一段甚好，然其說忒巧。逐節看來，却都是如此。晉文用兵，便是戰國孫吳氣習。」寓。

東萊博議中論桓文正譎甚詳，然說亦有過處。又曰：「桓公雖譎，却是直拔行將去，其譎易知。如晉文，都是藏頭没尾，也是蹺踦。」驤。

子路曰桓公殺公子糾章

周衰，王道不振，管仲乃能「九合諸侯，不以兵車」，功被當時，澤流後世，誰得如他之仁！「如其仁」，夫子許其有仁之事功也。砥。

江彝叟問：「管仲，『如其仁』，顏灒説作管仲之仁如召忽，是否？」曰：「聖人於上面，豈曾許召忽仁來？聖人分明直許管仲云：『九合諸侯，不以兵車，管仲之力也。如其仁！』『如其仁』者，誰得似他這仁！」又云：「公且仔細看他是許管仲，不是許管仲？聖人上面既説得管仲如此大了，後面却如何只恁地小結殺得？且如公做文字，上面説幾句重了，下面如何恁地輕去得？」江兄又問：「顏灒之意，以召忽之死爲仁，而管仲似之。」曰：「聖人於上面已自説『自經於溝瀆』一項，已結之矣，豈得更如此？」先生因説：「揚雄言：『爰變丹青，如其智！』這句便是不許他底説話。且如易中所謂『又誰咎也』，自有三箇，而其義則有兩樣：如『不節之嗟』與『自我致寇』言之，則謂咎皆由己，不可咎諸人。如『出門同人』言之，則謂人誰有咎之者矣。以此見古人立言，有用字雖同而其義則不同。」卓。賀孫疑同聞別出。

江問：「『如其仁』，或説如召忽之仁。」曰：「公且道此是許管仲，是不許管仲？看上面如此説，如何喚做不許他？上面説得如此大了，下面豈是輕輕説過？舊見人做時文，多做似仁説，看上文是不如此。公且道自做數句文字，上面意如此，下面意合如何？聖人當時舉他許多功，故云誰如得他底仁！終不成便與許顔子底意相似。管仲莫説要他『三月不違仁』，若要他三日，也不會如此。若子貢、冉求諸人，豈不强得管仲！」賀孫。

亞夫問：「管仲之心既已不仁，何以有仁者之功？」曰：「如漢高祖、唐太宗，未可謂之仁人。然自周室之衰，更春秋戰國以至暴秦，其禍極矣！高祖一旦出來平定天下，至文景時幾致刑措。自東漢以下，更六朝五胡以至於隋，雖曰統一，然煬帝繼之，殘虐尤甚，太宗一旦埽除以致貞觀之治。此二君者，豈非是仁者之功耶！若以其心言之，本自做不得這箇功業。然謂之非仁者之功，可乎？管仲之功，亦猶是也。」時舉。

才仲問：「南軒解子路、子貢問管仲，疑其『未仁』、『非仁』，故舉其功以告之。若二子問『管仲仁乎』，則所以告之者異。此説如何？」先生良久曰：「此説却當。」可學。

問：「集注説：『子路疑管仲忘君事讐，忍心害理，不得爲仁。』此忍心之『忍』，是殘忍之『忍』否？方天理流行時，遽遏絶之使不得行，便是忍心害理矣。」曰：「傷其惻隱之心，便是忍心。如所謂『無求生以害仁』，害仁便是忍心也。故謝子説『三仁』云：『三子之行，同出於至誠惻怛之意。』此説甚好。」廣。

子貢曰管仲非仁章

安卿問：「伊川言：『仲始與之同謀，遂與之同死，可也。知輔之爭爲不義，將自免以圖後功，亦可也。』竊謂天下無兩可之理，一是則一非，如兩可之說，恐亦失之寬否？」曰：「雖無兩可，然前説亦是可。但自免以圖後功，則可之大者。」淳曰：「孟子『可以死，可以無死』，是始者見其可以死，後細思之，又見其可以無死，則前之可者爲不可矣。」曰：「即是此意。」安卿又問：「集注謂：『王魏先有罪而後有功，不可以相揜。』只是論其罪則不須論其功，論其功則不須論其罪否？」曰：「是。」堯卿問：「管仲功可揜過否？」曰：「他義不當死。」久之，又曰：「這般處也説得不分曉。大抵後十篇不似前十篇。如『子路問成人』處，説得也粗。」安卿云：「只是臧武仲之知等，皆不是十分底事。」（亦）〔曰〕[一]：「是。」義剛。淳録同。

問：「集解云：『管仲有功而無罪，故聖人獨稱其功。王魏先有罪而後有功，則不以相掩可也。』其視程子説，固平實矣。然人之大節已失，其餘莫不足觀否？」曰：「雖是大節

〔一〕據陳本改。

已失，畢竟他若有功時，只得道他是有功，始得。」廣。

管仲不死子糾，聖人無説，見得不當死。後又有功可稱，不是後功可以償前不死之罪也。伊川有此意，亦恐看得不曾仔細。魏鄭公則是前仕建成矣，不當更仕太宗，後却有功。温公論嵇紹、王裒，謂紹後有死節之功，須還前不是。後既策名委質，只得死也，不可以後功掩前過。王魏二公謂功可以補過，猶可。管仲則前無過而後有功也。楊。

「管仲，孔子自有説他過處，自有説他功處，過不能以揜功。如唐之王魏亦然。」或問：「設有弒父弒君不可贖之罪，雖有功，亦在所不説矣。」曰：「如此，則無可言者。」文蔚。

問：「聖人分明是大管仲之功，而孟子硬以爲卑，如何？」曰：「孟子是不肯做他底，是見他做得那規模來低。」因云：「若仲輔其君，使佐周室以令天下，俾諸侯朝聘貢賦皆歸於王室，而盡正名分，致周之命令復行於天下，已乃退就藩臣之列，如此乃是。今仲糾合諸侯，雖也是尊王室，然朝聘貢賦皆是歸己，而命令皆由己出。我要如此便如此，初不稟命於天子。不過只是要自成霸業而已，便是不是。」義剛。

陳成子弒簡公章

問「陳成子弒簡公」一章。曰：「哀公若委之孔子，孔子須有計畫以處之，必不空言而但已也。謂須有後手。意孔子，若哀公委之以權，必有道理以制三子，但有些罅縫，事便可成。」謂舉國不從，而三子内一箇動，便得。又問：「程子云：『左氏記孔子之言曰：「陳恒弑其君，民之不與者半。以魯之衆，加齊之半，可克也。」此非孔子之言。誠若此言，是以力不以義也。』」曰：「聖人舉事，也不會只理會義理，都不問些利害，事也須是可行方得。但云『以魯之衆，加齊之半』，須是先得魯之衆，方可用齊之半。蓋齊之半雖未必難動，而魯之衆却未便得他從。然此事聖人亦必曾入思慮，但却不專主此也。」燾。

問：「『陳成子弑簡公』章云：『三子有無君之心，夫子所以警之。』」曰：「須先看得聖人本意。夫子初告時，真箇是欲討成子，未有此意。後人自流泝源，知聖人之言可以警三子無君之心，非是聖人托討成子以警三子。聖人心術，不如此枉曲。」雉。

子路問事君章

亞夫問「勿欺也，而犯之」。曰：「犯，只是『有犯無隱』之『犯』。如『三諫不聽』之類，諫便是犯也。」時舉。

徐問：「『勿欺也，而犯之。』子路豈欺君者？莫只是他勇，便解恁地否？」曰：「是恁地。子路性勇，凡言於人君，要他聽，或至於説得太過，則近乎欺。如唐人諫敬宗遊驪山，謂驪山不可行，若行必有大禍。夫驪山固是不可行，然以爲有大禍，則近於欺矣。要之，其實雖不失爲愛君，而其言則欺矣。」

問：「如何是欺？」曰：「有意瞞人，便是欺。」曰：「看得子路不是瞞人底人。」曰：「『無臣而爲有臣』，乃欺也。」廣。

君子上達章

「君子上達」，一日長進似一日；「小人下達」，一日沈淪似一日。賀孫。

問：「注云：『君子循天理，故日進乎高明；小人徇人欲，故日究乎污下。』『究』字之義如何？」曰：「究者，究竟之義，言究竟至於極也。此段本横渠、吕與叔之言，將來湊説，語意方備。小人徇人欲，只管被它墜下去，只見沈了，如人墜水相似。」因又言究竟之義：「今人多是如此。初間只是差些子，少間究竟將去，越見差得多。如説道理亦是如此。初間錯些子，少間只管去救，救來救去，越弄得大。無不如此。如人相訟，初間本是至没緊要底事，喫不過，胡亂去下一紙狀。少間公吏追呼，出入搔擾，末梢計其所費，或數十倍於所争之多。今人做錯一件事，説錯一句話，不肯當下覺悟便改，却只管去救其失，少間救得過失越大。無不是如此。」僩。

問「君子上達，小人下達」。曰：「伊川之説爲至，其次則吕氏得之。達，只是透向上去。君子只管進向上，小人只管向下。横渠説亦是。尹氏之所謂達，却只是説得『君子喻於義』之意，却只是喻曉之義。楊氏之説舜跖，却是伊川之意。謝氏之説大段遠了，不干事。范氏之説，初是喻於義利，次是達於上下，其末愈上愈下，却有伊川之意。大抵范氏説多如此，其人最好編類文字，觀書多匆遽，不仔細。好學而首章，説得亂董董地，覺得他理會這物事不下。大抵范氏爲人宏博純粹，却不會研窮透徹。如唐鑑，只是大體好，不甚精密；議論之間，多有説那人不盡。如孫之翰唐論雖淺，到理會一事，直窮到底，教他更無轉側處。」僩。

古之學者爲己章

立之問「古之學者爲己，今之學者爲人」。曰：「此只是初間用心分毫之差耳。所謂『上達、下達』者，亦只是自此分耳。下達者只因這分毫有差，便一日昏蔽似一日。如人入爛泥中行相似，只見一步深似一步，便渾身陷没，不能得出也。君子之學既無所差，則工夫日進，日見高明，便一日高似一日也。」因言秦檜之事云云：「其所以與張魏公有隙之由，乃因魏公不薦他作宰相，而薦趙丞相。故後面生許多怨惡，蓋皆始於此耳。」時舉。

問：「伊川云：『爲己，欲得之於己也；爲人，欲見知於人也。』後又云：『「古之學者爲己」，其終至於成物；「今之學者爲人」，其終至於喪己。』兩説不同，何也？」曰：「此兩段意思自别，前段是低底爲人，後段是好底爲人。前爲人，只是欲見知於人而已。後爲人，却是真箇要爲人。然不曾先去自家身己上做得工夫，非唯是爲那人不得，末後和己也喪了！」雉。

蘧伯玉使人於孔子章

問：「莊子説：『蘧伯玉行年五十，而知四十九年之非。』此句固好。又云：『行年六十而六十化。』化是如何？」曰：「謂舊事都消忘了。」又曰：「此句亦説得不切實。伯玉却是箇向裏做工夫人，莊子之説，自有過當處。」廣。

李公晦問「行年六十而六十化」。曰：「只是消融了，無固滯。」蓋卿。

君子恥其言過其行章

「君子恥其言而過其行。」過，猶「行過恭，喪過哀」之「過」，謂力行也。潘叔恭。端蒙。

子貢方人章

「賜也賢乎哉！夫我則不暇。」學者須思量不暇箇甚麽，須於自己體察方可見。友仁。

不逆詐章

問「不逆詐」章。曰：「雖是『不逆詐，不億不信』，然也須要你能先覺方是賢。蓋逆詐，億不信，是才見那人便逆度之。先覺，却是他詐與不信底情態已露見了，自家這裏便要先覺。若是在自家面前詐與不信，却都不覺時，自家却在這裏做什麽？理會甚事？便是昏昧呆底相似。此章固是要人不得先去逆度，亦是要人自著些精采看，方得。」又問楊氏「誠則明矣」之說。曰：「此説大了，與本文不相干。如待誠而後明，其爲覺也後矣。蓋此章人於日用間便要如此。」燾。

或問：「『不逆詐，不億不信』，如何又以先覺爲賢？」曰：「聰明底人，便自覺得。如目動言肆，便見得是將誘我。燕王告霍光反，漢昭帝便知得霍光不反。燕在遠，如何知得？便是它聰明見得，豈非賢乎！若當時便將霍光殺了，安得爲賢！」銖。

才仲問：「南軒解『不逆詐』一段，引孔注：『先覺人情者，是能爲賢乎！』此説如何？」

曰：「不然。人有詐、不信，吾之明足以知之，是之謂『先覺』。彼未必詐，而逆以詐待之；彼未必不信，而先億度其不信，此則不可。周子曰：『明則不疑。』凡事之多疑，皆生於不明。如以察爲明，皆至暗也，唐高宗之流是也。如放齊稱『胤子朱啓明』，而堯知其嚚，堯之明是以知之，是先覺也。凡『抑』字，皆是挑轉言語。舊見南軒用『抑』字，多未安。」可學。

微生畝謂孔子章

微生畝蓋晨門之徒。當時多有此般人，如棘子成亦此類。淳。

驥不稱其力章

問：「『驥不稱其力』一章，謂『有德者必有才，有才者不必有德』。後世分才德爲二者，恐失之。」曰：「世固有有才而無德者，亦有有德而短於才者，夫子亦自以德與力分言矣。」必大。

以德報怨章

亞夫問「以德報怨」章。曰：「『以德報怨』，不是不好，但上面更無一件可以報德。譬如人以千金與我，我以千金酬之，便是當然。或有人盜我千金，而吾亦以千金與之，却是何理！視與千金者更無輕重，斷然是行不得也！」時舉。

「以直報怨」，則無怨矣。「以德報怨」，亦是私。璘。

問「以直報怨，以德報德」。曰：「聖人答得極好。『以德報怨』，怨乃過德。以怨報德，豈是人情？『以直報怨』，則於彼合爲則爲，是無怨也，與孟子『三反』及『不校』同。禮記云：『以德報怨，寬身之仁也。』言如此亦是寬身，終不是中道。」可學問：「禮記注改『仁』作『人』。」曰：「亦不必改。」通老問：「在官遇故舊，有公事，如何？」曰：「亦權其輕重，只看此心。其事小，亦可周旋；若事大，只且依公。」某問：「蘇章夜與故人飲，明日按之，此莫太不是？」曰：「此是甚人？只是以故人爲貨！如往時秦檜當國，一日招胡明仲飲極歡；歸則章疏下，又送路費甚厚，殷勤手簡。秦檜有數事，往日親聞之胡侍郎及籍溪先生：『太上在河北爲虜騎所逐，禱於崔府君廟，歸而立其祠於郊壇之旁。』檜一日奏事，因奏：『北使將來，若見此祠而問，將何以對？』遽命移於湖上。」可學。

問「以德報德，以直報怨」。曰：「『以德報德』，蓋它有德於我，自是著饒潤它些子。所謂公法行於上，私義伸於下也。『以直報怨』，當賞則賞之，當罰則罰之，當生則生之，當死則死之，怨無與焉。不說自家與它有怨，便增損於其間。」問：「如此，所以『怨有不讐，德無不報』。」曰：「然。」又云：「『以德報怨』，是著意要饒他。如呂晦叔爲賈昌朝無禮，捕其家人坐獄。後呂爲相，適值朝廷治賈事，呂乃乞寬賈之罪，『恐渠以爲臣與有私怨』。後賈竟以此得減其罪。此『以德報怨』也。然不濟事，於大義都背了。蓋賞罰出於朝廷之公，豈可以己意行乎其間？」又問：「『以德報怨，寬身之仁也；以怨報怨，刑戮之民也。』此有病否？」曰：「此也似説得好。『以德報怨』，自家能饒人，則免得人只管求怨自家，故曰『寬身之仁也』。如『以怨報怨』，則日日相捶鬬打，幾時是了？故曰『刑戮之民也』。」燾。

問：「『以德報怨』章，注謂『旨意曲折反覆，微妙無窮』，何也？」曰：「『以德報怨』本老氏語。『以德報怨』，於怨者厚矣，而無物可以報德，則於德者不亦薄乎！呂申公爲相，曾與賈種民有怨，却與之郡職，可謂『以德報怨』，厚於此人矣，然那裏人多少被其害！賈素無行，元豐中在大理爲蔡確鷹犬，申公亦被誣構。及公爲相，而賈得罪，公復爲請知通利軍。『以直報怨』則不然，如此人舊與吾有怨，今果賢邪，則引之薦之；果不肖邪，則棄之絶之，是蓋未嘗有怨矣。老氏之言死定了。孔子之言意思活，移來移去都得。設若不肖者後能改而賢，則吾又引薦之矣。」淳。

莫我知也夫章

問：「孔子告子貢曰『莫我知也夫』一段，子貢又不曾問，夫子告之，必有深意。莫是警子貢否？」曰：「論語中自有如此等處，如告子路『知德者鮮』，告曾子『一以貫之』，皆是一類。此是大節目，要當自得。這却是箇有思量底事，要在不思量處得。」文蔚。

問「莫我知也夫」。曰：「夫子忽然說這一句做甚？必有箇著落處。當時不特門人知孔子是聖人，其它亦有知之者，但其知處不及門人知得較親切。然孔子當是時說這話，他人亦莫知著落。惟是子貢便知得這話必有意思在，於是問說：『是人皆知夫子是聖人，何爲說道莫之知？』夫子於是說出三句，大抵都是退後底說話，這箇不喚不響。在這裏但說是『不怨天』，於天無所怨；『不尤人』，於人無所忤。『下學而上達』，自在這裏做，自理會得。如水無石，如木無風，貼貼地在這裏，人亦無緣知得。而今人所以知於人者，都是兩邊作得來張眉努眼，大驚小怪。『知我者其天乎』！便是人不及知，但有天知而已，以其與天相合也。此與對葉公之語略相似，都是放退一步說。大概聖人說話平易。若孟子，便早自不同。」夔孫。義剛録云：「子曰：『莫我知也夫！』當時不惟門人知夫子，別人也知道是聖人。今夫子却恁地說，是如何？如子貢之聰明，想見也大故知聖人。但尚有知未盡處，故如此說。子貢曰：『何爲其莫知子也？』

子貢説是他不爲不知夫子，所以怪而問之。夫子便説下面三句。這三句，便似葉公問孔子於子路處樣，皆是退後一步説。『不怨天』，是於天無所逆；『不尤人』，是於人無所違忤。『下學』，是只恁地去做；『上達』，是做後自理會得。這箇不響不喚，如水之無石，木之無風，只帖帖地在這裏，宜其人不能知。若似其他人撑眉努眼，恁地叫喚去做，時人却便知。但聖人却不恁地，只是就平易去做。只這平易，便是人不能及處。便如『發憤忘食，樂以忘憂』，看著只是恁地平説，但是人自不可及。人既不能知，則只有天知。所以只有天知者，是道理與天相似也。」

問：「『不怨天，不尤人。』此二句，體之於身，覺見『不尤人』易，『不怨天』難。何以能『不怨天』？」曰：「此是就二句上生出意。看了且未論恁地，且先看孔子此段本意，理會得本意便了。此段最難看。若須要解如何是『不怨天』，如何是『不尤人』，如何是『下學』，如何是『上達』，便粘滯了。天又無心無腸，如何知得？孔子須是看得脱灑，始得。此段只渾淪一意。寓録云：「此段語意自是零亂星散，難捉摸，只渾淪一意。」蓋孔子當初歎無有知我者，子貢因問：『何爲莫知子？』夫子所答辭只是解『何爲莫知子』一句。大凡不得乎天，則怨天；不得乎人，則尤人。我不得乎天，亦不怨天；不得乎人，亦不尤人，與世都不相干涉。方其下學人事之卑，與衆人所共，寓録云：「畢竟是尋常事，人所能共。」又無奇特聳動人處。及其上達天理之妙，忽然上達去，人又捉摸不著，如何能知得我？知我者畢竟只是天理與我默契耳。以此見孔子渾是天理。」伯羽録云：「所謂下學人事者，又不異常人，而無所得知，至上達天理處，而人又不能知。以此兩頭蹉過了，故人終不知，獨有箇天理與聖人相契耳。彼天畢竟知之。」久之，又曰：「聖人直是如此瀟灑，正如久病得汗，引箭在手，忽然破的也。」又曰：「孔子當初説這般話與子貢時，必是子貢有堪語這道理模樣。然孔子説了，子貢又無以承之，畢竟也未曉得。寓録云：「問：『集注言：「惜乎子貢猶有所未達也。」若子貢能達之，如何？』曰：『他若達之，必須有説，惜乎見夫子如此説，便自住了。聖門自顔曾以下，惟子貢儘曉得聖人，多是將這般話與子貢説。他若未曉，聖人豈肯説與，但他只知得箇頭耳。』」若曉得，亦必有語。如『予欲無言』，『予一以貫之』，也只如此住了。如曾子聞『一貫』語，便曰『唯』。是他曉得。」童問：寓録作「寓問」。伯羽録作「仲思問」。「子貢後來聞性與天道，如何？」曰：「亦只是方聞得，畢竟也未見得透徹。」又曰：「『不怨天，不尤人，下學而上達』這三句，與『發憤忘食，樂以忘憂，不知老之將至』三句，以爲夫子自譽，則又似自貶；以爲自貶，則又似自譽。」淳。寓録、伯羽録少異。饒録殊略。

問：「『不怨天，不尤人，下學而上達，知我者其天乎！』知，恐是與天契合，不是真有箇知覺否？」先生曰：「又似知覺，又不似知覺，這裏也難説。『不怨天，不尤人』，聖人都不與己相干。聖人只是理會下學，而自然上達。下學是立脚只在這裏，上達是見識自然超詣。到得後來，上達便只是這下學，元不相離。下學者，下學此事；上達者，上達此理。」問：「聖人亦有下學，如何？」曰：「聖人雖是生知，亦何嘗不學？如『入太廟，每事問』，『吾十有五而志于學』，便是學也。」銖。

「下學而上達」，每學必自下學去。泳。

未到上達，只有下學。芝。

下學、上達，雖是二事，只是一理。若下學得透，上達便在這裏。道夫。

下學者，事也；上達者，理也。理只在事中。若真能盡得下學之事，則上達之理便在此。道夫。

下學只是事，上達便是理。下學、上達，只要於事物上見理，使邪正是非各有其辨。若非仔細省察，則所謂理者，何從而見之？謨。

下學是低心下意做。到那做得超越，便是上達。佐。

道理都在我時，是上達。譬如寫字，初習時是下學，及寫得熟，一點一畫都合法度，是上達。明作。

問「下學而上達」。曰：「學之至，即能上達，但看著力不著力。十五而志乎學，下學也；能立，則是上達矣。又自立而學，能不惑，則上達矣。層層級級達將去，自然日進乎高明。」洽。

問：「『下學上達』，聖人恐不自下學中來。」曰：「不要說高了聖人。高了，學者如何企及？越説得聖人低，越有意思。」季札。

蔡問：「有一節之上達，有全體之上達。」曰：「不是全體。只是這一件理會得透，那一件又理會得透，積累多，便會貫通。不是别有一箇大底上達，又不是下學中便有上達。須是下學，方能上達。今之學者於下學便要求玄妙，則不可。『灑掃應對，從此可到形而上，未便是形而上』，謝氏説過了。」鄭曰：「今之學者，多説文章中有性天道。南軒亦如此説。」曰：「他太聰敏，便説過了。」淳。

須是下學，方能上達。然人亦有下學而不能上達者，只緣下學得不是當。若下學得是當，未有不能上達。釋氏只説上達，更不理會下學。然不理會下學，如何上達！道夫。

問「不怨天」一段。曰：「如此，故天知。」可學。

問：「『知我者其天乎！』只是孔子自知否？」曰：「固然。只是這一箇道理。」廣。

問「莫我知也夫」一節。曰：「此語乃是提撕子貢。『不怨天，不尤人，下學』處，聖人無異於衆人；到那『上達』處不同，所以衆人却莫能知得，惟是天知。」又曰：「中庸：『苟不固聰明聖知達天德者，其孰能知之！』古注云：『惟聖人能知聖人。』此語自好。所謂天知者，但只是他理一般而已。樂天，便是『不怨天』；安土，便是『不尤人』。人事、天理間，便是那下學、上達底。」植。

先生顧義剛云：「公前日看『知我者，其天乎』，説得也未分曉。這箇只管去思量不得，須時復把起來看。若不曉，又且放下。只管恁地，久後自解曉得。這須是自曉，也十分著説不得。」義剛。

問：「『莫我知也夫』與『予欲無言』二段，子貢皆不能復問，想是不曉聖人之意。」曰：「非是不曉聖人語意，只是無默契合處。不曾有默地省悟，觸動他那意思處。若有所默契，須發露出來，不但已也。」僩。

問：「『方其爲學，雖上智不容於不下；及其爲達，雖下愚不容於不上。』此與『上智下愚不移』，不相梗否？」曰：「不干那事。若恁地比並理會，將間都没理會了。且看此處本意。方其學時，雖聖人亦須下學。如孔子問禮，問官名，未識須問，問了也須記。及到達處，雖下愚也會達，便不愚了。某以學者多不肯下學，故下此語。」問：「何謂達？」曰：「只是下學了，意思見識，便透過上面去。」淳。

問：「明道言：『「下學而上達」，意在言表。』」曰：「『意在言表』，如下學只是下學，如何便會上達？自是言語形容不得。下學、上達雖是兩件理，會得透徹廝合，只一件。下學是事，上達是理。理在事中，事不在理外。一物之中，皆具一理。就那物中見得箇理，便是上達，如『大而化之之謂聖，聖而不可知之之謂神』。然亦不離乎人倫日用之中，但恐人不能盡所謂學耳。果能學，安有不能上達者！」寓。

「程子曰『「下學上達」，意在言表』，何也？」曰：「因其言以知其意，便是『下學上達』。」淳。

問：「『意在言表』是如何？」曰：「此亦無可説。説那『下學上達』，便是『意在言表』了。」廣。

公伯寮愬子路章

問「公伯寮其如命何」。曰：「這『命』字，猶人君命人以官職，是教你做這事。天之命人，亦是教你去做這箇，但做裏面自有等差。」燾。

聖人不自言命。凡言命者，皆爲衆人言也。「道之將行也與？命也。」爲公伯寮愬子路言也。「天生德於予」，亦是門人促之使行，謂可以速矣，故有是説。「不知命無以爲君子」，亦是對衆人言。燾。

問：「呂氏曰：『道出乎天，非聖人不興，無聖人，則廢而已。故孔子以道之廢興付之命，以文之得喪任諸己。』」曰：「道，只是有廢興，却喪不得。文，如三代禮樂制度，若喪，便掃地。」𥊝。

賢者辟世章

問「賢者辟世」一章。曰：「凡古之隱者，非可以一律看。有可以其時之所遇而觀之者，有可以其才德之高下而觀之者。若長沮、桀溺之徒，似有長往而不返之意。然設使天下有道而出，計亦無甚施設，只是獨善其身，如老莊之徒而已。大抵天下有道而見，不必待其十分太平，然後出來；天下無道而隱，亦不必待其十分大亂，然後隱去。天下有道，譬如天之將曉，雖未甚明，然自此只向明去，不可不出爲之用。天下無道，譬如天之將夜，雖未甚暗，然自此只向暗去，知其後來必不可支持，故亦須見幾而作，可也。」時舉。

「『賢者辟世』，浩然長往而不來，舉世棄之而不顧，所謂『遯世不見知而不悔』者也。」

問：「沮溺、荷蓧之徒，可以當此否？」曰：「可以當之。」或云：「集注以太公、伊尹之徒當之，恐非沮溺之徒可比也。」曰：「也可以當，只是沮溺之徒偏耳。伊呂平正。」僩。

子路宿於石門章

問：「『石門』章，先生謂聖人『無不可爲之時』。且以人君言之，堯之所以處丹朱而禪舜，舜之處頑父、嚚母、傲弟之間，與其所以處商均而禪禹；以人臣言之，伊尹之所以處太甲，周公之所以處管蔡，此可見聖人無不可爲之時否？」曰：「然。」廣。

子擊磬於衛章

「子擊磬於衛」。先生云：「如何聞擊磬而知有憂天下之志？」或對曰：「政如聽琴而知其心在螳螂捕蟬耳。」久之，先生曰：「天下固當憂，聖人不應只管憂。如『樂亦在其中』，亦自有樂時。」或云：「聖人憂天下，其心自然如此，如天地之造化萬物，而憂不累其心。」曰：「然則擊磬之時，其心憂乎，樂乎？」對曰：「雖憂而未嘗無樂。」又有曰：「其憂世之心，偶然見於擊磬之時。」先生皆不然之，曰：「此是一箇大題目，須細思之。」拱壽。

問：「荷蕢聞磬聲，如何便知夫子之心不忘天下？」曰：「他那箇人煞高，如古人於琴聲中知有殺心者耳。」因說，泉州醫僧妙智大師後來都不切脈，只見其人，便知得他有甚病。又後來雖不見其人，只教人來說，因其說，便自知得。此如「他心通」相似。蓋其精誠篤至，所以能知。又問：「『硜硜乎』是指磬聲而言否？」曰：「大約是如此。」廣。

問「子擊磬於衛」一章。曰：「荷蕢亦是出乎世俗數等底人，在鄭子產、晏平仲之上。」或問：「如蘧伯玉，又知學。」或曰：「蘧伯玉恐未爲知道。」曰：「謂之知道之全，亦不可；謂之全不知道，亦不可。」燾。

或問：「荷蕢、沮、溺之徒，賢於世俗之人遠矣！不知比蘧伯玉如何？」曰：「荷蕢之徒，高於子產、晏平仲輩，而不及伯玉，蓋伯玉知爲學者也。」僩。

上好禮章

「禮達而分定」。達，謂達於下。廣。

子路問君子章

陳仲卿問「修己以敬」。曰：「敬者，非但是外面恭敬而已，須是要裏面無一毫不直處，方是所謂『敬以直内』者是也。」時舉。或録詳，别出。

陳仲卿問「修己以敬，修己以安人，修己以安百姓」。曰：「須看『敬以直内』氣象。敬時内面一齊直，徹上徹下，更無些子私曲。若不敬，則内面百般計較，做出來皆是私心。欲利甲，必害乙；利乙，必害丙，如何得安！」

或問：「修己如何能安人？」曰：「且以一家言之，一人不修己，看一家人安不安！」節。

「惟上下一於恭敬」，這却是上之人有以感發興起之。「體信」是忠，「達順」是恕。「體信」是無一毫之僞，「達順」是發而皆中節，無一物不得其所。「聰明睿智皆由此出」，這是自誠而明。礪。賀孫録云：「是自誠而明意思。『體信』是真實無妄，『達順』是使萬物各得其所。」集注。

因問「上下一於恭敬」。上之人、下之人也。「同寅協恭」出〔一〕。「聖人之敬熏天炙地，不是獨修於九重，而天下之人侮慢自若也，如漢廣之化可見。」方。

問「體信達順」。曰：「『體信』，是實體此道於身；『達順』，是發而中節，推之天下而無所不通也。」燾。

問：「『體信』是體其理之實，『達順』是行其理之宜否？」曰：「如『忠、恕』二字之義。」廣。

問「體信達順」。曰：「信，只是實理；順，只是和氣。『體信』是致中底意思，『達順』是致和底意思。燾録云：「『體信達順』，如『致中和』之謂。」此是禮記中語言，能恭敬則能『體信達順』。『聰明睿智由此出』者，言能恭敬，自然心便開明。」銖。

問：「如何是『體信達順』？」曰：「『體信』只盡這至誠道理，順即自此發出，所謂『和者天下之達道』。『體信達順』即是『主忠行恕』。」問：「『聰明睿智皆由是出』，是由恭敬出

〔一〕「出」，各本同，似有誤。

否？」曰：「是心常恭敬，則常光明。」先生又贊言：「『修己以敬』一句，須是如此。這處差，便見顛倒錯亂。詩稱成湯『聖敬日躋』。聖人所以爲聖人，皆由這處來。這處做得工夫，直是有功。」寓。道夫録略。

亞夫問：「程先生説『修己以敬』，因及『聰明睿知皆由此出』，不知如何？」曰：「且看敬則如何不會聰明！敬則自是聰明。人之所以不聰不明，止緣身心惰慢，便昏塞了。敬則虛静，自然通達。」賀孫因問：「周子云『静虛則明，明則通』，是此意否？」曰：「意亦相似。」賀孫。

「體信」是體這誠信，「達順」是通行順道。「聰明睿智皆由是出」者，皆由敬出。「以此事天饗帝」，「此」，即敬也。植。

程子曰君子「修己以安百姓」，「篤恭而天下平」，至「以此事天享帝」，此語上下不難曉。惟中間忽云「聰明睿智皆由此出」，則非容易道得，是他曾因此出些聰明睿智來。夔孫。

楊至之問：「如何程氏説到『事天享帝』了，方説『聰明睿智皆由此出』？」曰：「如此問，乃見公全然不用工夫。『聰明睿智』如何不由敬出！且以一國之君看之：此心纔不專静，則姦聲佞辭雜進而不察，何以爲聰？亂色諛説之容交蔽而莫辨，何以爲明？睿知皆出於心。心既無主，則應事接物之間，其何以思慮而得其宜？所以此心常要肅然虛明，然後物不能蔽。」又云：「『敬』字，不可只把做一箇『敬』字説過，須於日用間體認是如何。此心常卓然公正，無有私意，便是敬；有些子計較，有些子放慢意思，便是不敬。故曰『敬以直内』，要得無些子偏邪。」又與文振説：「平日須提撕精神，莫令頽塌放倒，方可看得義理分明。看公多恁地困漫漫地，『則不敬莫大乎是』！」賀孫。

原壤夷俟章

原壤無禮法。淳于髡是箇天魔外道，本非學於孔孟之門者，陸子静如何將來作學者並説得！道夫。

問：「原壤登木而歌，夫子爲弗聞也者，而過之，待之自好。及其夷俟，則以杖叩脛，近於太過。」曰：「這裏説得却差。如原壤之歌，乃是大惡，若要理會，不可但已，且只得休。至於夷俟之時，不可教誨，故直責之，復叩其脛，自當如此。若如正淳之説，則是不要管他，却非朋友之道矣。」人傑。

闕黨童子將命章

「欲速成者」，是越去許多節次，要到至處，無是理也。方。

朱子語類卷第四十五

論語二十七

衛靈公篇

衛靈公問陳章

問：「『明日遂行。在陳絶糧。』想見孔子都不計較，所以絶糧。」曰：「若計較，則不成行矣。」燾。

周問：「『固窮』有二義，不知孰長？」曰：「固守其窮，古人多如此説。但以上文觀之，則恐聖人一時答問之辭，未遽及此。蓋子路方問：『君子亦有窮乎？』聖人答之曰：『君子固是有窮時，但不如小人窮則濫爾。』以『固』字答上面『有』字，文勢乃相應。」雉。

子曰賜也章

孔子告子貢曰：「女以予爲多學而識之者與？予一以貫之。」蓋恐子貢只以己爲多學，而不知一以貫之之理。後人不會其意，遂以爲孔子只是一貫，元不用多學。若不是多學，却貫箇甚底！且如錢貫謂之貫，須是有錢，方貫得；若無錢，却貫箇甚！孔子實是多學，無一事不理會過。若不是許大精神，亦呑不得許多。只是於多學中有一以貫之耳。文蔚。

問「子貢一貫」章。曰：「聖人也不是不理會博學多識。只是聖人之所以聖，却不在博學多識，而在『一以貫之』。今人有博學多識而不能至於聖者，只是無『一以貫之』。然只是『一以貫之』，而不博學多識，則又無物可貫。」夔孫。

問「子貢一貫」章。曰：「『一以貫之』，固是以心鑒照萬物而不遺。然也須『多學而識之』始得，未有不學而自能一貫者也。」時舉。

夫子謂子貢曰：「女以予爲多學而識之者與？」曰：「然。非與？」聖人說此一句，不是且恁地虛說。故某嘗謂，子貢曰：「然。非與？」「然」字也是，「非與」也是。而今只管懸想說道「一貫」，却不知貫箇甚麽。聖人直是事事理會得，如云「好古敏以求之」，不是驀直恁地去貫得它。如曾子問許多曲折，它思量一一問過，而夫子一一告之，末云：「吾聞諸老聃云。」是聖人當初都曾事事理會過。如天下之聖説道事親，事親中間有多少事；説道事君，事君中間有多少事。而今正患不能一一見箇恰好處，如何便説「一貫」？近見永嘉有一兩相識，只管去考制度，却都不曾理會箇根本。一旦臨利害，那箇都未有用處，却都不將事。呂伯恭向來教人亦云：「論語皆虛言，不如論實事。」便要去攷史。如陸子靜又只説箇虛靜，云：「全無許多事。顏子不會學，『擇乎中庸，得一善則拳拳勿失』。善則一矣，何用更擇？『子路有聞，未之能行，唯恐有聞』。一聞之外，何用再聞？」便都與禪家説話一般了。聖人道理，都不恁地，直是周徧。夔孫。

問：「謝氏謂『如天之於衆形，非物刻而雕之』，是如何？」曰：「天只是一氣流行，萬物自生自長，自形自色，豈是逐一粧點得如此！聖人只是一箇大本大原裏發出，視自然明，聽自然聰，色自然温，貌自然恭，在父子則爲仁，在君臣則爲義，從大本中流出，便成許多道理。只是這箇一，便貫將去。所主是忠，發出去無非是恕。」寓。淳同。

問：「謝氏解云：『聖人豈務博者哉！如天之於衆形，匪物刻而雕之也。故曰：「予一以貫之。」「『德輶如毛』，毛猶有倫；『上天之載，無聲無臭』，至矣！」』所以引此詩者，莫只是贊其理之密否？」曰：「固是。到此則無可得説了。然此須是去涵泳，只恁地説過，亦不濟事。『多學而識之』，亦不是不是。故子貢先曰『然』，又曰『非與』。學者固有當『多學而識之』者，然又自有箇一貫底道理。但『多學而識之』，則可說；到『一以貫之』，則不可說矣。」廣。

子張問行章

「言忠信，行篤敬。」去其不忠信篤敬者而已。方。

問「行篤敬」。曰：「篤者，有重厚深沉之意。敬而不篤，則恐有拘迫之患。」時舉。

忠信篤敬，「立則見其參前，在輿則見其倚衡」，如此念念不忘。伊川謂：「只此是學。」銖。

至之問：「『學要鞭辟近裏』，『鞭辟』如何？」曰：「此是洛中語，一處說作『鞭約』，大抵是要鞭督面裏去。今人皆不是鞭督向裏，心都向外。明道此段下云『「切問近思」，「言忠信，行篤敬」』云云，何嘗有一句說做外面去？學要博，志須要篤。志篤，問便切，思便近，只就身上理會。伊川言：『「仁在其中」，即此是學。』元不曾在外，這箇便是『近裏著己』。今人皆就外面做工夫，恰似一隻船覆在水中，須是去翻將轉來，便好，便得使。吾輩須勇猛著力覆將轉！」先生轉身而言曰：「須是翻將轉來，始得。」寓。集注。

楊問：「『學要鞭辟近裏』，何謂『鞭辟』？」曰：「辟，如驅辟一般。」又問：「『質美者明得盡，渣滓便渾化，與天地同體』，是如何？」曰：「明得透徹，渣滓自然渾化。」又問：「渣滓是甚麽？」曰：「渣滓是私意人欲。天地同體處，如義理之精英。渣滓是私意人欲之未消者。人與天地本一體，只緣渣滓未去，所以有間隔。若無渣滓，便與天地同體。『克己復禮爲仁』，己是渣滓，復禮便是天地同體處。『有不善未嘗不知』，不善處是渣滓。顏子『三月不違仁』，既有限，此外便未可知。如曾子『爲人謀而不忠，與朋友交而不信，傳而不習』，是曾子渣滓處。漆雕開言『吾斯之未能信』，皆是有些渣滓處。只是質美者，也見得透徹，那渣滓處都盡化了。若未到此，須當莊敬持養，旋旋磨擦去教盡。」寓。

問：「『學要鞭辟近裏』，至『莊敬持養』。竊謂如顏子『克己復禮』，天理人欲便截然兩斷，此所謂『明得盡，渣滓便渾化』。如仲弓『出門如見大賓，使民如承大祭』，便且是『莊敬持養』。」曰：「然。顏子『克己復禮』，不是盲然做，却是他生見得分曉了。便是聖人説話渾然。今『克己復禮』一句，近下人亦用得。不成自家未見得分曉，便不克己！只得克將去。只是顏子事與此別。」又曰：「知得後，只是一件事。如適間説『博學篤志，切問近思』，亦只是本體上事。又如『博我以文，約我以禮』，亦是本體上事。只緣其初未得，須用如此做工夫；及其既得，又只便是這箇。」文蔚曰：「且如『博學於文』，人心自合要無所不知。只爲而今未能如此，須用博之以文。」曰：「人心固是無所不知，若未能如此，却只是想像。且如釋氏説心，亦自謂無所不知。他大故將做一箇光明瑩徹底物事看，及其問他，他便有不知處。如程先生説窮理，却謂『不必盡窮天下之理，只是理會得多後，自然貫通去』。某嘗因當官，見兩家争産，各將文字出拖照。其間亦有失却一兩紙文字，只將他見在文字推究，便自互換見得出。若是都無文字，只臆度説，兩家所競須有一曲一直，便不得。元不曾窮理，想像説我這心也自無所不知，便是如此。」文蔚。

「學要鞭辟近裏」一段。明得盡者，一見便都明了，更無渣滓。其次惟是莊敬持養，以消去其渣滓而已。所謂持養，亦非是作意去穿鑿以求其明。但只此心常敬，則久久自明矣。廣。

因歐兄問「質美者明得盡，渣滓便渾化」，洽曰：「尹和靖以『渣滓』二字不當有，如何？」曰：「和靖議論每如此。所謂渣滓者，私意也。質美者明得盡，所以渣滓一齊渾化無了。」洽。

問：「程子曰：『質美者明得盡，渣滓便渾化，與天地同體。』求之古人，誰可當之？顏子孔門高第，猶或有違仁時，不知已上别有人否？」曰：「想須有之。」曰：「湯武如何？」先生却問：「湯武與顏子孰優？」未及對。先生徐曰：「吕與叔云：『論成德，顏子不若湯武之廣大；論學，則湯武不若顏子之細密。』湯武功夫誠恐不若顏子細密。如湯『聖敬日躋』，猶是密切處。至武王，並不見其切己事。」必大。

直哉史魚章

正淳問：「『直哉史魚！君子哉蘧伯玉！』諸儒以爲史魚不及蘧伯玉，如何？」曰：「試將兩人對換説，看如何？直固是好，然一向直，便是偏，豈得如蘧伯玉之君子！」必大。

志士仁人章

或問仁。曰：「仁者，只是吾心之正理。『志士仁人無求生以害仁，有殺身以成仁。』須知道求生害仁時，雖以無道得生，却是抉破了我箇心中之全理；殺身成仁時，吾身雖死，却得此理完全也。」時舉。

余正叔謂：「殺身者，只是要成這仁。」曰：「若説要成這仁，却不是，只是行所當行而已。」文蔚。

問：「『無求生以害仁，有殺身以成仁』一章，思之，死生是大關節，要之，工夫却不全在那一節上。學者須是於日用之間，不問事之大小，皆欲即於義理之安，然後臨死生之際，庶幾不差。若平常應事，義理合如此處都放過，到臨大節，未有不可奪也。」曰：「然。」賀孫。

曾見人解「殺身成仁」，言殺身者，所以全性命之理。人當殺身時，何暇更思量我是全性命之理！只爲死便是，生便不是，不過就一箇是，故伊川說「生不安於死」。至於全其性命之理，乃是旁人看他說底話，非是其人殺身時有此意也。直卿云：「若如此，則是經德不回，所以干禄也！」方子。

子貢問爲仁章

問「子貢問爲仁」章。曰：「大夫必要事其賢者，士必友其仁者，便是要琢磨勉厲以至於仁。如欲克己而未能克己，欲復禮而未能復禮，須要更相勸勉，乃爲有益。」因云：「時舉説文字，見得也定，然終是過高而傷巧。此亦不是些小病痛，須要勇猛精進，以脱此科白，始得。」又云：「且放令心地寬平，不要便就文字上起議論。」時舉。

問：「子貢問爲仁，何以答以『事其大夫之賢者，友其士之仁者』？」曰：「也是箇入德之方。」又問：「事與友孰重？」曰：「友爲親切。賢，只是統言；友，徑指仁上説。」銖。

「行夏之時」，行夏小正之事。德明。

才仲問「行夏之時」。曰：「夏時，人正也。此時方有人，向上人猶芒昧。子時，天正也。此時天方開。丑時，地正也，言地方萌。夫子以寅月人可施功，故從其時，此亦是後來自推度如此。如曆家説，則以爲子起於黄鍾，寅起於太簇。」又問「輅」注云：「禮文有異。」曰：「有制度，與車不同。以前只謂之車，今南郊五輅，見説極高大。」問：「何不作車與行事官乘？著法服騎馬亦不好看。」曰：「在中原時，亦有乘車者。若舊制，亦有著法服騎馬，如散騎常侍在於輅之左右是也。」因舉上蔡論語舉王介甫云：「『事衰世之大夫，友薄俗之士，聽淫樂，視慝禮，皦然不惑於先王之道，難矣哉！』此言甚好。」楊通老問：「既如此言，後來何故却相背？」曰：「只是把做文章做，不曾反已求之。璘録云：「介甫此語，只是做文字説去，不曾行之於身。聞其身上極不整齊，所以明道對神宗『王安石聖人』之問，引『赤舄几几』。」見説平日亦脱冠露頂地卧，然當初不如此。觀曾子固送黄生序，以其威儀似介卿，介卿，渠舊字也，故名其序曰『喜似』。渠怪誕如此，何似之有！璘録云：「恐介甫後生時不如此。恐是後來學佛了，禮法一時掃去。」渠少年亦不喜釋老。晚年大喜，不惟錯説了經書，和佛經亦錯解了。

『揭諦揭諦，波羅僧揭諦』，此胡語也。渠注云：『揭真諦之道以示人。』大可笑！」可學。璘録略。

問「行夏之時」。曰：「前輩説多不同，有説三代皆建寅，又説只是建子與寅，無建丑者。劉和夫書解又説自五帝以來，便迭建三正，不止於三代，其引證甚詳。據皇極經世亦起於子。他以幾萬幾千年爲一會，第一會起於子，第二會起於丑，第三會起於寅，至寅上方始注一『開物』字。恐是天氣肇於子，至丑上第二會處，地氣方凝結；至寅上第三會，人物始生耳。蓋十一月斗指於子，至十二月斗雖指於丑，而日月乃會於子，故商正、周正皆取於此。然以人事言之，終不若夏正之爲善也。」雉。

楊尹叔問：「『天開於子，地闢於丑，人生於寅』，如何？」曰：「康節説，一元統十二會，前面虚却子丑兩位，至寅位始紀人物，云人是寅年寅月寅時生。以意推之，必是先有天，方有地，有天地交感，方始生出人物來。」淳。「夏時」注。

問「天開於子，地闢於丑，人生於寅」。曰：「此是皇極經世中説，今不可知。他只以數推得是如此。他説寅上生物，是到寅上方有人物也，有三元、十二會、三十運、十二世。十二萬九千六百年爲一元。歲月日時，元會運世，皆自十二而三十，自三十而十二。至堯時會在巳、午之間，今則及未矣。至戌上説閉物，到那裏則不復有人物矣。」問：「不知人物消靡盡時，天地壞也不壞？」曰：「也須一場鶻突。既有形氣，如何得不壞？但一箇壞了，又有一箇。」廣。

至之問：「康節説『天開於子，地闢於丑，人生於寅』，是否？」曰：「模樣也是如此。經世書以元統會，十二會爲一元，一萬八百年爲一會。初間一萬八百年而天始開，又一萬八百年而地始成，又一萬八百年而人始生。初間未有物，只是氣塞。及天開些子後，便有一塊渣滓在其中，初則溶軟，後漸堅實。今山形自高而下，便似滲義剛作「傾瀉」。出來模樣。」淳曰：「每常見山形如水漾沙之勢，想初間地未成質之時，只是水。後來漸漸凝結，勢自如此。凡物皆然。如雞子殼之類，自氣而水，水而質，尤分曉。」曰：「是。」淳問：「天有質否？抑只是氣？」曰：「只似箇旋風，下面軟，上面硬，道家謂之『剛風』。世説天九重，分九處爲號，非也。只是旋有九重，上轉較急，下面氣濁，較暗。上面至高處，至清且明，與天相接。」淳問：「晉志論渾天，以爲天外是水，所以浮天而載地，是否？」曰：「天外無水，地下是水載。某五六歲時，心便煩惱箇天體是如何？外面是何物？」淳。義剛同。

周問：「三正之建不同，如何？」曰：「『天開於子，地闢於丑，人生於寅。』蓋至子始有天，故曰『天正』；至丑始有地，故曰『地正』；至寅始有人，故曰『人正』。康節分十二會，言到子上方有天，未有地；到丑上方有地，未有人；到寅上方始有人。子、丑、寅皆天地人之始，故三代即其始處建以爲正。康節十二會以堯舜時在午，今在未，至戌則人物消盡。」銖。

問：「顏子問爲邦，孔子止告之以四代之禮樂，却不及治國平天下之道。莫是此事顏子平日講究有素，不待夫子再言否？」曰：「固是如此。只是他那『克己復禮』，陋巷簞瓢，便只是這事。窮時是恁地著衣喫飯，達時亦只是恁著衣喫飯。他日用間是理會甚事，想每日講論甚熟。三代制度却是不甚會説處，却是生處。如堯舜禹却只是就事上理會，及到舉大事，却提起那本領處説。」謂「精一執中」等語。又問：「聖人就四代中各舉一事，亦只是立一箇則例，教人以意推之，都要如此否？」曰：「固是。凡事皆要放此。」文蔚。

問「顏淵問爲邦」。曰：「顏子於道理上不消説，只恐它這制度尚有欠闕，故夫子只與説這箇。他這箇問得大，答得大，皆是大經大法。莊周説顏子『坐忘』，是他亂説。」又曰：「顏子著力做將去，如『克己復禮』，非禮勿視聽言動，在它人看見是没緊要言語，它做出來多少大一件事！」植。

問「顏淵問爲邦」。曰：「顏淵爲政，其他如『敬事而信，節用愛人』，與夫『居之無倦，行之以忠』之類，更不用説，所以斟酌禮樂而告之也。」時舉。

亞夫問「顏淵問爲邦」。曰：「顏子事事了得了，只欠這些子，故聖人斟酌禮樂而告之。近有學者欲主張司馬遷，謂渠作漢高祖贊『黄屋左纛，朝以十月』，是他惜高祖之不能行夏之時，乘商之輅；謂他見識直到這裏，與孔子答顏淵之意同。某謂漢高祖若行夏之時，乘商之輅，也只做得漢高祖，却如何及得顏子！顏子平日是多少工夫！今却道漢高祖只欠這一節，是都不論其本矣。」時舉。

恭父問：「『顏淵問爲邦』，此事甚大，不知使其得邦家時，與聖人如何？」曰：「終勝得孟子，但不及孔子些。」問：「莫有『綏之斯來，動之斯和』底意思否？」曰：「亦須漸有這意思。」又問：「『文武之道，未墜於地』，此是孔子自承當處否？」曰：「固是。惟是孔子便做得，它人無這本領，當不得。且如四代之禮樂，惟顏子有這本領，方做得。若無這本領，禮樂安所用哉！所謂『行夏時，乘商輅，服周冕，舞韶舞』，亦言其大略耳。」恪。賀孫録又問以下不同，云：「正卿問：『顏子涵養之功多，曾子省察之功多。』曰：『固不可如此説。然顏子資（稟）極聰明，凡是涵養得來都易。如「聞一知十」，如「於吾言無所不説」，如「亦足以發」，如「問爲邦」，一時將許多大事分付與他，是他大段了得。看問爲邦，而孔子便以四代禮樂告之，想是所謂「夏時、商輅、周冕、韶舞」當「博我以文」之時都理會得。』」

或問：「孔子答顏淵之問，欲用四代禮樂。至論『郁郁乎文』，則曰『吾從周』，何故？」曰：「此正適來説，心小則物物皆病。賢心中只著得上一句，不著得下一句。」可學。

賜問：「『顔淵問爲邦』章，程子謂發此以爲之兆。」曰：「兆，猶言準則也，非謂爲邦之道，盡於此四者。略説四件事做一箇準則，則餘事皆可依倣此而推行之耳。」雉。

子曰已矣乎章

楊至之問：「『好德如好色』，即是大學『如惡惡臭，如好好色』，要得誠如此。然集注載衛靈公事，與此意不相應，恐未穩否？」曰：「書都不恁地讀。除了衛靈公，便有何發明？在衛靈公上便有何相礙？此皆没緊要，較量他作甚？聖人當初恁地歎未見好德如那好色者，自家當虚心去看。又要反來思量自己如何便是好德，如何便是好色，如此方有益。若只管去較量他，與聖人意思愈見差錯。聖人言語，自家當如奴僕，只去隨他。他教住便住，他教去便去。而今却與他做師友，只是較量他。大學之説，自是大學之意；論語之説，自是論語之意。論語只是説過去，尾重則首輕，這一頭低，那一頭便昂。大學是將兩句平頭説得尤力，如何合得來做一説？」淳。寓録少異。

躬自厚章

問：「『躬自厚而薄責於人』，自責厚，莫是周備篤切意思否？」曰：「厚是自責得重，責了又責，積而不已之意。」賀孫。或録云：「只是責己要多，責人要少。」

不曰如之何章

林問「不曰如之何」。曰：「只是要再三反復思量。若率意妄行，雖聖人亦無奈何。」淳。

君子義以爲質章

問「君子義以爲質」一章。曰：「『義以爲質』，是制事先決其當否了；其間節文次第須要皆具，此是『禮以行之』。然徒知盡其節文，而不能『孫以出之』，則亦不可。且如人知尊卑之分，須當讓他。然讓之之時，辭氣或不能婉順，便是不能『孫以出之』。『信以成之』者，是終始誠實以成此一事，却非是『孫以出之』後，方『信以成之』也。」時舉。

或問「君子義以爲質」一章。曰：「義，只是合宜。義有剛決意思，然不可直撞去。禮有節文度數，故用『禮以行之』。『孫以出之』，是用『和爲貴』。義不和，用『禮以行之』，已自和。然禮又嚴，故『孫以出之』，使從容不迫。信是樸實頭做，無信則義禮孫皆是僞。」甘吉父問：「『行與出何別？』」曰：「行，是當恁地行；出，是做處。」賀孫。

問：「『君子義以爲質』一章，看來有義以爲本，必有下面三者，方始成就得。」曰：「然。『義以爲質』，是應事處。」又問：「以敬爲主，則義爲用；以義爲本，則下面三者爲用。」曰：「然。」燾。

周貴卿問：「義是就事上説。蓋義則裁斷果決，若不行之以節文，出之以退遜，則恐有忤於物。『信以成之』，這一句是繳上三句，言若不誠實，則義必不能盡，禮必不能行，而所謂孫，特是詐僞耳。」曰：「也是恁地。」義剛。

問：「禮行孫出，何以别？」曰：「行是安排恁地行，出是從此發出。禮而不遜，則不免矯世以威嚴加人。」拱燾。

問：「『義以爲質』至『信以成之』章，如孔子之對陽貨，孟子之不與王驩言，莫全得此理否？」曰：「然。」問：「行與出如何分？」曰：「行，是大綱行時；出，則始自此出去也。人固有行之合禮而出之不遜者。」廣。

至之問：「明道謂：『君子「敬以直内」，則「義以方外」；「義以爲質」，則「禮以行之，遜以出之，信以成之」。』」曰：「只是一箇義。『義以爲質』，便是自『義以方外』處説起來。若無『敬以直内』，也不知義之所在。」時舉。

君子矜而不争章

問「矜而不争」。曰：「矜是自把捉底意思，故書曰：『不矜細行，終累大德！』」雉。

或問：「『不矜細行』，與『矜而不争』之『矜』，如何？」曰：「相似是箇珍惜持守之意。」人傑。

子貢問有一言可以終身行之章

「恕可以終身行之，是行之無窮盡。」問：「孔子言恕，必兼忠，如何此只言恕？」曰：「不得忠時不成。恕時，忠在裏面了。」榦。

問：「可以終身行之之恕，恐推到極處，便是『以己及物爲仁』否？」曰：「這未説那一邊，只説推在。」燾。

問：「『終身行之，其恕乎！』絜矩之道，是恕之端否？」曰：「絜矩正是恕。」浩。

問：「『終身行之，其恕乎！』如何只説恕，不説忠？看得『忠』字尤爲緊要。」曰：「分言忠恕，有忠而後恕；獨言恕，則忠在其中。若不能恕，則其無忠可知。恕是忠之發處，若無忠，便自做恕不出。」問：「忠恕，看來也是動静底道理。如静是主處，動是用處，不知是否？」曰：「聖人每就用處教人，亦不是先有静而後有動。」問：「看來主静是做工夫處。」曰：「雖説主静，亦不是棄事物以求静。既爲人，亦須著事君親，交朋友，綏妻子，御僮僕。不成捐棄了，閉門静坐，事物來時也不去應接，云：『且待我去静坐，不要應。』又不可只茫茫隨他事物中走。二者中須有箇商量倒斷，始得。這處正要著力做工夫，不可皮膚説過去。」又曰：「動静亦不是截然動，截然静。動時，静便在這裏。如人來相問，自家去答他，便是動。才答了，便静。這裏既静，到事物來便著去應接。不是静坐時守在這裏，到應接時便散亂了去。然動静不出是一箇理。知這事當做，便順理做去，便見動而静底意思，故曰『知止而後有定，定而後能静』。事物之來，若不順理而應，則雖塊然不交於物，心亦不能得静。惟動時能順理，則無事時始能静；静而能存養，則應接處始得力。須動時做工夫，静時也做工夫。兩莫相靠，莫使工夫間斷，始得。若無間斷，静時固静，動時心亦不動。若無工夫，動時固動，静時雖欲求静，亦不可得而静矣。動静恰似船一般，須隨他潮去始得。浪頭恁地高，船也隨他上；浪頭恁地低，船也隨他下。動静只是隨他去，當静還他静，當動還他動。又如與兩人同事相似，這人做得不是，那人便著救他；那人做得不是，這人便著去救他。終不成兩人相推，這人做不是，却推説不干我事，是那人做得如此；那人做不是，推説不干我事，是他做得如此，便不是相爲底道理。」又曰：「所以程子言

『未有致知而不在敬者』，又言『涵養當用敬，進學則在致知』。若不能以敬養在這裏，如何會去致得知？若不能致知，又如何成得這敬？」寓。

吾之於人也章

問：「吾之於人也，誰毁誰譽？如有所譽者，其有所試矣。」曰：「毁者，那人本未有十分惡，自家將做十分説他，便是毁。若是只據他之惡而稱之，則不可謂之毁。譬如一物本完全，自家打破了，便是毁。若是那物元來破了，則不可謂之毁。譽亦是稱奬得來過當。『其有所試矣』，那人雖未有十分善，自家却遂知得他將來如此。毁人則不可如此也。」燾。

先生忽問王子合曰：「『吾之於人也，誰毁誰譽？如有所譽者，其有所試矣。斯民也，三代之所以直道而行也。』尋常作如何説？」子合對曰：「『三代之時，公道行，不妄毁譽人。如有毁譽，須先試得其實，方言之。』曰：「便是看錯了。下面只言『如有所譽者，其有所試』，如何不説『如有所毁』？須知道是非與毁譽不同，方説得。蓋當其實曰是非，過其實曰毁譽。當時公道行，是言是，非言非，而無是過其實者。然以忠厚褒借而譽者，容或有之，然亦已試其實矣。其過實而毁者，必無也。」浩。

先生説「如有所譽者，其有所試矣」數句。季通在坐，證曰：「『雍也可使南面』之類是也。」先生然之。過。

聖人之言，與後世別。如「斯民也，三代之所以直道而行也」，有合上底字，無，乃便不成文，此句全在「所以」上。言三代之直道行於斯民也。古亦此民，今亦此民，三代能行之耳。「誰毁誰譽」者，凡人未至於惡而惡之，故謂之毁；未至於善而善之，故謂之譽。聖人於下又曰：「如有所譽，其有所試矣。」此一句却去了毁。蓋以不得已而譽，亦嘗試之。此乃「善人之意長，惡人之意短」之意。可學問：「若到於合好惡處，却不用此二字。」先生曰：「然。」可學。

伯豐問三代直道而行。曰：「此緊要在『所以』字上。民是指今日之民，即三代之民。三代蓋是以直道行之於民，今亦當以直道行之於民。直是無枉，不特不枉毁，雖稱譽亦不枉也。舊嘗有此意。因讀班固作景帝贊引此數語起頭，以明『秦漢不易民而化』之意，曰：『孔子稱「斯民也，三代之所以直道而行也」，信哉！』其意蓋謂，民無古今，周秦網密文峻，故姦軌不勝；到文景恭儉，民便醇厚。只是此民，在所施何如耳，此政得之。」㽦。

問「斯民也，三代之所以直道而行也」。「『斯民』，是指當時之人言之。言三代所以直道而行，只是此民。言毁人固不可過實，譽人亦不可過實。言吾所以不敢妄加毁譽之民，只是三代行直道之民。班固舉此贊漢景帝，甚好。」人傑。

問「斯民」。「是今此之民，即三代之時所以爲善之民，如説『高皇帝天下』相似。嘗怪景帝贊引此一句，不曉他意。蓋是説周秦雖網密文峻，而不勝其弊。到文景黎民醇厚，亦只是此民也。聖人説一句話，便是恁地闊，便是從頭説下來。」義剛。

問：「『所以』字本虛，然意味乃在此。如云，斯民也，三代嘗以此行直道矣。」「聖人知毁譽之非正，於人無所毁，而猶有所譽，蓋將以試其人。所以見聖人至公之道，又以見聖人進人之爲善也。」璘。

亞夫問三代直道而行。曰：「此民也是三代時直道而行之民。我今若有所毁譽，亦不得迂曲而枉其是非之實。」且舉漢景帝贊所引處，云：「意却似不同。」時舉。

巧言亂德章

問「小不忍則亂大謀」。曰：「『忍』字有兩説，只是一意。『有忍乃有濟』，王介甫解作强忍之忍，前輩解作慈忍之『忍』。某謂忍，是含忍不發之意。如婦人之仁，是不能忍其愛；匹夫之勇，是不能忍其忿，二者只是一意。」雉。

問：「『小不忍』，如婦人之仁，匹夫之勇，似是兩意，皆説得。婦人之仁是姑息，匹夫之勇是不能涵容。」曰：「只是一意。婦人之仁，不能忍於愛；匹夫之勇，不能忍於忿，皆能亂大謀，如項羽是也。」夔孫。閎祖録略。

人能弘道章

問「人能弘道」。曰：「道不可須臾離，可離非道。是故君子戒慎乎其所不睹，恐懼乎其所不聞。莫見乎隱，莫顯乎微，故君子慎其獨。」又曰：「『天下之達道五，所以行之者三。』君臣、父子、兄弟、夫婦、朋友，古今所共底道理，須是知知，仁守，勇決。」繼又曰：「『人者，天地之心。』没這人時，天地便没人管。」植。

問「人能弘道」。先生以扇（吟）〔喻〕[一]曰：「道如扇，人如手。手能摇扇，扇如何摇手？」夔孫。

吾嘗終日不食章

問：「聖人真箇『終日不食，終夜不寢，以思』否？」曰：「聖人也曾恁地來。聖人説『發憤忘食』，却是真箇，惟横渠知得此意，嘗言：『孔子煞喫辛苦來！』横渠又言：『堯不曾喫

〔一〕據陳本改。

辛苦，舜喫辛苦。但三十徵庸，後來便享富貴。孔子一生貧賤，事事都去理會過來。』」問：「堯不曾喫辛苦做工夫，依舊聰明聖知，無欠缺。」「但不如孔子於事理又周匝詳盡。」德輔。

「吾嘗終日不食，終夜不寢，以思，無益，不如學也。」某注云：「蓋勞心以必求，不如遜志而自得。」思，是硬要自去做底；學，是依這本子去做，便要小著心，隨順箇事理去做。而今人都是硬去做，要必得，所以更做不成。須是軟著心，貼就它去做。孟子所謂「以意逆志」，極好。逆，是推迎它底意思。僩。

問：「注云『遜志而自得』，如何是遜志？」曰：「遜志，是卑遜其志，放退一著，寬廣以求之；不忒恁地迫窄，便要一思而必得。」雉。

君子謀道不謀食章

問「君子謀道不謀食」。曰：「上面說『君子謀道不謀食』，蓋以『耕也，餒在其中矣；學也，禄在其中矣』。又恐人錯認此意，却將學去求禄，故下面又繳一句。謂君子所以爲學者，所憂在道耳，非憂貧而學也。」雉。

學固不爲謀禄，然未必不得禄；如耕固不求餒，然未必得食。雖是如此，然君子之心却只見道不見禄。如「先難後獲」，「正義不謀利」，睹當不到那裏。閎祖。

論語凡言「在其中矣」，當以「餒」字推之。蓋言不必在其中而在焉者矣。方。

因言：「近來稍信得命及。孔子説：『君子謀道不謀食，憂道不憂貧。』觀此一段，則窮達當付之分定，所當謀者惟道爾。」曰：「此一段，不專爲有命，蓋專爲學者當謀道而設。只説一句，則似緩而不切，故又反覆推明，以至『憂道不憂貧』而止。且君子之所急當先義語義，則命在其中。如『行一不義，殺一不辜，而得天下，不爲』，此只説義。若不恤義，惟命是恃，則命可以有得，雖萬鍾，有『不辨禮義而受之』矣。義有可取，如爲養親，於義合取而有不得，則當歸之命爾。如『澤無水，困』，則不可以有爲，只得『致命遂志』，然後付之命可也。」大雅。

知及之章

問「知及之，仁能守之」。曰：「此是説講學。『莊以涖之』以後説爲政。」時舉。

亞夫問：「『知及之，仁不能守之』一章，上下文勢相牽合不來相似。」曰：「『知及之，仁能守之』，是明德工夫；下面是新民工夫。」亞夫云：「『克己復禮爲仁』，到仁便是極了。今却又有『莊以涖之』與『動之以禮』底工夫，是如何？」曰：「今自有此心純粹，更不走失，而於接物應事時，少些莊嚴底意思，闒闒翣翣底，自不足以使人敬他，此便是未善處。」宜久問：「此便是要本末工夫兼備否？」曰：「固是。但須先有『知及之，仁能守之』做箇根本了，却方好生去點檢其餘，便無處無事不善。若根本不立，又有何可點檢處。」時舉。

「知及之」，如大學「知至」；「仁守之」，如「意誠」；涖不莊，動不以禮，如所謂「不得其正」，與所謂「敖惰而辟」之類。到仁處，大本已好，但小節略略有些未善。如一箇好物，只是安頓得略傾側，少正之則好矣，不大故費力也。夔孫。

問「知及之」一章。曰：「『莊以涖之』，是自家去臨民。『動之不以禮』，這『動』字，不是感動之『動』，是使民底意思。謂如使民去做這件事，亦有禮，是使之以禮，下梢『禮』字歸在民身上。」又問：「是使他做事，要他做得來合節拍否？」曰：「然。」又問：「是合禮底事，便以使之；不合禮底事，便不以使之？」曰：「然。看那『動之』字，便是指那民說。使他向善，便是『以禮』；不使他向善，便是『不以禮』。如古所謂『蒐苗獮狩』，就其中教之少長有序之事，便是使之以禮。蓋是使他以此事，此事有禮存也。」燾。

或問此章。曰：「此一章當以仁爲主。所謂『知及之，所以求吾仁；涖之，動之，所以持養吾仁』者，得之矣。」謨。

或問：「『不莊以涖之』一章，下兩句，集注以爲氣質之小疵。」曰：「固有生成底，然亦不可專主氣質，蓋亦有學底。」燾。

君子不可小知章

問：「『小知』，是小有才；『大受』，是大有德。如盆成括小有才，未聞大道，是也。」曰：「却如何説『可、不可』字義理？且看他本文正意是如何説。今不合先以一説横著胸中，便看不見。」必大。

當仁不讓於師章

或問：「『當仁不讓於師』，這『當』字，是承當之『當』否？」曰：「然。亦是『任』字模樣。」燾。

子善問：「直卿云：『「當仁」，只似適當爲仁之事。』集注似以『當』爲擔當之意。」曰：「如公説『當』字，謂值爲仁則不讓。如此，恐不值處煞多，所以覺得做『任』字説是。恐這『仁』字是指大處、難做處説。這般處須著擔當，不可説道自家做不得，是師長可做底事。」賀孫。

君子貞而不諒章

亞夫問「貞而不諒」。曰：「貞者，正而固也。蓋見得道理是如此，便須只恁地做，所謂『知斯二者，弗去是也』。爲『正』字說不盡，故更加『固』字，如易所謂『貞固足以幹事』。若諒者，是不擇是非，必要如此。故貞者，是正而固守之意；諒則有固、必之心也。」時舉。

「『諒』字，論語有三箇：『匹夫之諒』，『貞而不諒』，是不好；『友諒』却是好。以貞對諒，則諒爲不好。若是友，與其友無信之人，又却不如友諒也。諒，信之小者。孟子所謂『亮』，恐當訓『明』字。」廣。

辭達而已矣章

「辭達而已矣」，也是難。道夫。

朱子語類卷第四十六

論語二十八

季氏篇

季氏將伐顓臾章

問「焉用彼相」。曰：「看『扶持』兩字，恐只是相瞽者之義。舊見一人亦如此說。」又問「相夫子」之義。曰：「相，亦是贊相之義。瞽者之相，亦是如此。」㽦。

問：「集注，顓臾『在魯地七百里之中』，從孟子『百里』之說，則魯安得七百里之地？」曰：「七百里是禮記如此說，封周公曲阜之地七百里。如左傳也有一同之說，某每常疑此處。若是百里，無此間龍溪漳浦縣地，又如何做得侯國，如何又容得顓臾在其中？所謂『錫之山川，土田附庸』，其勢必不止於百里。然此處亦難考究，只得且依禮記恁地說。」寓。砥録云：「周禮、國語皆説五百里。禮記説七百里。若如孟子説百里，則未若今之一邑，何以爲國？又如何容得一箇顓臾在肚裏？」

問：「諸家多把『虎兕』喻季氏，『龜玉』喻公室，是否？」曰：「文義未有此意。且是答他『二臣者皆不欲』之意。虎在山上，龜玉在他處，不干典守者事。今在柙中走了，在櫝中毁了，便是典守者之過。上面冉求分疏，言『夫子欲之，吾二臣者皆不欲也』。孔子責他，以比典守者之過。此伐顓臾，實二子與謀之過。答問間方且隨話恁地説，未説到季氏、公室處，不必又生枝蔓。」仲思問：「獨責求，何也？」曰：「想他與謀較多，一向倒在他身上去，亦可知也。」寓。

問：「『蕭牆』，『蕭』字爲義如何？」曰：「也不曾考究。但據舊説云，諸侯至屏内，當有肅敬之意，亦未知是否。」燾。

益者三樂章

問「樂節禮樂」。曰：「此説得淺，只是去理會禮樂。理會得時，自是有益。」燾。

味道問「損者三樂」。曰：「惟宴樂最可畏，所謂『宴安酖毒』是也。」時舉。

問：「『三者損益相反』。『佚遊則傲惰而惡聞善』，如何與『樂道人之善』相反？」曰：「『樂道人之善』，則心常汲汲於好善。若是佚遊，則是放蕩閑過了日子，雖所損稍輕，亦非是小害。」又問：「『樂道人之害』，則有勉思企及之意。佚遊，則一向懶惰，無向善之心。此所以見其相反。」曰：「三者如驕樂，只是放恣侈靡最害事。到得宴樂，便須狎近小人，疏遠君子。」賀孫。

侍於君子有三愆章

問：「『未見顏色而言謂之瞽』，莫是未見事實否？」曰：「『未見顏色』，是不能察言觀色。」曰：「如此，則顏色是指所與言者。」曰：「向時范某每奏事，未嘗看著聖容。時某人爲宰相，云：『此公必不久居此。』未幾，果以言不行而去。人或問之。云：『若看聖容，安能自盡其言？』自是說得好。但某思之，不如此。對人主言，也須看他意思是如何，或有至誠傾聽之意，或不得已，貌爲許可。自家這裏也須察言觀色，因而盡誘掖之方。不可汎然言之，使泛然受之而已。固是有一般小人，伺候人主顏色，迎合趨湊，此自是大不好。但君子之察言觀色，用心自不同耳。若論對人主要商量天下事，如何不看著顏色，只恁地說將去便了！」賀孫。

君子有三戒章

或問君子三戒。曰：「血氣雖有盛衰，君子常當隨其偏處警戒，勿爲血氣所役也。」因論血氣移人，曰：「疾病亦能移人。呂伯恭因病後讀『躬自厚而薄責於人』，忽有見，遂一意向這下來。」大雅。

問注引范氏說血氣、志氣之辨。曰：「到老而不屈者，此是志氣。」時舉。

問：「『君子有三戒』章，謝曰：『簞食豆羹，呼爾而與之，有所不就；蹴爾而與之，有所不屑。此非義心勝，血氣壯故也。』恐是義心之勝，非血氣之壯。謝又曰：『萬鍾與不得則死，遠矣。有不辨禮義而受之者，血氣衰故也。』恐是不辨禮義則受，奚必血氣之衰？」曰：「謝說只是傷急，闕三數字。當云：『此非特義心自勝，亦血氣之壯故也。』蓋血氣助得義心起來。人之血氣衰時，則義心亦從而衰。夫子三戒，正爲血氣而言。」又問：「謝氏以血氣爲氣質。」曰：「氣，只是一箇氣。便浩然之氣，也只是這箇氣，但只是以道義充養起來。及養得浩然，却又能配助義與道也。」必大。

君子有三畏章

「畏天命」三字好。是理會得道理，便謹去做，不敢違，便是畏之也。如非禮勿視聽言動，與夫戒慎恐懼，皆所以畏天命也。然亦須理會得天命是恁地，方得。燾。

問：「『大人』，是指有位者言之否？」曰：「不止有位者，是指有位、有齒、有德者，皆謂之『大人』。」問：「此三句，要緊都在『畏天命』上。」曰：「然。纔畏天命，自是於大人、聖言皆畏之。」問：「固是當先畏天命，但要緊又須是知得天命。天命即是天理。若不先知這道理，自是懵然，何由知其可畏？此小人所以無忌憚。」曰：「要緊全在知上。纔知得，便自不容不畏。」問：「知有淺深。大抵纔知些道理，到得做事有少差錯，心也便惕然。這便見得不容於不畏。」曰：「知固有淺深。然就他淺深中，各自有天然不容已者。且如一件事是合如此，是不合如此，本自分曉。到臨事又却不如此，道如此也不妨，如此也無害，又自做將去。這箇是雖知之而不能行。然亦是知之未盡，知之未至，所以如此。聖人教人，於大學中劈初頭便説一箇格物、致知。『物格而後知至』，最是要知得至。人有知不善之不當爲，及臨事又爲之，只是知之未至。人知烏喙之殺人不可食，斷然不食，是真知之也。知不善之不當爲，而猶或爲之，是特未能真知之也。所以未能真知者，緣於道理上只就外面理會得許多，裏面却未理會得十分瑩净，所以有此一點黑。這不是外面理會不得，只是裏面骨子有些見未破。所以大學之教，使人即事即物，就外面看許多一一教周遍；又須就自家裏面理會體驗，教十分精切也。」賀孫。洛〔一〕録云：「味道問：『「畏天命」是箇總頭否？』曰：『固是。

〔一〕「洛」，似當作「恪」，序目有林恪。

人若不畏這個道理，以下事無緣會做得。』又問：『若不知得這箇道理，如何會畏？』曰：『須是先知得，方會畏。但知得有淺深，工夫便隨深淺做去。事事物物皆有箇天命。若知得盡，自是無所不畏，惟恐走失了。』」

君子有九思章

問「九思」。曰：「不是雜然而思。當這一件上，思這一件。」營。

或問「君子有九思」。曰：「公且道，色與貌，可以要得他溫，要得他恭。若是視聽，如何要得他聰明？」曰：「這只是意誠了，自會如此。」曰：「若如公說，都没些事了，便是聖人教人意思不如此。有物必有則。只一箇物，自各家有箇道理。況耳目之聰明得之於天，本來自合如此，只爲私欲蔽惑而失其理。聖人教人，不是理會一件，其餘自會好。須是逐一做工夫，更反復就心上看，方知得外面許多費整頓，元來病根都在這裏。這見聖人教人，內外夾持起來，恁地積累成熟，便會無些子滲漏。如公所說意誠，便都無事。今有人自道心正了，外面任其箕踞無禮，是得不得？亦有人心下已自近正，外面視聽舉止自大段有病痛，公道如何視會明，聽會聰？也只是就視聽上理會。『視遠惟明，聽德惟聰』。如有一件可喜底物事在眼前，便要看他，這便被他蔽了。到這時節，須便知得有箇義理，在所可喜，此物在所不當視。這便是見得道理，便是見得遠，不蔽於眼前近底，故曰『視遠惟明』。有無益之言，無稽之言，與夫諂諛甘美之言；有仁義忠信之言。仁義忠信之言，須是將耳常常聽著；那許多不好説話，須莫教他入耳，故曰『聽德惟聰』。」賀孫。

問：「程子曰：『九者各專其一。』」曰：「專一者，非雜然而思也。」或曰：「是『主一』之義否？」曰：「然。」又云：「『忿思難。』如『一朝之忿，忘其身，及其親』，此不思難之故也。」燾。

見善如不及章

「行義以達其道」，所行之義，即所達之道也。未行，則藴諸中；行，則見諸事也。燾。

問：「『行義以達其道』，莫是所行合宜否？」曰：「志，是守所達之道；道，是行所求之志。隱居以求之，使其道充足。行義，是得時得位，而行其所當爲而已。行所當爲，以達其所求之志。」又問：「如孔明，可以當此否？」曰：「也是。如『伊尹耕於有莘之野，而樂堯舜之道』，是『隱居以求其志』。及幡然而起，『使是君爲堯舜之君，使是民爲堯舜之民』，是『行義以達其道』。」蜚卿曰：「如漆雕開之未能自信，莫是求其志否？」曰：「所以未能信者，但以『求其志』，未説『行義以達其道』。」又曰：「須是篤信。

如讀聖人之書，自朝至暮，及行事無一些是，則曰：『聖人且如此說耳！』這却是不能篤信。篤信者，見得是如此，便決然如此做。孔子曰：『篤信好學，守死善道。』學者須是篤信。」驤曰：「見若鹵莽，便不能篤信。」曰：「是如此。須是一下頭見得是。然篤信又須好學，若篤信而不好學，是非不辨，其害却不小。既已好學，然後能守死以善其道。」又問：「如下文所言，莫是篤信之力否？」曰：「既是信得過，危邦便不入，亂邦便不居；天下有道便不隱，天下無道便不見，決然是恁地做。」驤。

問：「『見善如不及，見不善如探湯。』上一截是進德之事，下一截是成德之事。兼出處有非人力所能爲者，故曰『未見其人』。」曰：「公只管要粧兩句恁地好，做甚麽？這段緊要却不在『吾見其人』，『未見其人』上。若將『見善如不及，見不善如探湯』，與『隱居以求其志，行義以達其道』這幾句意思涵泳，是有多少意思！公看文字有箇病，不只就文字裏面看，却要去別生閑意。大抵看文字，須是只就他裏面看，儘有意思。公今未見得本意是如何，却將一兩句好言語，裹了一重没理會在裏面，此是讀書之大病。須是且就他本文逐字剔碎了，見這道理直透過，無些子窒礙，如此，兩段淺深自易見。」賀孫。

問：「楊氏引『達可行於天下』解『隱居以求其志，行義以達其道』，或問以爲未穩，何也？」曰：「解經當取易曉底句語解難曉底句，不當反取難曉底解易曉者。『隱居以求其志，行義以達其道』，此兩句本自易理會。今引『達可行於天下』解之，則所引之句反爲難曉。『天民者，達可行於天下而後行之者也』。横渠所謂：『必德覆生民而後出，伊吕是也。』若只是澤被一國，道行一鄉，此人亦不輕。出謂之天民者，蓋謂不是尋常之人，乃天之民耳。天民之云，亦猶曰『天下之善士』云爾，與『隱居以求其志，行義以達其道』者又不同。」必大。